한국생산성본부 · (주)더존비즈온 국가공인 자격시험 대비 학습서

정보관리사 물류2급

조호성 편저

3단계 구성: 이론·실무·기출

2020
최신판

박영사

　　산업현장의 경험이 없는 학생들에게 전공 지식과 실무를 쉽게 전달하고 이해시키는 방법에 대해 교수들은 매 학기마다 고민일 것이다. 교수들마다 창의적인 교수법을 개발하고 연구해야만 학생들에게 관심을 받고 수업 참여도가 높아지는 것은 당연한 것이다.

　　평소 강의를 하면서 느낀 것이 있는데, 전공과목은 강의시간에 이론 학습과 실습을 병행하면 이론 중심의 교과목 강의보다 학생들의 관심과 학업성취도가 높아진다는 사실이다. 또한 교과목과 관련한 자격제도가 있다면 학생들이 한 학기동안 애써서 공부한 결실을 성적과 함께 자격증도 취득할 수 있는 일거양득의 효과도 있을 것이다.

　　ERP정보관리사 자격제도의 물류 1급과 생산 1급 종목을 교과목 강의와 연계하여 실시해 본 결과, 학생들의 관심과 반응이 나쁘지 않았으며, 특히 ERP 프로그램은 산업현장의 담당업무 수행 중심으로 구성되어서 학생들이 흥미롭게 받아들이고 있다. 강의안을 작성할 때 활용한 한국생산성본부(KPC)의 자료들과 ㈜더존비즈온에서 개발한 ERP 프로그램인 iCUBE 운영 매뉴얼, 그리고 한국직업능력개발원에서 주관하여 개발한 NCS 학습모듈을 참고하여 본 학습서를 정리하게 되었다.

　　본 학습서는 이론, 실무, 기출 부분으로 나누어 구성하였다. 이론 부분은 분야별로 학자들이 공통적으로 인식하고 일반화된 내용 중심으로 서술함과 동시에, 자격시험에서 출제된 내용도 포함하여 단원별 기출문제 및 해설을 통해서 전공 학생들뿐만 아니라 비전공 수험자들에게도 체계적인 학습이 가능하도록 구성하였다. 실무 부분은 iCUBE 프로그램 모듈 중심의 메뉴별 사용방법과 실무예제를 통해 학습하도록 구성하였으며, 기출 부분은 2019년도에 실시한 정기시험 6회분 전체의 기출문제를 이론뿐만 아니라 실무 프로그램 운영 방법 및 출력 결과에 대한 그림과 함께 해설로 편집하였다. 그러다보니 책의 분량이 많아진 것이 아쉬움으로 남는다.

본교 재학생들을 대상으로 한 강의안으로 활용하면서 경험한 내용을 적극적으로 반영하였으며, 비전공 수험자들도 이론 부분의 이해도를 높이고 체계적인 연습이 가능하도록 상세하게 서술하고자 노력하였다. 본 학습서가 자격시험을 대비하는 수험자들에게 조금이나마 도움이 되고, 정보기술 분야의 발전에도 미력이나마 보탬이 되기를 희망해 본다. 아직까지는 여러모로 부족한 본서에 대해 냉철한 지적과 조언을 부탁드리며, 학생 및 수험자 모든 분들에게 좋은 성과가 있기를 기대한다.

끝으로, 그동안 이 책의 탄생을 위해 아낌없는 조언과 각별한 노력을 해주신 김보라 과장님과 김민경님에게 감사의 말씀을 드리며, 박영사 대표님 및 관계자 여러분들께도 감사드린다. 또한 곤지암에서 제조업의 발전을 위해 고군분투하시는 김일오 선배님과 형수님께 존경의 마음을 표하며, 저의 옆에서 많은 격려와 도움을 준 아내에게도 무한한 사랑을 담아 고마움을 전한다.

2020년 1월 17일
성남 복정골에서
조호성

1 시험정보

(1) 시험과목 및 시험시간

종목	등급	시험 차시	시험시간
회계	1급	1교시	• 입실: 08:50 • 이론: 09:00~09:40 • 실무: 09:45~10:25
회계	2급	1교시	• 입실: 08:50 • 이론: 09:00~09:40 • 실무: 09:45~10:25
생산	1급	1교시	• 입실: 08:50 • 이론: 09:00~09:40 • 실무: 09:45~10:25
생산	2급	1교시	• 입실: 08:50 • 이론: 09:00~09:40 • 실무: 09:45~10:25
인사	1급	2교시	• 입실: 10:50 • 이론: 11:00~11:40 • 실무: 11:45~12:25
인사	2급	2교시	• 입실: 10:50 • 이론: 11:00~11:40 • 실무: 11:45~12:25
물류	1급	2교시	• 입실: 10:50 • 이론: 11:00~11:40 • 실무: 11:45~12:25
물류	2급	2교시	• 입실: 10:50 • 이론: 11:00~11:40 • 실무: 11:45~12:25

(2) 합격 기준

종목	합격 점수	문항 수
1급	70점 이상 이론과 실무 각각 60점 이상	이론 32문항, 실무 25문항
2급	60점 이상 이론과 실무 각각 40점 이상	이론 20문항, 실무 20문항

2 시험일정

회차	원서접수		수험표 공고	시험일	합격 공고
	인터넷	방문			
제1회	'19.12.18~12.26	'19.12.26	1.9~1.18	1.18	2.4~2.11
제2회	2.26~3.4	3.4	3.19~3.28	3.28	4.14~4.21
제3회	4.22~4.29	4.29	5.14~5.23	5.23	6.9~6.16
제4회	6.24~7.1	7.1	7.16~7.25	7.25	8.11~8.18
제5회	8.26~9.2	9.2	9.17~9.26	9.26	10.13~10.20
제6회	10.28~11.4	11.4	11.19~11.28	11.28	12.15~12.22

※ ERP(더존) 정기시험은 1, 3, 5, 7, 9, 11월 넷째 주 토요일에 시행됨. (연6회)

※ ERP(영림원)은 5, 11월 정기시험 때 시행됨. (연2회)

※ 방문접수는 인터넷 접수기간 내 해당 지역센터에 문의.

3 수험자 유의사항

(1) 수험자는 수험 시 반드시 수험표와 신분증(신분증 인정범위 참조)을 지참하여야 시험에 응시할 수 있습니다.

(2) 수험자는 지정된 입실완료 시간까지 해당 고사실에 입실하지 않으면 시험에 응시할 수 없습니다.

(3) 수험자가 다른 수험자의 시험을 방해하거나 부정행위(사후적발 포함)를 했을 경우 당일 응시한 전 과목이 부정 처리되며, 또한 당회차(시험당일 모든 과목)뿐 아니라 향후 2년간 당 본부가 주관하는 모든 시험에 응시할 수 없습니다.

(4) 수험자는 접수된 응시원서 및 검정수수료는 검정료반환규정에 의거하여 기간이 경과한 경우에 취소가 불가하며, 고사장 변경도 불가합니다.

(5) 시스템 조작의 미숙으로 시험이 불가능하다고 판단되는 수험자는 실격 처리됩니다.

(6) 시스템 조작의 미숙, 시험 중 부주의 또는 고의로 기기를 파손한 경우에는 수험자가 부담해야 합니다.

(7) 수험자는 시험문제지를 받는 즉시 응시하고자 하는 과목의 문제지가 맞는지 여부를 확인하여야 합니다.

(8) 수험자는 시험 시작 전에 반드시 문제지에 수험번호와 성명을 기재하여야 됩니다.

(9) 시험 완료 후 답안문서와 함께 시험문제지도 감독위원에게 제출해야 합니다.

(10) 수험자는 시험 실시 전에 응시 하고자 하는 과목에 대한 수험용 소프트웨어를 확인하여, 시험에 필요한 기능이 없을 때에는 시험 감독자에게 요청하여 조치를 받아야 합니다.

(11) 시험 응시 후 성적공고 및 자격증신청은 자격홈페이지에서 해당 기간에 확인 또는 My 자격에서 확인 할 수 있습니다.

※ 기타 유의사항 및 시험정보에 관한 자세한 사항은 한국생산성본부 홈페이지를 참고하기 바랍니다.

1 출제 기본 방향

ERP정보관리사(2급) 자격시험에 응시하는 자는 기업에서 ERP정보관리를 담당할 사원이라는 전제하에 이들에게 부여되는 직무는 상당부분 물류관리 실무에 필요한 지식과 기능일 것이다. 그러므로 이들 자격(2급)에 응시하는 자들에게는 ERP정보관리를 수행할 관계지식을 중심으로 평가를 하는 것이 중요할 것이다. 따라서 ERP정보관리사(2급) 자격시험 출제범위는 물류관리를 위해 필요한 영업관리, SCM(공급망관리), 구매관리의 이론적 기초지식과 실무지식을 습득하고 있는가의 여부에 초점을 맞춘다.

2 출제 범위

구분		내용
경영혁신과 ERP	1. ERP 개요	(1) ERP의 등장배경과 개념 (2) ERP의 발전과정 (3) ERP시스템 도입 시 고려사항 및 예상효과 (4) ERP시스템 구축단계 (5) ERP시스템의 특징 (6) 확장형 ERP(e-ERP) (7) ERP와 BPR의 연계
	2. 4차 산업혁명과 차세대 ERP (2019년 5월부터 포함된 내용)	(1) 클라우드 컴퓨팅의 정의 (2) 클라우드 컴퓨팅의 장점 (3) 클라우드 컴퓨팅의 단점 (4) 클라우드 컴퓨팅에서 제공하는 서비스 (5) 클라우드 ERP의 특징 (6) 차세대 ERP의 인공지능(AI), 빅데이터(BigData), 사물인터넷(IoT) 기술의 적용 (7) 차세대 ERP의 비즈니스 애널리틱스
영업관리	1. 예측	(1) 수요예측 ■ 개념 • 수요예측에 대한 개념을 설명할 수 있다. • 수요예측에 대한 원칙을 설명할 수 있다. ■ 예측방법 • 통계에 의한 예측방법을 설명할 수 있다. • 시장조사에 의한 예측방법을 설명할 수 있다. (2) 판매예측 ■ 개념 • 판매예측에 대한 개념을 설명할 수 있다. • 판매예측에 대한 의의를 설명할 수 있다.

영업관리		■ 예측방법 개념 • 수요예측에 의한 판매예측방법을 설명할 수 있다. • 판매분석에 의한 판매예측방법을 설명할 수 있다. • 영업담당자에 의한 판매예측방법을 설명할 수 있다.
	2. 판매계획	(1) 중장기 판매목표 수립 • 중장기 판매목표 수립의 중요성을 설명할 수 있다.
		(2) 연도별 판매목표 수립 • 연도별 판매목표 수립에 대한 개념을 설명할 수 있다. • 매출액 목표 결정 방법 • 과거 판매실적 경향을 활용하는 방법을 설명할 수 있다. • 지역 및 시장 자료를 활용하는 방법을 설명할 수 있다. • 이익개념을 활용하는 방법을 설명할 수 있다. • 각종 지표를 활용하는 방법을 설명할 수 있다. • 기타 방법을 설명할 수 있다.
		(3) 판매할당 • 거점별 판매계획을 배분하는 방법을 제시할 수 있다. • 영업사원별 판매계획을 배분하는 방법을 제시할 수 있다. • 상품 및 서비스별 판매계획을 배분하는 방법을 제시할 수 있다. • 지역 및 시장별 판매계획을 배분하는 방법을 제시할 수 있다. • 거래처 및 고객별 판매계획을 배분하는 방법을 제시할 수 있다. • 월별 판매계획을 배분하는 방법을 제시할 수 있다.
		(4) 가격전략 ■ 가격결정 • 원가요소에 의한 가격 결정방법을 설명할 수 있다. • 시장가격에 의한 가격 결정방법을 설명할 수 있다. ■ 가격유지 정책 • 비가격경쟁에 의한 가격유지대책을 설명할 수 있다. • 리베이트전략에 의한 가격유지대책을 설명할 수 있다.
	3. 수주관리	(1) 고객의 중점화 ■ 필요성 • 고객 중점화의 필요성을 설명할 수 있다. • 중점선정 방법 • 중점선정 기준을 설명할 수 있다. • 중점선정 방법을 설명할 수 있다.
		(2) 수주관리 • 수주 시 처리해야 할 일들을 정의할 수 있다.

영업관리	4. 대금 회수	(1) 신용한도 ■ 개념 • 신용한도에 대한 개념을 설명할 수 있다. • 신용한도 설정법 • 회사의 자금 운용상의 설정법을 설명하고 계산할 수 있다. • 고객별 여신한도 설정법을 설명하고 계산할 수 있다.
		(2) 대금회수 관리법 • 대금회수 계획의 기본적인 내용 • 대금회수 계획의 기본적인 내용을 정의할 수 있다. • 대금회수 관리법 • 회수율에 의한 방법을 계산하고 설명할 수 있다. • 회수기간에 의한 방법을 계산하고 설명할 수 있다. • 회수를 위한 방법을 설명할 수 있다.
SCM (공급망관리)	1. 공급망관리 개요	(1) SCM 의의 • SCM 개념과 최신동향 • SCM의 프로세스 구조 • SCM 정보시스템 (2) SCM의 전략 및 운영 • SCM의 운영전략 및 운영관리 (3) 물류거점 네트워크최적화 • 물류거점 최적화 개념 및 분석
	2. 재고관리	(1) 재고관리 개념 • 재고관리 기본모형 • 재고보충 (2) 재고조사 • 재고조사의 개념 • 재고기록 조정 (3) 재고자산 평가 • 재고자산평가의 의의 및 방법
	3. 운송관리	(1) 운송계획 수립 • 화물운송의 특성 • 운송경로 결정 (2) 운송계획 실행 • 화물 형태별 운송 수단 수배 • 운송화물의 이력추적관리
	4. 창고관리	(1) 창고관리 개념 (2) 창고 운영하기 • 창고 위치관리 • 재고 입고 및 적치 • 재고 출고이동

구매관리	1. 구매관리의 개념	
	• 구매관리에 대한 개념을 설명할 수 있다.	
	• 구매관리의 중요성을 설명할 수 있다.	
	2. 가격개념	(1) 구매가격
		■ 단계별 구매가격
		• 시중가격을 설명할 수 있다.
		• 개정가격을 설명할 수 있다.
		• 정가가격을 설명할 수 있다.
		• 협정가격을 설명할 수 있다.
		• 교섭가격을 설명할 수 있다.
		• 구매가격의 결정방식을 설명할 수 있다.
		■ 할인 구매가격
		• 현금할인방식들의 종류를 설명하고 계산할 수 있다.
		• 수량할인방식들의 종류를 구분하고 설명할 수 있다.
		(2) 원가
		■ 원가계산의 목적
		• 원가계산의 목적을 설명할 수 있다.
		■ 원가의 구성
		• 원가의 3요소를 설명할 수 있다.
		• 직접비와 간접비를 설명할 수 있다.
		• 직접원가, 제조원가, 총원가를 설명하고 계산할 수 있다.
		• 고정원가, 변동원가를 설명하고 계산할 수 있다.
		■ 원가의 분류
		• 실제원가를 설명할 수 있다. • 예정원가를 설명할 수 있다.
		• 표준원가를 설명할 수 있다.
	3. 구매실무	(1) 구매시장 조사
		• 구매시장 조사
		• 구매시장 조사의 목적을 설명할 수 있다.

구매관리	3. 구매실무	(2) 구매계약
		■ 개념
		• 구매계약에 대한 개념을 설명할 수 있다.
		• 구매계약과 일반주문서 처리와의 관계
		• 구매계약과 일반주문서 처리와의 관계를 설명할 수 있다.
		(3) 구매정책
		• 구매정책 시 주요 내용을 설명할 수 있다.
		■ 구매방식
		• 집중구매방식의 장단점을 설명할 수 있다.
		• 분산구매방식의 장단점을 설명할 수 있다.
		■ 공급업체 선정방법
		• 입찰에 의한 방법을 설명할 수 있다.
		• 지명경쟁에 의한 방법을 설명할 수 있다.
		• 제한경쟁에 의한 방법을 설명할 수 있다.
		• 수위계약에 의한 방법을 설명할 수 있다.
		■ 구매방법
		• 일괄구매 방법을 설명할 수 있다.
		• 투기구매 방법을 설명할 수 있다.
		• 시장구매 방법을 설명할 수 있다.
		• 장기 계약구매 방법을 설명할 수 있다.

CONTENTS_차례

PART 03   최신기출 완전 정복

이론 완전 정복

물류 2급

CHAPTER 01 경영혁신과 ERP

경영혁신과 ERP

01 ERP의 등장배경과 개념

과거 1990년대에 들어서 글로벌화와 정보화는 기업의 경영환경에 가장 큰 변화라고 할 수 있다. 급격한 경영환경의 변화 속에서 기업들은 경쟁우위를 확보하고자 구조조정을 통한 사업재편과 조직개편을 단행하였고, 이와 동시에 IT(Information Technology)분야의 혁신적인 발전에 따라 정보시스템을 도입하여 업무개선 및 업무효율화를 통해 경영성과를 극대화하려는 노력이 진행되었다. 이를 반영하는 리엔지니어링(Re-engineering) 또는 프로세스 혁신(BPR)을 위한 실질적 도구로서 많은 기업들이 ERP 시스템을 도입하였다.

기업의 경영활동에서 업무효율 극대화를 위해 컴퓨터 기반의 정보시스템 활용이 일반화되고 각 부서별로 정보시스템을 개별적으로 사용하는 환경이 조성되었다. 특히 개별적으로 운영되던 정보시스템은 서로 연관되어 있는 업무 처리를 지원함에 있어서 비효율적이므로 각 부서별 정보시스템을 서로 연계하거나 통합해야 할 필요성이 대두되었다.

이러한 시스템 통합 프로젝트는 기업 내부에서 추진하거나 시스템 통합(System Integration) 전문기업에 의뢰해 추진되었으며, 당시 기업의 시스템 개발도 마찬가지 방식으로 진행되었다. 이때에는 부서별 업무를 각각 분석하여 회계, 인사, 영업, 물류, 생산, 무역 등의 업무와 관련된 정보를 서로 공유하고 자료 처리를 자사의 업무 프로세스에 적합하도록 커스터마이징(Customizing)하여 활용하는 것이 일반화 되었다.

그러나 세계화 추세는 각 기업의 생산과 물류거점을 국내외 여러 곳에 산재하게 되었고, 이는 새로운 개념의 프로세스로서 글로벌 차원의 자원관리와 최적의 공급망 구축이 절실해졌다. 이와 동시에 ICT(Information & Communication Technology)의 발전으로 시스템 개발 환경이 크게 변화되었고, 이러한 시대적 요구와 ICT 환경 변화에 따라 등장한 것이 ERP 시스템이다.

ERP(Enterprise Resource Planning, 전사적 자원관리)란 용어는 가트너 그룹(Gartner Group)에서 처음으로 제시하였는데, "기업 내의 각 업무 기능들이 조화롭게 제대로 발휘할 수 있도록 지원하는 애플리케이션들의 집합으로 차세대의 업무시스템"이라고 정의하였다. 생산, 물류, 재무, 회계, 영업과 구매, 재고 등 경영 활동 프로세스들을 통합적으로 연계해 관리해 주며, 기업에서 발생하는 정보들을 서로 공유하고 새로운 정보의 생성과 빠른 의사결정을 도와주는 전사적 자원관리시스템 또는 전사적 업무통합시스템을 의미한다.

ERP 시스템의 주목적은 조직의 모든 기능 영역들 사이에 정보가 끊김 없이 흐르도록하는 것이다. 따라서 ERP를 도입한다는 것은 예전처럼 전산화한 시스템을 구축하는 것이 아니고, 오히려 새로운 공장을 짓고 새로운 회사를 설립하는 것과 같이 기존의 시스템과는 전혀 다른 혁신적인 개념의 SI를 구축하는 것이다. 즉, BPR(Business Process Re-engineering)을 통해서 혁신적인 업무 재편을 실시하여 이에 적합한 ERP 시스템을 도입하고 활용함으로써 업무의 처리 방법이나 기업의 구조를 본질적으로 혁신해 생산성을 극대화하는 전략적 접근이라 할 수 있다. BPR은 복잡한 조직 및 경영 기능을 효율화하고, 지속적인 경영환경 변화에 대한 대응, 정보 IT 기술을 통한 새로운 기회 창출, 정보공유를 통한 개방적 업무환경을 확보할 수 있도록 기업 내 각 영역의 업무 프로세스를 개혁적으로 변화시키는 경영 기법이다.

정보통신산업진흥원(NIPA)이 배포한 "2015년 국가기업 IT·SW 활용 조사"에 따르면 주요 정보시스템 도입 비율 중 ERP 시스템 도입이 가장 활발하여 전체 기업 중 3분의 1이상인 38.6%가 도입하여 활용 중인 것으로 나타났다. 특히 상장기업은 94%가 ERP 시스템을 도입하여 활용 중이며, 제조 및 물류서비스 등을 중심으로 지속적으로 증가되고 있다.

✔ CHECK 커스터마이징(Customizing)
미리 준비된 가이드에 따라 시스템의 상세한 규격을 정의하는 파라미터의 설정 작업을 의미함

02 ERP의 진화과정

ERP는 ICT 환경변화 및 기술발전에 따라 발생한 것으로, 종속적인 수요를 가지는 품목의 재고관리시스템인 MRP(자재 소요량 계획: Material Requirement Planning)의 등장에서 비롯되었다. 구성 품목의 수요를 산출하고 필요한 시기를 추적하며, 품목의 생산 혹은 구매과정에서의 리드타임(Lead Time)을 고려하여 작업주문 혹은 구매주문 등을 관리하기 위한 컴퓨터 재고통제 시스템으로 개발된 것이다.

제품을 구성하는 요소인 원자재, 반제품(재공품)과 완제품 등에 대한 자재수급계획을 관리하는 MRP는 제품구성정보(BOM, Bill of Material), 표준공정도(Routing Sheet), 기준생산계획(MPS, Master Production Schedule), 기준생산계획과 부품표, 재고정보를 기반으로 구체적인 제조일정, 자재생산, 조달계획을 계획한다.

1980년도에는 자재뿐만 아니라 생산에 필요한 모든 자원을 효율적으로 관리하기 위하여 MRP가 확대된 개념인 MRP II가 등장하는데, MRP시스템이 보다 확장되고 생산능력이나 마케팅, 재무 등의 영역과 다양한 모듈과 특징들이 추가되면서 자재에 국한된 소요계획을 대체하여, 다양한 제조자원의 사용계획을 수립한다는 의미로 MRP II가 등장하게 되었다.

MRP II는 기존 MRP의 기술적인 문제를 해결함은 물론 실시간으로 자료를 반영하고, 그 적용 범위를 확장하여 자재관리뿐만 아니라 수주, 재무, 판매 관리 등 기업 내 모든 자원의 사용을 통합적으로 계획하고 관리하는 개념으로 발전하였다. 이러한 통합 시스템은 MRP라는 용어의 의미가 '자재소요량계획'이라는 개념에서 '생산자원계획(Manufacturing Resource Planning)'의 개념으로 확장되어 MRP II로 표현하게 되었다.

1990년대 들어 ICT의 급속한 발전과 함께 기업 각 부서의 업무를 유기적으로 통합하고, 개방화한 시스템이 등장하였으며, SCM(Supply Chain Management) 차원에서 기업의 통합 범위를 공급자와 고객으로 확장할 수 있는 확장형 ERP(e-ERP)로 진화하게 되었다. ERP 기본시스템은 물론, 고유기능의 추가, 경영혁신 지원, 선진 정보와 기술적인 추가, 산업유형 지원확대, 전문화 분야의 확대 적용으로 기업이나 조직의 비즈니스 프로세스를 포괄적으로 지원하는 지능형 시스템으로 확장하게 된 것이다.

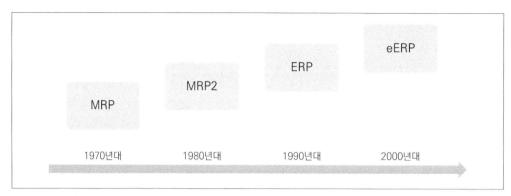
▲ ERP 발전과정

03 ERP 시스템 도입 시 고려사항 및 예상효과

　ERP 시스템 도입은 시스템을 개발하는 방법과 외부 솔루션 업체로부터의 패키지를 도입하는 방법이 있으며, 경영진의 방침에 따라 자사환경에 맞는 패키지 선정, TFT 구성원(내부 인력 및 외부 전문가), 체계적인 프로젝트 진행(현업 중심), 커스터마이징 최소화, 구성원의 전사적인 참여, 경영혁신 기법, 지속적인 교육과 훈련 등이 고려되어야 한다.

1 ERP 시스템 도입 시 고려사항(4단계)

　ERP 도입단계는 아웃소싱을 통한 ERP 패키지를 도입하는 경우에 아래와 같은 4단계의 프로세스를 거친다.

(1) 투자단계

　자사에 적합한 ERP 패키지 솔루션 탐색과 조사분석을 통해서 업체를 선정한다.

(2) 구축단계

　자사에 적합한 ERP 패키지 구축을 위한 업무 프로세스를 개선하고 현업 중심의 내부 인력과 외부 전문가를 포함한 TFT를 구성한다. 세부 실행계획을 수립 및 추진하여 시스템을 구축한다.

(3) 실행단계

ERP 패키지의 효율적인 도입을 위해서 파일롯 시험(Pilot Test)을 실시하여 그 결과를 분석 후, 장단점을 Feed Back하여 시스템을 실행한다.

(4) 확산단계

자사의 모든 부서에 ERP 패키지를 적용해서 운영하며, 구성원들의 교육과 훈련을 통해 지속적인 업무개선 노력을 경주한다.

✔ CHECK ERP 패키지 도입 시(아웃소싱) 장점
- 검증된 방법론 적용으로 구현 기간의 최소화가 가능하다.
- 검증된 기술과 기능으로 위험 부담을 최소화 할 수 있다.
- 단계적인 도입이 가능하고 도입에 따른 Risk를 최소화 할 수 있다.

✔ CHECK ERP 자체 개발 시 장점
- 향상된 기능과 최신의 정보기술이 적용된 버전으로 시스템 업그레이드가 가능하다.
- 사용자의 요구사항을 시스템에 충실히 반영시킬 수 있다.
- 시스템의 수정과 유지보수가 지속적으로 이루어질 수 있다.

2 ERP 도입 예상효과

(1) 운영의 효율성

기업의 모든 프로세스가 통합적으로 이루어져 업무중복, 업무대기시간 등의 비부가가치 활동을 제거한다. 이는 업무가 동시적으로 이루어질 수 있고 BPR을 지원하기 때문이기도 하다. 이러한 운영의 효율성을 이룸으로써 업무시간을 단축할 수 있고 필요인력과 필요자원을 절약할 수 있으며 Lead Time과 Cycle Time을 단축시킬 수 있다.

(2) 배분의 효율성

구매/자재관리 모듈은 실시간으로 자재 현황과 위치 등을 파악하고 수요를 정확히 예측하며, 필요 재고수준을 결정함으로써 불필요한 재고를 없애고 물류비용을 절감할 수 있도록 한다.

(3) 정보의 효율성

정보의 신속성과 정보의 일치성, 개방성은 정보의 공유화를 이루어 기업 구성원들이 정확한 정보를 신속하게 활용할 수 있도록 하며 업무효율을 높일 수 있도록 한다.

(4) 경제적 부가가치 창출

정성적인 측면	정량적인 측면
• 업무 프로세스 단축 • 조직구성원의 만족도 증대 • 고 부가가치의 업무에 시간과 노력을 집중 • 기업 의사결정의 신속성과 정확성 증대	• 인적, 물적 비용의 절감 • 업무의 효율화 • 인원 감축 • 인건비 감소 및 수익성 향상

3 ERP 시스템 도입의 성공과 실패

(1) 성공요소

① 경영자의 관심과 기업 전원이 참여하는 분위기를 조성한다.

② 현업 중심의 내부 인력과 외부 전문가로 TFT를 구성한다.

③ 자사에 적합한 ERP 패키지를 선정한다.

④ 지속적인 교육, 훈련을 실시한다.

⑤ IT부서 중심으로 프로젝트를 진행하지 않는다.

⑥ 업무 단위별로 추진하지 않는다.

⑦ 커스터마이징은 가급적 최소화시킨다.

⑧ BPR 실행을 통해서 업무프로세스 혁신을 선행하거나 동시에 진행한다.

(2) 실패요소

① 기능 부족: 하드웨어, 소프트웨어 관련 지원기능의 부족으로 부분적 활용이 불가하거나 수정·보완·추가된 사항이 많아 기간적, 금전적 손실이 발생한 경우

② 자질 부족: 프로젝트 참여인력의 패키지 구축능력 부족으로 기능을 제대로 활용하지 못한 경우

③ 사용자 능력 부족: 사용자의 패키지 사용능력, 이해부족으로 기능을 제대로 사용하지 못하는 경우

④ 기업의 관심 부족: 시스템 사용에 소극적인 경우

04 ERP 시스템 구축

1 구축단계

ERP 시스템을 구축하려면 분석, 설계, 구축, 구현과 같이 4단계 과정을 통해 실행하는 것이 바람직하다.

(1) 분석(Analysis)단계

분석단계에서는 제일 먼저 시스템 구축을 주도적으로 추진하는 조직(TFT)을 구성하며, 현재(AS-IS)의 업무 프로세스를 분석하여 문제점이나 개선점을 파악하고 도출한다. 세부적인 추진일정계획에 따라 CEO의 경영철학을 실현하는 경영전략과 비전을 검토하고 각 부서별 요구분석을 통해 성공요인을 도출하여 시스템의 목표와 범위를 설정한다.

(2) 설계(Design)단계

설계단계에서는 개선(TO-BE)된 업무 프로세스를 도출하여 ERP 패키지(표준 프로세스) 기능과 개선된 프로세스와의 GAP분석을 실시한 후, 각 부서별 현업 담당자들이 요구하는 사항과 패키지에 구현된 프로세스를 도출한다. ERP 패키지를 설치하여 패키지 파라미터를 설정하며 추가개발이나 수정보완 문제, 인터페이스 문제 등을 검토하여 사용자들의 요구사항을 확정하고 Customizing을 실시한다.

> ✔ CHECK   Parameter(파라미터)
> ERP 사용자가 제공하는 정보로서 프로그램에 대한 명령(지시어)의 역할을 의미한다.

(3) 구축(Construction)단계

구축단계는 설정된 목표와 범위를 포괄하는 시스템을 구축하여 검증하는 단계이다. Customizing한 ERP 패키지의 각 모듈을 시험한 후, 도출된 TO-BE 프로세스에 적합하도록 각 모듈을 통합하여 시험함으로서 보완해야 할 추가 개발이나 수정 기능을 확정하고 다른 시스템과의 인터페이스 문제를 확인한다.

(4) 구현(Implementation)단계

구현단계는 개발된 시스템에 실제 데이터를 입력하여 시험운영(Prototyping)하는 단계이다. 기존 시스템에서 필요한 데이터를 ERP 시스템으로 전환(Data ConVersion)하게 되며, 최종 ERP 시스템을 종합 평가한다. 평가 후에 문제점이 발견되면 다시 보완을 한다.

2 ERP 시스템의 장점

(1) ERP 시스템은 다양한 산업에서 최적의 성공사례(Best Practices)를 통해 입증되었다.
(2) ERP 시스템은 비즈니스 프로세스의 표준화된 모델을 설정하고 지원할 수 있다.
(3) ERP 시스템은 업무처리의 오류를 예방할 수 있다.
(4) ERP 시스템 운영을 통해 재고비용 및 생산비용 등의 제비용을 절감할 수 있다.
(5) ERP 시스템은 부서별 업무 프로세스를 분산 처리함과 동시에 통합적으로 관리할 수 있다.
(6) ERP 시스템은 기업별로 고유 프로세스를 구현할 수 있도록 시스템의 파라미터(Parameter)를 변경하여 고객화(Customization)시킬 수 있는데, 객체지향형 언어 체계이기 때문이다.
(7) 차세대 ERP는 인공지능 및 빅데이터 분석기술과의 융합을 통해 효율적인 예측과 실시간 의사결정 지원이 가능하다.

05 ERP 시스템의 이해

1 ERP 시스템의 특징

(1) 기능적 특성

① 통합업무시스템: 기업의 모든 단위(개별) 업무가 실시간으로 통합 처리
② 세계적인 표준 업무프로세스: 선진 초일류 기업의 프로세스를 벤치마킹
③ 그룹웨어와 연동이 가능: 기업 내 그룹웨어 기능과 ERP 시스템의 연동은 필수적
④ 파라미터 지정에 의한 시스템 개발과 변경 용이: 객체지향 언어 사용으로 개발기간 단축
⑤ 확장 및 연계성이 뛰어난 오픈 시스템: 기업의 다른 시스템과 호환이 되도록 설계
⑥ 글로벌 대응이 가능: 여러 국가의 사업별 유형(Templet)에 따른 모범적인 프로세스 내장
⑦ 경영자정보시스템(EIS) 제공: 경영상황을 수시로 점검하고 분석할 수 있도록 정보 검색
⑧ 전자자료교환(EDI)과 전자거래대응 가능: 기업의 업무활동과 관련된 내·외부 시스템 연계

(2) 기술적 특성

① 클라이언트 서버 시스템: 컴퓨터 분산처리 구조에 의한 자원의 효율적인 운영 및 관리
② 4세대 언어: 차세대 컴퓨터 프로그래밍 언어 및 소프트웨어 개발도구(CASE)를 활용
③ 관계형 데이터베이스(RDBMS): 대부분의 ERP 시스템은 원장형 Data Base 구조 채택
④ 객체지향기술(OOT): 시스템을 구성하는 각 모듈(프로세스)들은 독립된 개체로서의 역할
⑤ Multi-tier 환경 구성: 애플리케이션 계층의 확장(로직에 따라 여러 부분으로 나눔)을 통해서 시스템 개발 및 수정이 용이하도록 구현

✔ CHECK
- CASE(Computer Aided Software Engineering)
- 원장형 Data Base: 기업 활동 및 업무와 관련한 다양한 정보자료를 통합처리

2 확장형 ERP

(1) 확장형 ERP의 개념

기존 ERP가 단순히 사내의 최적 자원배분을 추구했다면, 확장형 ERP는 고객(CRM 관련)과 협력회사(SCM 관련) 등 기업 외부 실체와의 업무 Process까지도 일부 통합해서 자원과 정보의 흐름을 최적화하는 데 비중을 두고 발전하고 있으며, SCM(공급체인관리, Supply Chain Management)과 CRM(고객관계관리, Customer Relationship Management)이 상호작용하는 형태로 발전되었다. SCM은 기업과 연결된 공급업자, 외주업체, 물류업체, 창고업체 등을 하나의 체인으로 연결하여 상호 이익을 추구하며 CRM은 고객들의 요구와 성향을 파악하여 이를 충족시키기 위해 원하는 제품이나 서비스를 제공하는 고객 중심의 마케팅 전략을 추구한다.

① 고유기능의 추가 보완: ERP의 고유기능에 추가 보완되고 있는 확장형 ERP의 기능, 마케팅을 포함한 고객관리 기능, 영업인력 자동화, 표준화의 중심이 되는 객체지향기술에 의한 시스템 재설계, 고객의 까다로운 요구에 부응하기 위한 PDM(Product Data Management) 기능, 연구개발분야 지원기능, 지리정보시스템 등이 추가된다.
② 경영혁신분야: 기업의 경영혁신을 지원하기 위해 지식경영과 전략적 의사결정 지원기능을 추가해가고 있다.

③ 정보화 지원기술분야: 확장형 ERP는 기업 간의 표준을 지향하는 EDI 기능, 실시간의 완전한 분산통합지원이 가능한 계층구조 시스템, 기업 간 전자상거래, 온라인 기반의 유사업종 간의 공동구매(CALS), Work Flow에 의한 전사 사무자동화, 그룹웨어 연계 등이 추가된다.

④ 산업유형분야: 확장형 ERP는 제조기업 위주로 정착되어 왔던 초기의 ERP와 달리 각 산업유형에 따라 특화된 기능, 전문적인 기능을 추가함으로써 업종에 구애받지 않을 뿐만 아니라, 나아가 각종 비영리단체나 관공서, 병원 등에도 적용이 가능한 방향으로 발전해 가고 있다.

⑤ 전문화분야: 전문화분야는 기존의 ERP에서 한 단계 진보된 기능을 구현하는 데 필요한 고도의 전문화된 기술분야를 지원하고 가상구현시스템(VIS)과 가상현실 및 최적화 기법을 사용한 Simulation과 Animation 기능을 수행함으로써 인간의 판단기능을 일부 대신해 주는 방향으로도 발전해 가고 있다.

✔ CHECK   e-ERP 시스템에서의 SCM 모듈 실행으로 얻는 장점
- 공급사슬에서의 가시성 확보로 공급 및 수요변화에 대한 신속한 대응
- 정보투명성을 통해 재고수준 감소 및 재고회전율 증가
- 공급사슬에서의 계획, 조달, 제조 및 배송 활동 등 통합 프로세스를 지원
- 마케팅(Marketing), 판매(Sales) 및 고객서비스(Customer Service)를 최적함으로써 현재 및 미래 고객들과의 상호작용

(2) 확장형 ERP의 구성요소

① 기본 ERP 시스템: 영업관리, 물류관리, 생산관리, 구매 및 자재관리, 회계 및 재무관리, 인사관리 등의 모듈별 단위시스템

② E-비즈니스 지원 시스템
- 지식관리시스템(Knowledge Management System; KMS)
- 의사결정지원시스템(Decision Support System; DSS)
- 경영자정보시스템(Executive Information System; EIS)
- 고객관계관리(Customer Relationship Management; CRM)
- 공급망관리(Supply Chain Management; SCM)
- 전자상거래(Electronic Commerce; EC)

③ 전략적 기업경영 시스템
- 균형성과지표(성과측정관리, Balanced Scorecard; BSC)
- 가치중심경영(Value-Based Management; VBM)
- 활동기준경영(Activity-Based Management; ABM)

(3) BPR(Business Process Re-engineering, 업무 재설계)

① BPR의 정의
- 마이클 해머(Michael Hammer)는 "비용, 품질, 서비스, 속도와 같은 핵심적 성과에서 극적인(Dynamic) 향상을 이루기 위하여 기업 업무 프로세스를 근본적으로(Fundamental) 다시 생각하고 혁신적으로(Radical) 재설계하는 것"이라고 정의하였다. 제임스 마틴(James Martin)은 "기업의 핵심성과 목표(Quality, Cost, Delivery, Service)를 달성하기 위해 경영(Management) 구조, 운영(Operational) 구조, 사회시스템(Social System) 구조, 기술(Technology) 구조를 혁신적으로 변화시키는 경영혁신 활동"이라고 정의하였다.
- 발전된 정보통신 기술을 기반으로 기업의 전 분야에서 정보시스템의 통합을 이루고, 이를 통해 업무효율을 극대화하기 위해 업무 프로세스를 혁신적으로 재설계하며, 고객에 대한 가치를 창출하려는 경영혁신기법인 것이다.

② BPR의 7가지 원칙

- 원칙1: 일을 업무단위별로 구분하거나 설계하지 않고 결과 지향적으로 설계한다.
- 원칙2: 프로세스의 결과를 받는 사람이 직접 프로세스를 실행한다.
- 원칙3: 통제절차와 정보처리를 통합한다.
- 원칙4: 지역적으로 흩어진 자원을 중앙에 모여 있는 것처럼 활용한다.
- 원칙5: 업무결과의 단순통합이 아니라 업무들을 서로 연계시킨다.
- 원칙6: 업무수행 부서에 결정권을 부여하고 프로세스 내에서 통제한다.
- 원칙7: 정보는 발생지역에서 한 번만 처리한다.

③ Hammer의 비즈니스 리엔지니어링(Re-engineering)의 4단계

- 1단계: 개선대상 프로세스의 선정 - 개선대상 프로세스의 대표적 증상 제시
- 2단계: 프로세스의 이해 - 고객의 입장에서 프로세스의 목표 규명
- 3단계: 프로세스의 재설계 - 개선 아이디어를 얻기 위한 힌트 제시
- 4단계: 변화대상 프로세스에 대한 미래의 모습을 조직 구성원들에게 전달

BPR의 필요성	BPR의 기본 원칙	BPR의 기대효과
• 기존 시스템의 한계 • 경쟁 심화 • 고객 요구의 다양화 • 시장의 글로벌화 • 업무처리의 정보화	• 업무 통합 • 분산자원의 중앙집권적 관리 • 업무처리의 동기화	• 고객 가치 극대화 • 최적의 생산 및 수익 창출 • 차별화된 고객서비스 • 가치중심 경영

(4) ERP와 BPR의 연계

ERP는 기술적인 차원 이외에도 경영전략적인 경영혁신 차원에서 구축되어야 한다. ERP와 같은 최근의 애플리케이션 시스템은 개별업무 기능이 아니라 프로세스를 지원하는 구조로 설계되어 있다. ERP 공급업자들은 통합된 프로세스 개념에 기초한 애플리케이션 시스템들을 제공한다. 이들 시스템 프로젝트는 업무 재구축(BPR)을 시발점으로 시작할 수도 있고, 통합된 정보시스템(ERP)을 이용해서 기업의 업무프로세스를 규정할 수도 있다. 후자의 견해는 BPR을 수행하는 또 다른 방식으로 일부 기업에서 일반적으로 수용되고 있다. 어느 방식이든 ERP 도입의 성공 여부는 BPR을 통한 업무개선이 중요하다고 할 수 있다.

06 4차 산업혁명과 차세대 ERP

4차 산업혁명(The Fourth Industrial Revolution)은 인공지능(Artificial Intelligence, AI), 사물인터넷(Internet of Things, IoT), 빅데이터(Big Data), 클라우드 컴퓨팅(Cloud Computing) 등 첨단 정보통신기술이 경제, 사회 전반에 융합되어 혁신적인 변화가 나타나는 차세대 산업혁명을 말한다. 차세대 ERP는 웹(Web)기반 ERP에서 클라우드 기반의 ERP로 진화화고 있다. 클라우드 ERP는 디지털 지원, 인공지능(AI) 및 기계학습(Machine Learning), 예측 분석 등과 같은 지능형 기술을 이용하여 미래에 대비한 즉각적인 가치를 제공한다.

(1) 클라우드 컴퓨팅의 정의

① 클라우드 컴퓨팅이란 인터넷 기술을 활용하여 가상화된 IT 자원을 서비스로 제공하는 컴퓨팅 기술을 의미한다.

② 클라우드 컴퓨팅은 사용자가 클라우드 컴퓨팅 네트워크에 접속하여 응용프로그램, 운영체제, 저장장치, 유틸리티 등 필요한 IT자원을 원하는 시점에 필요한 만큼 골라서 사용하고 사용량에 기반하여 대가를 지불한다.

(2) 클라우드 컴퓨팅의 장점

① 사용자가 하드웨어(HW)나 소프트웨어(SW)를 직접 디바이스에 설치할 필요가 없이 자신의 필요에 따라 언제든지 컴퓨팅 자원을 사용할 수 있다.

② 모든 데이터와 소프트웨어가 클라우드 컴퓨팅 내부에 집중되고 이기종 장비 간의 상호 연동이 유연하기 때문에 손쉽게 다른 장비로 데이터와 소프트웨어를 이동할 수 있어 장비관리 업무와 PC 및 서버 자원 등을 줄일 수 있다.

③ 사용자는 서버 및 SW를 클라우드 컴퓨팅 네트워크에 접속하여 제공받을 수 있으므로 서버 및 SW를 구입해서 설치할 필요가 없어 사용자의 IT 투자비용이 줄어든다.

(3) 클라우드 컴퓨팅의 단점

① 서버 공격 및 서버 손상으로 인한 개인정보가 유출 및 유실될 수 있다.

② 모든 애플리케이션을 보관할 수 없으므로 사용자가 필요로 하는 애플리케이션을 지원받지 못하거나 애플리케이션을 설치하는 데 제약이 있을 수 있다.

(4) 클라우드 컴퓨팅에서 제공하는 서비스

① SaaS(Software as a Service): 클라우드 컴퓨팅 서비스 사업자가 클라우드 컴퓨팅 서버에 소프트웨어를 제공하고, 사용자가 원격으로 접속해 해당 소프트웨어를 활용하는 모델이다.

② PaaS(Platform as a Service): 사용자가 소프트웨어를 개발할 수 있는 토대를 제공해 주는 서비스 모델이다. 예 웹 프로그램, 제작 툴, 개발도구지원, 과금(Accounting) 모듈, 사용자관리 모듈 등

③ IaaS(Infrastructure as a Service): 서버 인프라를 서비스로 제공하는 것으로 클라우드를 통하여 저장장치(Storage) 또는 컴퓨팅 능력(Compute)을 인터넷을 통한 서비스 형태로 제공하는 서비스 모델이다.

(5) 클라우드 ERP의 특징

① 클라우드의 가장 기본적인 서비스인 SaaS, PaaS, IaaS를 통해 ERP 서비스를 제공받는다.

② 4차 산업혁명 시대에 경쟁력을 갖추기 위해서는 기업들이 지능형 기업으로 전환해야 하며, 클라우드 ERP로 지능형 기업을 운영할 수 있다.

③ 클라우드 도입을 통해 ERP 진입장벽을 획기적으로 낮출 수 있다.

④ 클라우드를 통해 제공되는 ERP는 전문 컨설턴트의 도움 없이도 설치 및 운영이 가능하다.

⑤ 클라우드 ERP는 디지털 지원, 인공지능(AI) 및 기계학습(Machine Learning), 예측 분석 등과 같은 지능형 기술을 사용하여 미래에 대비한 즉각적인 가치를 제공할 수 있다.

(6) 차세대 ERP의 인공지능(AI), 빅데이터(Big Data), 사물인터넷(IoT) 기술의 적용

① 향후 ERP는 4차 산업혁명의 핵심기술인 인공지능(Artificial Intelligence, AI), 빅데이터(Big Data), 사물인터넷(Internet of Things, IoT), 블록체인(Block Chain) 등의 신기술과 융합하여 보다 지능화된 기업경영이 가능한 통합시스템으로 발전된다.

② 생산관리 시스템(MES), 전사적 자원관리(ERP), 제품수명주기 관리시스템(PLM) 등을 통해 각 생산과정을 체계화하고 관련 데이터를 한 곳으로 모을 수 있어 빅데이터 분석이 가능해진다. 인공지능 기반의 빅데이터 분석을 통해 최적화와 예측 분석이 가능하여 과학적이고 합리적인 의사결정지원이 가능하다.

③ 제조업에서는 빅데이터 처리 및 분석기술을 기반으로 생산 자동화를 구현하고 ERP와 연계하여 생산계획의 선제적 예측과 실시간 의사결정이 가능해진다.

④ ERP에서 생성되고 축적된 빅데이터를 활용하여 기업의 새로운 업무개척이 가능해지고, 비즈니스 간 융합을 지원하는 시스템으로 확대가 가능하다.

⑤ 차세대 ERP는 인공지능 및 빅데이터 분석 기술과의 융합으로 전략경영 등의 분석 도구를 추가하게 되어 상위계층의 의사결정을 지원할 수 있는 스마트(Smart) 시스템으로 발전하고 있다.

(7) 차세대 ERP의 비즈니스 애널리틱스

① 비즈니스 애널리틱스란 웹사이트의 실적을 높이고 온라인 비즈니스의 성공을 돕는 효율적인 웹사이트 분석도구 솔루션이다.

② ERP 시스템 내의 빅데이터 분석을 위한 비즈니스 애널리틱스가 차세대 ERP 시스템의 핵심요소가 되었다.

③ 비즈니스 애널리틱스는 의사결정을 위한 데이터 및 정량분석과 광범위한 데이터 이용을 말한다.

④ 비즈니스 애널리틱스는 조직에서 기존의 데이터를 기초로 최적 또는 현실적 의사결정을 위한 모델링을 이용하도록 지원해준다.

⑤ 비즈니스 애널리틱스는 질의 및 보고와 같은 기본적인 분석기술과 예측 모델링과 같은 수학적으로 정교한 수준의 분석을 지원한다.

⑥ 비즈니스 애널리틱스는 과거 데이터 분석뿐만 아니라 이를 통한 새로운 통찰력 제안과 미래 사업을 위한 시나리오를 제공한다.

⑦ 비즈니스 애널리틱스는 구조화된 데이터(Structured Data)와 비구조화된 데이터(Unstructured Data)를 동시에 이용한다.

⑧ 구조화된 데이터는 파일이나 레코드 내에 저장된 데이터로 스프레드 시트와 관계형 데이터베이스(RDBMS)를 포함하고 있다.

⑨ 비구조화된 데이터는 전자메일, 문서, 소셜미디어 포스트, 오디오 파일, 비디오 영상, 센서데이터 등을 말한다.

⑩ 비즈니스 애널리틱스는 미래 예측을 지원해주는 데이터 패턴 분석과 예측 모델을 위한 데이터 마이닝(Data Mining)을 통해 고차원 분석기능을 포함하고 있다.

⑪ 비즈니스 애널리틱스는 리포트, 쿼리, 알림, 대시보드, 스코어카드뿐만 아니라 데이터 마이닝 등의 예측모델링과 같은 진보된 형태의 분석기능도 제공한다.

01 다음 중 클라우드 ERP와 관련된 설명으로 가장 적절하지 않은 것은 무엇인가?

① 클라우드를 통해 ERP 도입에 관한 진입장벽을 높일 수 있다.

② IaaS 및 PaaS 활용한 ERP를 하이브리드 클라우드 ERP라고 한다.

③ 서비스형 소프트웨어 형태의 클라우드로 ERP를 제공하는 것을 SaaS ERP라고 한다.

④ 클라우드 ERP는 고객의 요구에 따라 필요한 기능을 선택·적용한 맞춤형 구성이 가능하다.

해설 클라우드 ERP
클라우드를 통해 ERP 도입에 관한 진입장벽을 낮출 수 있다. 답 ①

02 다음 중 클라우드 서비스 기반 ERP와 관련된 설명으로 가장 적절하지 않은 것은 무엇인가?

① ERP 구축에 필요한 IT인프라 자원을 클라우드 서비스로 빌려 쓰는 형태를 IaaS라고 한다.

② ERP 소프트웨어 개발을 위한 플랫폼을 클라우드 서비스로 제공받는 것을 PaaS라고 한다.

③ PaaS에는 데이터베이스 클라우드 서비스와 스토리지 클라우드 서비스가 있다.

④ 기업의 핵심 애플리케이션인 ERP, CRM 솔루션 등의 소프트웨어를 클라우드 서비스를 통해 제공받는 것을 SaaS라고 한다.

해설 클라우드 ERP
데이터베이스 클라우드 서비스와 스토리지 클라우드 서비스는 IaaS에 속한다. 답 ③

03 클라우드 서비스 사업자가 클라우드 컴퓨팅 서버에 ERP 소프트웨어를 제공하고, 사용자가 원격으로 접속해 ERP 소프트웨어를 활용하는 서비스를 무엇이라 하는가?

① IaaS(Infrastructure as a Service)

② PaaS(Platform as a Service)

③ SaaS(Software as a Service)

④ DaaS(Desktop as a Service)

해설 클라우드 ERP
SaaS(Software as a Service): 클라우드 컴퓨팅 서비스 사업자가 클라우드 컴퓨팅 서버에 소프트웨어를 제공하고, 사용자가 원격으로 접속해 해당 소프트웨어를 활용하는 모델이다. 답 ③

04 다음 중 차세대 ERP의 인공지능(AI), 빅데이터(Big Data), 사물인터넷(IoT) 기술의 적용에 관한 설명으로 가장 적절하지 않은 것은 무엇인가?

① 현재 ERP는 기업 내 각 영역의 업무프로세스를 지원하고, 단위별 업무처리의 강화를 추구하는 시스템으로 발전하고 있다.

② 제조업에서는 빅데이터 분석기술을 기반으로 생산자동화를 구현하고 ERP와 연계하여 생산계획의 선제적 예측과 실시간 의사결정이 가능하다.

③ 차세대 ERP는 인공지능 및 빅데이터 분석기술과의 융합으로 상위계층의 의사결정을 지원할 수 있는 지능형시스템으로 발전하고 있다.

④ ERP에서 생성되고 축적된 빅데이터를 활용하여 기업의 새로운 업무개척이 가능해지고, 비즈니스 간 융합을 지원하는 시스템으로 확대가 가능하다.

해설 차세대 ERP
현재 ERP는 기업 내 각 영역의 업무프로세스를 지원하면서도 단위별 업무처리의 통합을 추구하는 시스템으로 발전하고 있다.　　　　　　　　　　　　　　　　　　　　　　　답 ①

05 다음 중 ERP 아웃소싱(Outsourcing)의 장점으로 가장 적절하지 않은 것은 무엇인가?

① ERP 아웃소싱을 통해 기업이 가지고 있지 못한 지식을 획득할 수 있다.

② ERP 개발과 구축, 운영, 유지보수에 필요한 인적 자원을 절약할 수 있다.

③ IT 아웃소싱 업체에 종속성(의존성)이 생길 수 있다.

④ ERP 자체개발에서 발생할 수 있는 기술력 부족의 위험요소를 제거할 수 있다.

해설 ERP 아웃소싱
IT 아웃소싱 업체의 협력과 지원이 가능하다.　　　　　　　　　　　　　　　　　　답 ③

06 다음 중 차세대 ERP의 비즈니스 애널리틱스에 관한 설명으로 가장 적절하지 않은 것은 무엇인가?

① 비즈니스 애널리틱스는 구조화된 데이터(Structured Data)만을 활용한다.

② ERP 시스템 내의 방대한 데이터 분석을 위한 비즈니스 애널리틱스가 ERP의 핵심요소가 되었다.

③ 비즈니스 애널리틱스는 질의 및 보고와 같은 기본적 분석기술과 예측 모델링과 같은 수학적으로 정교한 수준의 분석을 지원한다.

④ 비즈니스 애널리틱스는 리포트, 쿼리, 대시보드, 스코어카드뿐만 아니라 예측모델링과 같은 진보된 형태의 분석기능도 제공한다.

> **해설** ERP와 비즈니스 애널리틱스
> 비즈니스 애널리틱스는 구조화된 데이터(Structured Data)와 비구조화된 데이터(Unstructured Data)를 동시에 이용한다.　　　　　　　　　　　　　　　　　　**답** ①

07 다음 [보기]의 괄호 안에 들어갈 용어로 가장 적절한 것은 무엇인가?

> [보 기]
> ERP 시스템 내의 데이터 분석 솔루션인 (　　　　)은(는) 구조화된 데이터 (Structured Data)와 비구조화된 데이터(Unstructured Data)를 동시에 이용하여 과거 데이터에 대한 분석뿐만 아니라 이를 통한 새로운 통찰력 제안과 미래 사업을 위한 시나리오를 제공한다.

① 리포트(Report)

② SQL(Structured Query Language)

③ 비즈니스 애널리틱스

④ 대시보드(DashBoard)와 스코어카드(Scorecard)

> **해설** ERP와 비즈니스 애널리틱스
> 비즈니스 애널리틱스　　　　　　　　　　　　　　　　　　　　　　　　　　**답** ③

08 다음 중 ERP의 장점 및 효과에 대한 설명으로 가장 적절하지 않은 것은 무엇인가?

① ERP는 다양한 산업에 대한 최적의 업무관행인 베스트 프랙틱스(Best Practices)를 담고 있다.

② ERP 시스템 구축 후 업무재설계(BPR)를 수행하여 ERP 도입의 구축성과를 극대화할 수 있다.

③ ERP는 모든 기업의 업무 프로세스를 개별 부서원들이 분산처리하면서도 동시에 중앙에서 개별 기능들을 통합적으로 관리할 수 있다.

④ 차세대 ERP는 인공지능 및 빅데이터 분석기술과의 융합으로 선제적 예측과 실시간 의사결정지원이 가능하다.

해설 ERP의 장점 및 효과
일반적으로 ERP 시스템이 구축되기 전에 업무재설계를 수행해야 ERP 구축성과가 극대화 될 수 있다.

답 ②

09 다음 중 ERP 시스템 구축의 장점으로 볼 수 없는 것은?

① ERP 시스템은 비즈니스 프로세스의 표준화를 지원한다.

② ERP 시스템의 유지보수비용은 ERP 시스템 구축 초기보다 증가할 것이다.

③ ERP 시스템은 이용자들이 업무처리를 하면서 발생할 수 있는 오류를 예방한다.

④ ERP 구현으로 재고비용 및 생산비용의 절감효과를 통한 효율성을 확보할 수 있다.

해설 ERP의 장점 및 효과
ERP 시스템의 유지보수비용은 ERP 시스템 구축 초기보다 감소할 것이다.

답 ②

10 ERP 시스템의 프로세스, 화면, 필드, 그리고 보고서 등 거의 모든 부분을 기업의 요구사항에 맞춰 구현하는 방법을 무엇이라 하는가?

① 정규화(Normalization)

② 트랜잭션(Transaction)

③ 컨피규레이션(Configuration)

④ 커스터마이제이션(Customization)

해설 ERP 구축절차 및 방법
컨피규레이션(Configuration)은 사용자가 원하는 작업방식에 따라 소프트웨어를 구성하는 내용을 정의한 것으로서 파라미터(Parameters)를 선택하는 과정이다.

답 ④

CHAPTER 01 경영혁신과 ERP 신규문항(KPC 자료 편집본)

11 다음 중 ERP 구축 전에 수행되는 단계적으로 시간의 흐름에 따라 비즈니스 프로세스를 개선해가는 점증적 방법론은 무엇인가?

① BPI(Business Process Improvement)
② BPR(Business Process Re-engineering)
③ ERD(Entity Relationship Diagram)
④ MRP(Material Requirement Program)

해설 ERP 구축절차 및 방법
BPR은 급진적으로 비즈니스 프로세스를 개선하는 방식인데 반해 BPI는 점증적으로 비즈니스 프로세스를 개선하는 방식이다. 답 ①

12 다음 중 ERP와 CRM 간의 관계에 대한 설명으로 가장 적절하지 않은 것은 무엇인가?

① ERP와 CRM 간의 통합으로 비즈니스 프로세스의 투명성과 효율성을 확보할 수 있다.
② ERP 시스템은 비즈니스 프로세스를 지원하는 백오피스 시스템(Back-Office System)이다.
③ CRM 시스템은 기업의 고객대응활동을 지원하는 프런트오피스 시스템(Front-Office System)이다.
④ CRM 시스템은 조직 내의 인적자원들이 축적하고 있는 개별적인 지식을 체계화하고 공유하기 위한 정보시스템으로 ERP 시스템의 비즈니스 프로세스를 지원한다.

해설 확장 ERP의 주요 솔루션(CRM)
조직 내의 인적자원들이 축적하고 있는 개별적인 지식을 체계화하고 공유하기 위한 정보시스템은 지식관리시스템(Knowledge Management System)이다. 답 ④

24 PART 01 이론 완전 정복

13 다음 중 확장된 ERP 시스템의 SCM 모듈을 실행함으로써 얻는 장점으로 가장 적절하지 않은 것은 무엇인가?

① 공급사슬에서의 가시성 확보로 공급 및 수요변화에 대한 신속한 대응이 가능하다.

② 정보투명성을 통해 재고수준 감소 및 재고회전율(inventory turnover) 증가를 달성할 수 있다.

③ 공급사슬에서의 계획(Plan), 조달(Source), 제조(Make) 및 배송(Deliver) 활동 등 통합 프로세스를 지원한다.

④ 마케팅(Marketing), 판매(Sales) 및 고객서비스(customer service)를 자동화함으로써 현재및 미래 고객들과 상호작용할 수 있다.

> **해설** 확장 ERP의 주요 솔루션(CRM)
> 확장된 ERP 환경에서 CRM 시스템은 마케팅(Marketing), 판매(Sales) 및 고객서비스(customer service)를 자동화한다. **답** ④

14 다음 [보기]의 괄호 안에 들어갈 용어로 맞는 것은 무엇인가?

> **[보 기]**
> 확장된 ERP 시스템 내의 (   ) 모듈은 공급자부터 소비자까지 이어지는 물류, 자재, 제품, 서비스, 정보의 흐름 전반에 걸쳐 계획하고 관리함으로써 수요와 공급의 일치를 최적으로 운영하고 관리하는 활동이다.

① ERP(Enterprise Resource Planning)
② SCM(Supply Chain Management)
③ CRM(Customer Relationship Management)
④ KMS(Knowledge Management System)

> **해설** 확장 ERP의 주요 솔루션(CRM)
> SCM(Supply Chain Management) **답** ②

15 다음 중 ERP 구축을 위한 ERP 패키지 선정기준으로 가장 적절하지 않은 것은 무엇인가?

① 시스템 보안성
② 사용자 복잡성
③ 요구사항 부합 정도
④ 커스터마이징(Customizing) 가능 여부

해설 ERP 패키지 선정기준

ERP 패키지 선정의 최종목표는 회사의 요구사항에 부합하는 시스템을 선택하는 것이다.

📖 ②

16 다음 중 ERP 도입전략으로 ERP 자체개발 방법에 비해 ERP 패키지를 선택하는 방법의 장점으로 가장 적절하지 않은 것은 무엇인가?

① 검증된 방법론 적용으로 구현 기간의 최소화가 가능하다.
② 검증된 기술과 기능으로 위험 부담을 최소화할 수 있다.
③ 시스템의 수정과 유지보수가 지속적으로 이루어질 수 있다.
④ 향상된 기능과 최신의 정보기술이 적용된 버전(Version)으로 업그레이드(Upgrade)가 가능하다.

해설 ERP 패키지 선정기준

시스템의 수정과 유지보수가 지속적으로 가능한 것은 ERP 자체개발 방식이다.
ERP 자체개발 방식은 사용자 요구사항을 충실하게 반영이 가능하다.

📖 ③

17 다음 중 ERP 시스템에 대한 투자비용에 관한 개념으로 시스템의 전체 라이프사이클(Life-Cycle)을 통해 발생하는 전체 비용을 계량화하는 것을 무엇이라 하는가?

① 유지보수 비용(Maintenance Cost)
② 시스템 구축비용(Construction Cost)
③ 소프트웨어 라이선스비용(Software License Cost)
④ 총소유비용(Total Cost of Ownership)

해설 ERP 투자비용

총소유비용(Total Cost of Ownership)

📖 ④

18 다음 중 효과적인 ERP 교육을 위한 고려사항으로 가장 적절하지 않은 것은 무엇인가?

① 다양한 교육도구를 이용하라.
② 교육에 충분한 시간을 배정하라.
③ 비즈니스 프로세스가 아닌 트랜잭션에 초점을 맞춰라.
④ 조직차원의 변화관리활동을 잘 이해하도록 교육을 강화하라.

해설 ERP 도입 후 교육
트랜잭션이 아닌 비즈니스 프로세스에 초점을 맞추어야 한다. 사용자에게 시스템 사용법과 새로운 업무처리방식을 모두 교육해야 한다.
트랜잭션(Transaction)은 하나의 작업을 수행하기 위해 필요한 데이터베이스의 연산들을 모아놓은 것을 의미하며, 데이터베이스에서 논리적인 작업의 단위가 된다. 트랜잭션은 장애가 발생했을 때 데이터를 복구하는 작업의 단위도 된다. 일반적으로 데이터베이스 연산은 SQL(Structured Query Language)문으로 표현되므로 트랜잭션을 작업 수행에 필요한 SQL문들의 모임으로 이해해도 무방하며, SQL은 사용자와 관계형 데이터베이스를 연결시켜주는 표준 검색언어를 말한다.
🖺 ③

19 다음 중 ERP 구축 시 컨설턴트를 고용함으로써 얻는 장점으로 가장 적절하지 않은 것은 무엇인가?

① 프로젝트 주도권이 컨설턴트에게 넘어갈 수 있다.
② 숙달된 소프트웨어 구축방법론으로 실패를 최소화할 수 있다.
③ ERP기능과 관련된 필수적인 지식을 기업에 전달할 수 있다.
④ 컨설턴트는 편견이 없고 목적 지향적이기 때문에 최적의 패키지를 선정하는데 도움이 된다.

해설 ERP 구축 컨설턴트
프로젝트는 현업 중심의 내부 전문인력과 컨설턴트와의 협력관계로 수행된다.
🖺 ①

20 다음 중 ERP와 기존의 정보시스템(MIS) 특성 간의 차이점에 대한 설명으로 가장 적절하지 않은 것은 무엇인가?

① 기존 정보시스템의 업무범위는 단위업무이고, ERP는 통합업무를 담당한다.

② 기존 정보시스템의 전산화 형태는 중앙집중식이고, ERP는 분산처리구조이다.

③ 기존 정보시스템은 수평적으로 업무를 처리하고, ERP는 수직적으로 업무를 처리한다.

④ 기존 정보시스템의 데이터베이스 형태는 파일시스템이고, ERP는 관계형 데이터베이스 시스템(RDBMS)이다.

해설 ERP와 기존 정보시스템의 특징
기존 정보시스템(MIS)은 수직적으로 업무를 처리하고, ERP는 수평적으로 업무를 처리한다.

답 ③

01
2018년
3회

다음 중 ERP 도입의 예상효과로 적절하지 않은 것은 무엇인가?

① 고객서비스 개선
② 표준화, 단순화, 코드화
③ 통합 업무 시스템 구축
④ 사이클 타임(Cycle Time) 증가

해설 ERP 도입의 예상효과로 사이클 타임(Cycle Time)의 감소, 불필요한 재고 감소, 자원 절약, 생산성 증대, 업무 프로세스 혁신 등이 있다. 답 ④

02
2018년
3회

다음 중 ERP의 선택기준으로 볼 수 없는 것은 무엇인가?

① 커스터마이징의 최대화
② 자사에 맞는 패키지 선정
③ 현업 중심의 프로젝트 진행
④ TFT는 최고의 엘리트 사원으로 구성

해설 커스터마이징의 최소화 답 ①

03
2018년
3회

다음은 ERP의 특징을 설명한 것이다. 특징과 설명을 연결한 것으로 적절하지 않은 것은 무엇인가?

① Open Multi-vendor: 특정 H/W 업체에만 의존하는 Open 형태를 채용, C/S형의 시스템구축이 가능하다.
② 통합업무시스템: 세계유수기업이 채용하고 있는 Best Practice Busines Proces를 공통화, 표준화시킨다.
③ Parameter 설정에 의한 단기간의 도입과 개발이 가능: Parameter 설정에 의해 각 기업과 부문의 특수성을 고려할 수 있다.
④ 다국적, 다통화, 다언어: 각 나라의 법률과 대표적인 상거래 습관, 생산방식이 시스템에 입력되어 있어서 사용자는 이 가운데 선택하여 설정할 수 있다.

해설 Open Multi-vendor: ERP는 어떠한 운영체제나 데이터베이스에서도 잘 운영될 수 있도록 설계되어 있어서 다른 시스템과의 연계가 쉽다. 따라서 특정 하드웨어 및 소프트웨어 기술이나 업체에 의존하지 않고 다양하게 조합하여 사용할 수 있도록 지원한다. 답 ①

04
2018년
3회

ERP 구축절차 중 TFT 결성, 현재 시스템 문제파악, 경영전략 및 비전 도출 등을 하는 단계는 다음 중 무엇인가?

① 구축단계
② 구현단계
③ 분석단계
④ 설계단계

> **해설** 분석단계: As - Is 파악, TFT 구성, 기존 시스템의 문제점 파악, 성공요인 도출, 목표와 범위 설정, 경영전략 및 비전 도출 등이 있다. **답** ③

05
2018년
4회

ERP를 성공적으로 도입하기 위한 전략으로 적절하지 않은 것은?

① 최고경영층도 프로젝트에 적극적으로 참여해야 한다.
② 현재의 업무방식만을 그대로 고수해서는 안 된다.
③ 단기간 효과 위주로 구현해야 한다.
④ 프로젝트 멤버는 현업 중심으로 구성해야 한다.

> **해설** 중·장기간의 효과를 검토하여 구현해야 한다. **답** ③

06
2018년
4회

다음 중 ERP에 대한 설명으로 가장 옳지 않은 것은 무엇인가?

① 기업내부의 정보인프라 구축이다.
② BPR을 위해서 도입하는 것은 적절치 않다.
③ ERP는 "전사적 자원관리시스템"이라고 불린다.
④ 회사의 업무프로세스가 하나로 통합된 시스템이다.

> **해설** BPR의 추진 및 실행을 위해서 ERP 시스템을 도입하는 것이 바람직하다. **답** ②

07
2018년
4회

다음은 조직의 효율성을 제고하기 위해 업무흐름 뿐만 아니라 전체 조직을 재구축하려는 혁신전략기법들이다. 이 중 주로 정보기술을 통해 기업경영의 핵심과 과정을 전면 개편함으로 경영성과를 향상시키려는 경영기법인데 매우 신속하고 극단적인 그리고 전면적인 혁신을 강조하는 이 기법은 무엇인가?

① 지식경영
② 벤치마킹
③ 리스트럭처링
④ 리엔지니어링

> **해설** 전면적인 혁신을 위한 리엔지니어링(Re-engineering) 기법을 활용한다. **답** ④

08

2018년
4회

다음 중 ERP 도입의 최종 목적으로 가장 적합한 것은 무엇인가?

① 해외 매출 확대   ② 관리자 리더십 향상

③ 경영정보의 분권화   ④ 고객만족과 이윤 극대화

[해설] ERP 도입의 최종 목적은 고객만족과 이윤 극대화이다.   답 ④

09

2018년
5회

다음 중 클라우드 ERP와 관련된 설명으로 가장 적절하지 않은 것은 무엇인가?

① 클라우드를 통해 ERP 도입에 관한 진입장벽을 높일 수 있다.

② IaaS 및 PaaS를 활용한 ERP를 하이브리드 클라우드 ERP라고 한다.

③ 서비스형 소프트웨어 형태의 클라우드로 ERP를 제공하는 것을 SaaS ERP라고 한다.

④ 클라우드 ERP는 고객의 요구에 따라 필요한 기능을 선택·적용한 맞춤형 구성이 가능하다.

[해설] 클라우드(Cloud) 컴퓨팅을 통해 ERP 도입에 관한 진입장벽을 낮출 수 있다.   답 ①

10

2018년
5회

다음 중 ERP에 대한 설명으로 가장 적절하지 않은 것은 무엇인가?

① ERP가 구축되어 성공하기 위해서는 경영자의 관심과 기업 구성원 전원의 참여가 필요하다.

② ERP는 투명경영의 수단으로 활용이 되며 실시간으로 경영현황이 처리되는 경영정보제공 및 경영조기경비체계를 구축한다.

③ ERP란 기업 내에서 분산된 모든 자원을 부서 단위가 아닌 기업 전체의 흐름에서 최적관리가 가능하도록하는 통합시스템이다.

④ 기업은 ERP를 도입함으로써 기업 내 경영활동에 해당되는 생산, 판매, 재무, 회계, 인사관리 등의 활동을 각 시스템별로 개발·운영하여 의사결정 시 활용한다.

[해설] 통합적이고 전사적으로 개발 및 운영한다.   답 ④

CHAPTER 01 단원별 기출 확인문제

11
2018년
5회

ERP의 의미에 대한 설명 중 기업의 경영활동과 연계하여 볼 때 다음 중 가장 적절하지 않은 설명은?

① 산업별 Best Practice를 내재화하여 업무 프로세스 혁신을 지원할 수 있다.

② 기업 경영활동에 대한 시스템을 통합적으로 구축함으로써 생산성을 극대화시킨다.

③ 기업 내의 모든 인적, 물적 자원을 효율적으로 관리하여 기업의 경쟁력을 강화시켜주는 역할을 한다.

④ ERP는 패키지화되어 있어서 신기술을 도입하여 적용시키는 것은 어렵다.

해설 기업의 경영활동과 연계한 신기술을 도입하여 ERP 시스템에 적용시킬 수 있다. 🔲 ④

12
2018년
5회

다음 중 ERP의 발전과정으로 가장 적절한 것은 무엇인가?

① MRPⅡ → MRPⅠ → ERP → 확장형 ERP

② ERP → 확장형 ERP → MRPⅠ → MRPⅡ

③ MRPⅠ → ERP → 확장형 ERP → MRPⅡ

④ MRPⅠ → MRPⅡ → ERP → 확장형 ERP

해설 MRPⅠ → MRPⅡ → ERP → 확장형 ERP, 여기서 MRPⅠ은 MRP라고 표현해도 무방함

🔲 ④

13
2018년
5회

경영환경 변화에 대한 대응방안 및 정보기술을 통한 새로운 기회 창출을 위해 기업경영의 핵심과 과정을 전면 개편함으로써 경영성과를 향상시키기 위한 경영기법은 무엇인가?

① MRP(Material Requirement Program)

② MBO(Management By Objectives)

③ JIT(Just In Time)

④ BPR(Business Process Re-engineering)

해설 • MRP(자재소요계획)는 제품의 생산량 및 생산일정을 기초로 필요한 원자재나 부품 등의 소요량 및 소요 시기를 산출해서 자재조달계획을 수립하는 것이다.
• MBO(목표관리)는 목표 중심의 참여적 관리기법이다. 즉, 조직 상하 구성원의 광범위한 참여, 합의하에 조직목표, 각 부서목표, 개인목표를 설정하고 그에 따라 사업이나 생산활동을 수행한 후 활동결과를 평가, 환류시키는 관리체제로서, 조직의 민주성, 효과성의 제고에 기여하는 총체적인 관리기법이다.
• JIT는 생산과정에서 필요할 때, 필요한 것만을 필요한 만큼만 생산함으로서 생산시간을 단축시키고 재고를 최소화하여 낭비를 제거하는 생산시스템이다. 🔲 ④

32 PART 01 이론 완전 정복

14
2018년
6회

다음 중 BPR의 필요성이라고 볼 수 없는 것은 무엇인가?

① 경영 환경 변화에의 대응방안 모색

② 정보기술을 통한 새로운 기회의 모색

③ 기존 업무 방식 고수를 위한 방안 모색

④ 조직의 복잡성 증대와 효율성 저하에 대한 대처방안 모색

해설 BPR은 기존 업무방식을 고수하는 것이 아니라 처음부터 다시 시작하여 Process를 재설계하는 혁신적인 개념이다

답 ③

15
2018년
6회

ERP 구축의 성공요인으로 가장 적절하지 않은 것은?

① 지속적인 ERP 교육 실시

② IT 중심으로만 프로젝트만 추진

③ 경험과 지식을 겸비한 인력으로 구성

④ 경영자와 전체 임직원의 높은 관심 및 참여

해설 업무통합 중심으로 ERP 시스템을 구축한다.

답 ②

16
2018년
6회

다음 중 ERP 구축절차의 구축단계에 해당되지 않는 것은 무엇인가?

① 모듈조합화　　　　　　　　② 출력물 제시

③ 패키지 설치　　　　　　　　④ 추가개발 또는 수정기능 확정

해설 패키지 설치는 설계단계에 해당된다.

답 ③

17
2018년
6회

다음 중 클라우드 ERP의 특징 혹은 효과에 대하여 설명한 것이라 볼 수 없는 것은 무엇인가?

① 안정적이고 효율적인 데이터관리

② IT자원관리의 효율화와 관리비용의 절감

③ 원격근무 환경 구현을 통한 스마트워크 환경 정착

④ 폐쇄적인 정보접근성을 통한 데이터 분석기능

해설 개방적인 정보접근성을 통한 데이터 분석기능을 한다.

답 ④

CHAPTER 02 영업관리
(예측·판매·가격)

01 수요예측(Demand Forecasting)

1 수요예측의 개념 및 원칙

고객의 수요분석에 기초가 되는 시장조사나 각종 예측 조사의 결과를 종합하여 장래의 수요를 예측하는 것을 수요예측(Demand Forecasting)이라 한다. 예측기간에 따라 장기예측, 단기예측 등으로 구분한다. 수요예측은 산업이나 회사의 생산 활동에 기본이 되는 것으로 구입, 생산, 자금, 판매 등의 계획에 있어서 가장 중요한 요소가 된다. 오늘날 시장 환경은 빠르게 변화되고 있다. 따라서 제품에 대한 수요예측 및 분석은 기업들에게 있어서 매우 중요한 임무로 대두되고 있다.

이러한 수요예측의 올바른 결정을 위해서는 시장의 잠재수요는 얼마이며, 자사 제품의 차기년도 수요는 어느 정도인가를 파악하는 일이다. 전자는 현재 수요를 파악하는 정성적 기법이 통상적으로 사용되고, 후자는 미래 수요를 파악하는 정량적 기법이 주로 사용되었다. 또 이러한 수요예측에서의 문제는 세분화된 수요분석, 제품 수요예측 시 기존 자료 미비 그리고 경쟁 상황에 따른 자사 수요변화에 대한 예측의 어려움 등으로 정확한 예측을 어렵게 할 수도 있다.

2 수요예측의 원칙과 예측오차

(1) 예측기간이 짧을수록 장기예측에 비하여 예측의 적중률이 높아지며, 예측하는 기간이 길어질수록 예측오차는 증가한다.

(2) 수요가 안정적인 기간 또는 기존의 상품이나 서비스에 대한 예측은 신규 상품이나 서비스에 대한 예측보다는 적중률이 높아진다.

(3) 경기변동이나 경제적 요인에 영향을 받아서 수요 패턴이 변화하는 상품이나 서비스 등은 정확한 예측이 곤란하다.

(4) 수요예측의 오차가 발생할 확률은 계절변동이 없는 상품보다 계절변동이 있는 상품이 크다.

(5) 일반적으로 영속성이 있는 상품·서비스가 영속성이 없는 상품·서비스에 대하여 지속적으로 정확한 예측을 하기가 어렵다.

(6) 수요예측오차발생 확률의 크기 비교

① 장기예측 > 단기예측

② 신규 상품 > 기존 상품

③ 계절변동이 있는 상품 > 계절변동이 없는 상품

④ 대체품이 많은 상품 > 대체품이 없는 상품

3 수요예측 방법

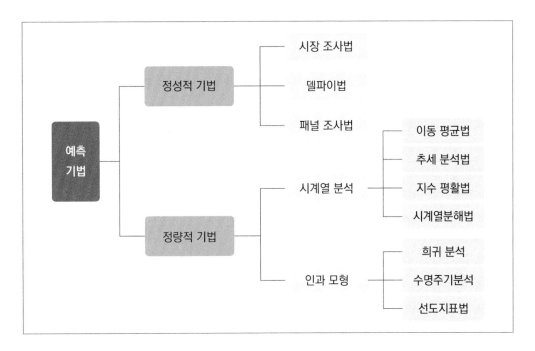

(1) 정성적 방법

정성적 방법은 개인 주관이나 판단, 여러 사람의 의견을 근거로 수요를 예측하는 주관적 방법이다. 사업 전반에 걸친 경향이나 오랜 기간에 걸친 제품군에 대한 잠재적 수요를 예측할 때 사용하며, 기간 예측 면에서 정성적 방법은 중·장기 예측에 많이 사용한다.

① 시장조사법
- 시장에서 조사하려는 내용을 설문지, 직접 인터뷰, 전화 조사, 시제품 발송 등의 방법으로, 소비자 의견을 조사하여 설정된 가설을 검정하는 방법이다.
- 소비자 동향을 직접 조사하므로 비교적 정확도가 높지만 정성적 방법 가운데 시간과 비용이 가장 많이 소요된다.

② 델파이 기법
- 예측하고자 하는 대상의 전문가 집단을 선정하여, 예측 데이터에 대해 설문지를 통한 반복 조사를 실시하여 그 결과를 집계한 후, 전문가의 의견을 정리하여 수요를 예측한다.
- 전문가의 의견을 반영할 수 있으나 시간과 비용이 많이 소요된다는 단점이 있다.
- 불확실성이 크거나 과거자료가 없는 경우에 주로 사용한다.
- 생산능력, 설비계획, 신제품 개발, 시장 전략 등을 위한 장기예측에 적합하다.

③ 패널 조사법(전문가 의견법)
- 경험과 전문 지식을 갖춘 전문가들이 의견을 자유롭게 교환하여 예측 결과를 얻는 방법이다.
- 단기간에 저렴한 비용으로 예측 결과를 얻을 수 있다.

④ 중역평가법: 조직이나 기업의 경영진들의 지식과 과거 경험에 따른 의견을 반영하는 방법이다.

⑤ 판매원 의견 합성법: 판매 및 영업 지역별 담당 직원들의 수요예측치를 반영하는 기법이다.

(2) 정량적 방법

① 시계열 자료: 특정한 기간에 걸쳐서 관측된 자료로, 서로 다른 시점에서 관측된 값의 계열을 말한다.

② 시계열 자료의 특성
- 경향(추세변동): 시간이 지날수록 수요가 지속적으로 증가하거나 감소하는 형태

이며, 추세적으로 나타나는 장기적 변동을 말한다.

- 계절성(계절변동): 계절성은 기후, 명절, 연휴 기간, 계절에 따라 발생하는 단기적인 수요 변동이다.
- 변동성(순환변동): 시계열의 분산이 시간의 추이에 따라 변하는 성질로, 통계적으로는 평균과 표준편차의 관계를 나타낸다. 변동성이 크다는 것은 표준 편차가 크다는 뜻이다. 수요변화가 큰 폭으로 일어나면 변동성이 증가하고, 수요변동 폭이 작으면 변동성이 감소한다는 의미이다. 순환변동은 1년 이상의 기간에 걸쳐 발생하는 일정한 주기변동이다.
- 비선형성(불규칙변동): 시간에 따라 변하는 값 사이에 존재하는 종속관계나 인과관계가 자신의 값 사이의 비선형관계로 설명되는 경우를 말한다.

③ 시계열 자료 분석의 목적
- 시계열 자료가 가지고 있는 시간에 따른 종속구조를 파악한다.
- 종속구조를 효과적으로 나타내는 모형을 개발하여 미래의 값을 예측한다.

④ 시계열 분석
- 단순이동평균법
  - 단순이동평균법은 실제수요를 기준으로 평균하는 방법이다.
  - 6~12개월간의 안정적인 자료를 바탕으로 하며, 단기예측값을 구하는 데 유용하다.
  - 자료가 안정적이어야 하며, 가장 최근의 자료를 반영하여 예측하는 방법이다. 예를 들어 4월·5월·6월의 수요(D) 데이터를 바탕으로 3개월 이동 평균법으로 7월 수요를 예측(F)하는 방법은 아래와 같이 산술평균을 구하는 방법과 동일하다.

$$F_7 = \frac{D_4 + D_5 + D_6}{3}$$

- 가중이동평균법
  - 오래된 자료보다 최신 자료에 보다 많은 정보를 담고 있는 경우, 최근 수요에 큰 가중값을 부여하여 값을 계산하고 예측치로 사용한다.
  - 계산이 간편하고, 최근 경향을 반영할 수 있어서 관리에 많이 이용된다. 예를 들어 4월·5월·6월의 수요(D) 데이터와 가중값이 다음과 같을 때 7월 수요예측(F)은 다음과 같이 나타낼 수 있다. 단, 가중값: 4월 0.2, 5월 0.3, 6월 0.5

$$F_7 = (D_4 \times 0.2) + (D_5 \times 0.3) + (D_6 \times 0.5)$$

▶▶ 필수예제

가중이동평균법을 활용하여 제품의 판매량을 예측하고자 한다. 4개월 동안의 실제 판매량과 가중치(α)는 아래와 같을 때 9월의 제품판매량 예측값은?

월	5	6	7	8
판매량(개)	30	100	120	70
가중치	0.1	0.3	0.4	0.2

해설 F9 = (30 × 0.1) + (100 × 0.3) + (120 × 0.4) + (70 × 0.2)
= 3 + 30 + 48 + 14 = 95

- 추세 분석법
  - 추세 분석법은 근본적으로 회귀분석과 같으며, 시간에 따른 시계열자료의 추세선을 유도함으로써 그 추세선상에서 미래의 수요를 예측하는 방법이다.
  - 인과형 방법인 단순회귀분석에서 특정한 요인을 독립변수로 고려하는 대신 시간을 독립변수로 두고 회귀방정식에서 추세선을 구하는 방법이다.
  - 인과형 예측방법인 회귀 및 다중회귀분석 방법을 참고하기 바란다.
- 지수평활법
  - 차기 예측량은 전기 실제수요량과 예측량으로 계산하는 방법이다. 차기 예측량은 전기 실제수요량과 전기 예측량 값에 가중값에 차이를 두어 산출한다. 과거 실적 보다 최근 예측 정보에 더 많은 가중값이 반영된다.
  - 추세 지수평활법은 지수평활법에 추세 효과인 평활 상수를 고려하여 수요 예측값을 구하는 방법이다.
  - 결과로 얻은 예측 결과에서 가장 정확히 예측했다고 판단되는 값으로 결정한다. 실제수요에 적용하는 α(평활화 계수)값은 예측 수요에 적용하는 가중값보다 작게 보통 0.1과 0.4 사이의 값을 사용하는데, 이는 예측값에 과거 오랜 기간 동안의 예측값이 누적되어 있기 때문이다.
  - 평활화 계수 α는 $0 \le \alpha \le 1$의 범위에 있으며, α가 클수록 최근의 자료를 중시한다는 것이다.
  - 시계열 자료에 계절변동과 경향(추세)변동이 크게 작용하지 않는 경우에 유리하다.

$$F_{n+1} = \alpha D_n + (1-\alpha)[\alpha D_{n-1} + \alpha(1-\alpha)D_{n-2} + \alpha(1-\alpha)^2 D_{n-3} \cdots$$

$$= \alpha D_n + (1-\alpha)F_n \cdots$$

여기서, F_{n+1}: 차기 예측값

$\quad\quad F_n$: 당기 예측값

$\quad\quad D_{n-1}$: 전기 실제수요량

$\quad\quad D_{n-2}$: 전 전기 실제수요량

$\quad\quad D_n$: 당기 실제수요량

▶▶ 필수예제

㈜동서울에서는 2월에 총 90대의 자전거를 판매하였다. 1월과 2월의 판매예측치가 75대와 80대인 경우, 3월의 판매예측치는? (평활상수는 0.1)

해설 당기 예측치 = (α × 전기 실적치) + {(1 − α) × 전기 예측치}
= (0.1 × 90) + (0.9 × 80) = 81(대)

- 시계열 분해법(ARIMA)
  - 시계열의 기본 패턴을 구성요소로 분해해서 시계열의 특성을 분석하고, 다시 집산하여 전체 시계열을 예측한다.
  - 시계열 구성요소가 시간의 흐름에 따라 느리게 변동할 때 효과적인 방법이고, 특히 시계열을 각 구성요소로 분해할 수 있는 장점이 있다.
⑤ 인과형 예측 방법: 수요에 영향을 미치는 요인(독립변수)을 독립변수로 두고, 영향을 나타내는 변수(종속변수)의 관계를 통계적으로 분석하여 수요를 예측하는 것으로, 회귀분석을 많이 사용한다.
  - 단순회귀분석: 가장 단순하고 많이 사용하는 형태로, 두 변수 간의 선형관계를 나타내는 것이다. 즉, 인과모형중에서 수요예측 설명변수가 1개인 선형회귀분석 목적은 추정되는 직선에서 자료값까지 편차 제곱합이 최소화되는 직선을 구하는 것이다.

$$Y = b_0 + b_1 x$$

여기서, Y = 예측 또는 종속변수

$\quad\quad x$ = 설명 또는 독립변수

$\quad\quad b_0$ = 직선의 세로축 절편

$\quad\quad b_1$ = 직선의 기울기

- 다중회귀분석: 수요에 영향을 주는 예측 변수가 2개 이상인 경우에 사용한다.

$$Y = b_0 + b_1 x_1 + b_2 x_2 + \cdots + b_k x_k$$

여기서, Y = 예측 또는 종속변수

x_k = k번째 설명 또는 독립변수

b_0 = 상수

b_k = k번째 독립변수의 회귀계수

- 선도 지표법: 계량경제모형 예측 방법으로서 각 수요(경제) 변수에 수치를 주어 정량화한다. 이때 변수 간에 관계를 설정한 후, 수요 또는 경기 예측 모형을 만들어 수요(경기)를 예측하는 방법이다.

⑥ 제품의 라이프 사이클 유추법(제품수명주기 유추법)
- 신제품과 비슷한 기존 제품의 제품 수명주기(도입기·성장기·성숙기·쇠퇴기)단계에서 수요변화에 관한 과거자료를 바탕으로 수요변화를 유추하는 방법이다.
- 장점은 중기나 장기수요예측에 적합하고, 비용이 적게 든다.
- 단점은 신제품과 비슷한 기존 제품을 어떻게 선정하는가에 따라 예측 결과가 큰 차이가 발생한다.
- 제품수명주기에 따른 매출과 매출총이익 기간에 따라 증가하다가 감소하는 형태이다.
- 다음의 그림을 참고하기 바란다.

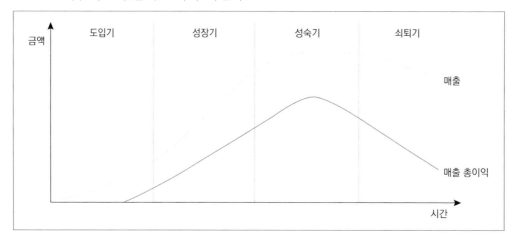

02 판매예측(Sales Forecasting)

1 판매예측의 개념

수요예측 결과를 바탕으로 미래의 서비스 및 제품의 판매량을 추정하는 것이다. 즉, 미래의 일정기간 동안 특정 상품이 어느 정도 판매될 것인가를 추정하는 것이며, 기업의 판매 네트워크와 판매 노력, 잠재소비자의 소비 수준 및 소비성향, 경쟁사 및 업계의 동향, 경제 상태 등을 종합적으로 고려하여 예측한다. 판매예측한 결과를 바탕으로 판매계획을 수립하는데, 판매활동의 조직화, 판매촉진 및 광고활동 계획을 수립하게 된다.

2 판매예측 방법

판매예측 방법은 수요예측에 의한 방법, 정성적 분석 방법, 정량적 분석 방법이 있다.

(1) 수요예측에 의한 방법

당해 업계의 총수요를 결정하고 자사의 시장점유율 목표를 설정하여 미래 매출액을 예측한다.

> 미래 예측액 = 당해 업계 총수요예측액 × 자사 목표 시장점유율

(2) 정량적 분석에 의한 방법

수요예측에서 설명한 정량적 분석방법을 참고하기 바란다.

(3) 정성적 분석에 의한 방법

수요예측에서 설명한 정성적 분석방법을 참고하기 바라며, 판매현장에서 영업담당자의 경험과 판단에 의해 예측하는 방법도 있다.

03 판매계획

- 판매계획은 수요 및 판매예측의 결과를 이용하여 판매목표액을 수립한다.
- 판매계획수립 시 시장점유율을 고려한다.
- 판매계획은 자사의 성장 가능성과 인적·물적 자원의 능력까지 고려하여야 한다.
- 판매계획은 경쟁사의 가격·품질·기능 그리고 판촉활동 및 판매경로의 강도 등에 영향을 받는다.

1 중장기 판매목표 수립 및 중요성

판매계획은 수요 및 판매예측 결과에 따라 시장점유율을 고려하여 전략적이며 지속적으로 조정하면서 수요와 공급의 균형을 맞추는 의사결정 과정이다. 관련 부서 간 합의가 이루어진 단일 판매계획을 수립하고 이를 바탕으로 인력, 생산능력, 자재, 시간 자금을 가장 효과적으로 배분할 수 있도록 한다. 판매계획의 주요 목표는 시장점유율 확대이며, 제품군별, 지역별로 목표매출액을 배분하여 할당한다.

판매목표를 효과적으로 수립하기 위해서는 판매목표와 관련된 기존 자료수집으로부터 시작한다. 다양한 정량적 방법을 이용하여 판매목표를 산출하며 각각의 방법에 따라 설정된 정량적인 목표를 조정하여 하나의 목표를 이끌어내며, 정량적 방법으로 산출된 영업목표에 주관적인 해석이 포함된 정성적인 요소를 포함시킨다.

(1) 판매계획의 구분

① 장기계획: SWOT 분석과 시장분석을 통해 기업의 경영환경 및 장·단점을 파악하여 신제품 개발, 신시장 개척, 판매경로를 강화하는 계획을 수립한다.

② 중기계획: 제품별 수요 및 판매예측을 바탕으로 판매량을 예측하고, 경쟁력 강화를 위한 전략을 수립한다. 제품의 디자인, 원가, 품질 등의 개선, 판매촉진을 위한 정책수립, 판매경로 및 판매자원의 활용에 관한 계획을 수립한다.

③ 단기계획: 판매예측에 기초한 연간 목표판매량을 설정하여 지역별 판매할당, 판매촉진 실행방안, 제품별 판매가격 등을 결정한다.

(2) 판매계획 수립절차

시장조사 → 수요예측 → 판매예측 → 판매목표 설정 → 판매할당

(3) 판매목표 설정을 위한 원칙

① 도전적이면서 달성 가능해야 한다.

② 목표를 기간으로 구분하며 기간별 목표의 경우에도 세분화하여 구체적으로 작성한다.

③ 물량이나 판매액과 같이 정량화된 판매목표를 수립한다.

④ 판매 실적으로 인한 예상이익과 목표달성에 대한 평가와 보상도 함께 고려해야한다.

2 연도별 판매목표 수립

(1) 성장성 지표 활용방법

기업의 경영 규모와 경영활동 성과가 이전 연도보다 얼마나 증가했는지를 검토하여 기업의 경쟁력과 미래 가치를 간접적으로 판단할 수 있는 것이 성장성 지표이다.

① 판매 경향 변동을 이용: 판매 및 영업실적 자료를 기초로 매출액(수량)의 경향(추세)을 분석하여 차년도의 판매목표를 결정한다.

② 매출액 증가율을 이용: 작년의 매출액 증가율이 내년에도 동일 비율로 증가한다는 가정하에 목표매출액을 정하는 방법이다.

> 목표매출액 = 금년도 매출 실적 × (1 + 전년 대비 매출액 증가율)
> = 금년도 매출 실적 × (1 + 연평균 매출액 증가율)

▶▶ **풀이예제**

A기업의 아래 자료를 이용하여 구하 2019년도 목표매출액은?

- 2017년 A기업 매출액: 5억원
- 2018년 A기업 매출액: 10억원

해설 매출액증가율 이용
목표매출액 = 금년도 매출액 실적 × (1 + 전년 대비 매출액 증가율)
= 10억원 × (1 + 1) = 20억원

③ 시장점유율을 이용

> • 목표매출액 = 당해 업계 총수요액 × 자사의 목표 시장점유율
> = 금년도 자사 매출액 × (1 + 시장확대율) × (1 + 시장신장율)

- 시장점유율 = (자사 매출액 / 해당 연도의 업계 총매출액) × 100%
- 시장확대율 = 전년도 대비 자사 시장점유율 증가율
  = (금년도 자사 시장점유율 / 전년도 자사 시장점유율) × 100%
- 시장신장율 = 전년도 대비 당해 업계 총매출액 증가율
  = (자사 매출액 증가율 / 업계 총매출액 증가율) × 100%

01

성장성 지표를 활용하여 A기업의 목표매출액을 결정하려고 한다. 아래의 자료를 반영하여 A기업의 목표매출액을 산출하시오.

- 금년도 A기업의 매출액: 100만원
- 전년 대비 A기업의 시장점유율 증가율: 50%
- 전년 대비 당해 업계 총매출액 증가율: 20%

해설 목표매출액 = 금년도 자사 매출액 × (1 + 시장확대율) × (1 + 시장신장율)
- 시장확대율 = 전년 대비 자사 시장점유율 증가율
- 시장신장율 = 전년 대비 당해 업계 총매출액 증가율
목표매출액 = 100 × 1.5 × 1.2 = 180만원

02

B상사는 현재의 시장점유율을 이용하여 목표매출액을 결정하고자 한다. 자사 매출액이 50억, 당해 업계 총매출액이 1,000억, 당해 업계 총수요액이 2,000억일 때 목표매출액은?

해설
- 시장점유율 = (자사 매출액 / 당해 업계 총매출액) × 100% = (50 / 1,000) × 100% = 0.05
- 목표매출액 = 당해 업계 총수요액 × 자사의 목표 시장점유율 = 2,000 × 0.05 = 100(억)

(2) 수익성 지표 활용방법

기업이 영업활동을 통해 벌어들인 영업이익 창출능력을 나타내는 것이 수익성 지표이다.

- 목표 매출액 = 목표이익 / 목표이익률
          = 목표 한계이익 / 목표 한계이익률
          = (목표 매출이익 + 매출원가) / 목표 매출이익률
- 손익분기점 매출액 = 고정비 / (1−변동비율) = 고정비 / 한계이익률

- 이익율 = 이익 / 매출액 × 100%
- 한계이익 = 매출액 − 변동비
- 한계이익율 = (한계이익 / 매출액) × 100%
- 변동비율 = 변동비 / 매출액

 CHECK
한계이익은 상품에 투자한 자본이 1년에 어느 정도의 매출 총이익을 획득하는가를 의미한다.

01

A기업의 제품 판매단가는 개당 30원, 연간 고정비는 30,000원, 개당 변동비가 20원이다. 만일 이 기업이 연간 목표 판매이익을 60,000원으로 계획할 경우 필요한 판매량은?

해설 목표이익을 감안한 판매량 = (연간 고정비 + 목표 판매이익) / (개당 판매단가 − 개당 변동비)
= (30,000원 + 60,000원) / (30원 − 20원) = 9,000개

02

손익분기점의 매출액을 목표매출액으로 결정하였다. 아래의 자료를 이용하여 손익분기점에서의 목표매출액은?

- 제품단위당 판매가: 1,000원
- 연간 고정비: 80만원
- 제품단위당 변동비: 500원/개

해설 손익분기점 매출액 = 고정비 / (1 − 변동비율) = 80만원 / {1 − (500 / 1,000)} = 160만원

03

A기업은 최근 상품의 판매가격을 단위당 1,000원으로 책정하였다. 상품을 생산하는 데 단위당 변동비는 800원, 고정비는 600,000원이 투입되었다면, 손익분기점 매출수량은?

해설 손익분기점 매출수량 = 고정비 / 단위당 공헌이익 = 600,000 / (1,000 − 800) = 3,000

04

아래는 손익계산서의 자료이다. 손익분기점 분석을 이용하여 목표이익 20만원을 달성하는 데 필요한 목표매출액을 계산하면?

- 매출액: 500만원
- 변동비: 300만원
- 고정비: 100만원

해설 • 한계이익율 = 1 − 변동비율 = 2 / 5 = 0.4
• 손익분기점 = 고정비 / 한계이익율 = 250만원
• 목표이익 매출액 = (고정비 + 목표이익) / 한계이익율 = (100만원 + 20만원) / 0.4
= 300만원

(3) 생산성 지표 활용방법

　　기업 활동의 성과와 효율(투입량 대비 산출량)을 측정하고 생산 자원의 기여도, 성과 배분의 합리성 여부를 규명하기 위한 것이 생산성 지표이며, 자본 및 노동 생산성으로 구분할 수 있다.

> 목표매출액 = 영업사원 수 × 영업사원 1인당 평균 목표매출액
> 　　　　　 = (영업사원 수 × 1인당 목표 경상 이익액) / 1인당 목표 경상 이익률
> 　　　　　 = 거래처 수 × 거래처 1사당 평균 수주예상액

▶▶ 필수예제

아래에 주어진 정보를 바탕으로, 생산성 지표를 활용해 목표매출액을 산출하면 얼마인가?

- 거래처 수: 10개
- 영업사원 1인당 평균 목표매출액: 20만원
- 거래처 1사당 평균 수주예상액: 30만원

해설　생산성 지표를 활용한 목표매출액 산출 방법
- 거래처별 수주액, 판매생산성 등을 활용해 목표매출액을 산출하는 방법임
- 거래처별 수주액을 활용한 목표매출액 = 거래처 수 × 거래처 1사당 평균 수주예상액
- 판매생산성을 활용한 목표매출액 = 영업사원 수 × 영업사원 1인당 평균 목표매출액
- 목표매출액 = 10개 × 30만원 = 300만원

(4) 기타 방법
　① 경영간부에 의한 할당액의 합계
　② 영업사원의 자율적 판매목표액의 합계

04 판매할당

　　판매계획에서 설정된 목표매출액을 달성하기 위해 영업사원별, 제품군별, 지역별로 배분하여 목표판매액을 할당한다.

1 영업거점별 할당을 실시한다.

목표매출액을 할당할 때 가장 먼저 실시하며, 영업활동이 이루어지는 영업거점(지점)별로 목표매출액을 할당하는 것이 일반적이다.

2 영업사원별 할당을 실시한다.

영업거점에 할당된 목표매출액을 각 영업사원별로 할당한다.

3 상품 및 서비스별 할당을 실시한다.

(1) 상품이나 서비스별 시장점유율을 고려

(2) 과거 판매 실적을 고려

(3) 교차비율이나 이익 공헌도를 고려

✔ CHECK   한계이익
상품에 투자한 자본이 1년에 어느 정도의 매출 총이익을 획득하는가를 의미한다.

✔ CHECK   교차비율
회사의 이익을 실현하는 데 기여하는 상품들 중에서 상품회전율이 높은 상품인지, 아니면 한계이익율이 높은 상품인지 하나의 비율만으로 파악하기 보다는 두 가지 비율을 활용한 교차비율을 산출하여 비교하면 쉽게 판단할 수 있다.
　– 상품회전율이 높을수록 교차비율은 높아진다.
　– 한계이익율이 높을수록 교차비율은 높아진다.
　– 한계이익이 높을수록 교차비율은 높아진다.
　– 평균재고액이 높을수록 교차비율은 낮아진다.

교차비율 = 상품회전율 × 한계이익률
　　　　 = (매출액 / 평균재고액) × (한계이익 / 매출액)
　　　　 = 한계이익 / 평균재고액 (평균재고액 = (기초재고 + 기말재고) / 2)
　　　　 = (매출액 – 변동비) / 평균재고액
　　　　 = (매출액 × 한계이익율) / 평균재고액
　　　　 = (1 – 변동비율) × 재고회전률

아래의 자료를 기초로 교차비율을 산출하시오.

제품	매출액	한계이익	평균재고액
A	2,000	500	200
B	1,600	400	200
C	1,400	200	200

해설 교차비율 = 상품회전율 × 한계이익률 = (매출액 / 평균재고액) × (한계이익 / 매출액)
- 제품 A: (2,000 / 200) × (500 / 2,000) = 2.5
- 제품 B: (1,600 / 200) × (400 / 1,600) = 2.0
- 제품 C: (1,400 / 200) × (200 / 1,400) = 1.0
- 제품 A가 교차비율이 가장 높으므로 목표판매액을 높게 할당함

4 지역 및 시장별 할당을 실시한다.

지역 및 시장을 세분화에 따른 잠재구매력 지수를 산출하여 할당한다.

5 거래처 및 고객별 할당을 실시한다.

자사의 판매유통경로를 기반으로 과거 판매 실적, 수주 점유율 등을 고려하여 할당한다.

6 거래 월별 판매할당

연간 매출액을 월별로 12등분하여 평균 매출액을 산출한다.

05 가격전략

가격전략 및 결정은 기업의 생존과 직결되는 중요한 경영 의사결정 사항이다. 가격은 기본적으로 수요자와 공급자가 만나는 장소인 시장에서 결정되는 것이 일반적이지만 시장상황과 기업의 경영 전략에 따라 전략적으로 의사결정을 할 필요가 있다. 고가, 저가, 정가, 할인 등 다양한 정책을 사용할 수 있으며, 영업/마케팅 부서 뿐만 아니라 생산, 품질, 회계(원가) 등 유관 부서와의 협의가 필수적이다.

가격전략의 핵심은 제품 및 서비스 생산에 투하된 원가를 회수하고 적정한 이익을 가산하여 가격을 결정하는 것이며, 판매가격을 결정할 뿐만 아니라 유통채널에서의 가격체계, 리베이트 정책, 할인정책, 가격유지 등 고려사항들을 검토해야 하므로 종합적 의사결정이 요구된다.

✔ CHECK   가격을 결정하는 절차

가격목표 수립 → 가격전략의 방향 → 가격산정법 결정 → 최종 가격

1 가격 결정방법

제품(상품)의 수요(시장), 원가(수익) 등에 기초하여 가격을 결정하는 방법들을 소개한다.

(1) 원가중심 가격결정

① 원가가산 가격결정: 제품 생산자의 제조원가에 일정한 비율의 이익을 가산한 가격을 판매가로 결정한다. 생산자, 도매업자, 소매업자, 최종소비자로 구성되는 유통단계별 가격이 형성되며, 채널제품이나 서비스의 원가와 이익률만을 이용하여 가격을 결정하기 때문에 내부 자료만으로 가격을 산출할 수 있다는 장점이 있으나, 시장의 수요 상황, 경쟁사의 가격 등을 고려하지 않는다는 한계가 있다. 제품이나 서비스에 대한 가격탄력성이 크지 않고, 경쟁이 치열하지 않을 경우 활용되는 전형적인 가격결정법이다.

- 소매가격 = 소매매입원가(도매가격) + 소매업자 영업비용 + 소매업자 이익
- 소매매입원가 = 생산자가격 + 도매업자 영업비용 + 도매업자 이익
- 도매가격 = 도매매입원가(생산자가격) + 도매업자 영업비용 + 도매업자 이익
- 도매매입원가(생산자가격) = 제조원가 + 생산자 영업비용 + 생산자 이익

▶▶ 필수예제

01

원가가산(코스트 플러스)에 의한 가격 결정방법으로 상품의 판매가격을 결정하고자 한다. 아래에 주어진 가격 구성비용을 이용하여 계산한 소매업자의 판매가격은?

- 제조원가: 5,000원
- 도매 영업비용: 1,000원
- 소매업자 영업비용: 2,000원

- 도매매입원가: 7,000원
- 도매 이익: 1,000원
- 소매업자 이익: 1,000원

해설 도매가격 = (도매매입원가 + 도매 영업비 + 도매 이익) + (소매 영업비 + 소매이익)
= (7,000 + 1,000 + 1,000) + (2,000 + 1,000) = 12,000

02

원가가산에 의한 가격 결정방법으로 상품의 도매가격을 10,000원으로 결정하였다. 원가구성이 아래와 같을 때, 도매업자의 이익은?

- 제조원가: 5,500원
- 도매업자 영업비용: 1,500원

- 생산자 가격: 7,000원

해설 생산자 가격 = 도매매입원가이며,
도매가격 = 도매매입원가 + 도매업자 영업비용 + 도매업자 이익이므로,
10,000 = 7,000 + 1,500 + 도매업자 이익, 따라서 도매업자의 이익은 1,500원이다.

② 가산이익률 가격결정

가격 = (총고정비용 + 총변동비용 + 이익목표) / 총생산량

③ 손익분기점(BEP) 분석에 의한 가격결정: 최소한 어느 정도를 판매할 때 손실을 피할 수 있을 것인지를 고려하여 가격을 결정한다.

- BEP(판매량) = 총고정비용 / (단위당 가격 – 단위당 변동비용)
- BEP(매출액) = 총고정비용 / [1 – (단위당 가격 – 단위당 변동비용)]

④ 목표투자이익률에 따른 가격결정: 기업이 목표로하는 투자이익률을 달성할 수 있도록 가격을 결정하는 방법이다.

가격 = (투자비용 × 투자이익률 목표(%) / 표준생산량) + 단위당 비용

(2) 시장중심 가격결정법

경쟁사를 고려한 적정 가격 수준을 제시하거나, 주된 경쟁사의 제품가격과 동일 또는 비슷한 수준에서 가격을 결정한다. 시장수요의 변화, 가격탄력성을 바탕으로 제품의 가격을 결정할 수 있는데, 가격탄력성이란 제품의 가격이 상승 혹은 하락에 따라 수요가 감소하거나 증가하는 현상을 말한다.

✔ CHECK

    ㉠ 가격 결정에 영향을 주는 요인
- 내부적 요인
  - 제품특성: 생산재, 소비재, 필수품, 사치품, 표준품, 계절품
  - 비용: 제조원가, 직간접비, 고정비 및 변동비, 손익분기점
  - 마케팅 목표: 기업생존 목표, 이윤극대화 목표, 시장점유율 목표
- 외부적 요인
  - 고객수요: 소비자 구매능력, 가격탄력성, 품질, 제품이미지, 용도
  - 유통채널: 물류비용, 유통단계별 영업비용, 유통 이익
  - 경쟁환경: 경쟁기업의 가격 및 품질, 대체품 가격
  - 법, 규제, 세금: 독점금지법, 협회 등의 가격 규제, 세금제도

    ㉡ 가격탄력성
- 가격탄력성은 가격이 1% 변화하였을 때 수요량의 변화 비율을 의미한다.
- 가격탄력성 = 수요변화율 / 가격변화율
- 가격탄력성이 1보다 크면 수요변화가 크다. 즉, 탄력적이라는 의미이다.
- 상품에 대한 수요량은 가격이 상승하면 증가한다.
- 가격탄력성은 -1부터 1 사이의 값으로 나타난다.
- 대체재가 많고 상품 가격이 소비자의 소득에서 차지하는 비중이 큰 경우 수요가 탄력적이지만, 쌀 등의 생활필수품처럼 반대의 경우라면 수요는 비탄력적이다.
- 가격탄력성은 생필품일 경우 0보다 작게, 사치품일 경우 1보다 크게 나타난다.

2 가격유지 정책

경쟁시장체제하에서 기업이 매출을 증대시키기 위한 수단으로서 가격인하 정책이 일반적인 방법이다. 그러나 완전경쟁시장에서는 판매가격 기준이 형성되어 있는 것이 현실이고 무리한 가격인하 정책으로 인해 경쟁사의 보복적인 행위가 나타날 수 있으므로 서로의 이익을 추구하면서 가격을 유지하는 정책이 필요하다.

(1) 비가격경쟁에 의한 가격유지

가격인하라는 수단이 아닌 광고, 제품 차별화, 판매 계열화, 신제품 개발, Blue Ocean 발굴 및 개척 등 브랜드 이미지나 고객 세분화에 의한 경영 전략에 기초하여 가격 외적인 관점에서 경쟁구도가 형성되는 경우를 말한다.

(2) 리베이트 전략에 의한 가격유지

리베이트(Rebate)란 판매자가 지급받은 판매대금의 일부를 사례금이나 보상금의 형식으로 지급인에게 되돌려주는 행위를 말한다. 가격할인과는 다른 인센티브의 개념이며 판매촉진이나 고객관리 목적으로도 활용된다.

06 수주관리

1 수주관리의 개념

수주관리는 고객(거래처)으로부터 접수된 주문품을 고객이 원하는 납기일 내에 납품할 수 있도록 관리하는 과정이다. 납품이 지연되면 고객 불만을 야기하여 미래의 판매 기회가 줄어들거나 잃을 수 있다.

2 수주관리의 내용

(1) 견적

① 견적은 수주 이전의 활동으로서, 고객의 요청에 따라 판매하고자 하는 물품의 내역과 가격 등을 산출하여 제시한다.
② 견적은 처음 거래를 하는 고객인 경우와 기존의 고객이 신규 상품을 거래하는 경우에 진행되는 것이 일반적이다.
③ 견적은 거래 물품의 시장가격이 변동할 경우에도 진행될 수 있다.

(2) 수주

수주는 고객으로부터 주문품에 대해 주문을 받는 것을 말한다. 주문을 받을 때는 주문품 내역(품목, 수량, 단가 등), 거래처(납품처), 납기, 대금회수조건 등을 확인해야 한다.

(3) 수주등록

수주등록은 고객의 주문내역을 ERP 시스템에 등록(입력)하는 것이며, 수주등록 후에는 고객에게 납기를 통보하게 된다. 주문품목에 대한 생산완료 예정일 및 예정량, 일자별 현재고 및 재고가용량, 약속가능재고(ATP; Available−To−Promise) 등을 고려하여 납기를 결정한다. 수주량 대비 현재고가 충분하여 즉시 출고가 가능하면 고객과 협의하여 수주등록 시 납기를 바로 결정할 수도 있다. 현재고는 부족하지만 추후 생산예정수량이 계획되어 있다면 수주등록 후 생산완료 예정일자를 근거로 고객에게 납기를 통보한다. 만약 재고가 부족하고 예정생산량이 없다면 수주를 등록한 후 해당 제품의 생산 계획일정을 확인하고 고객에게 납기를 통보한다.

아래의 [보기]는 A거래처로부터의 수주현황과 기업의 5월 첫째주 재고현황이다. 예정납기일(출고일)을 거래처에 통보하려고 할 때, 가능한 가장 빠른 일자는 몇 일차인가?

- 1일: A거래처 수주량 90
- 2일: 재고 가용량 50
- 4일: 생산계획 예정량 20
- 6일: 생산완료 예정량 20

- 1일: 현재고 60
- 3일: 생산완료 예정량 30
- 5일: 재고 가용량 70
- 7일: 생산계획 예정량 50

해설   A거래처 수주량이 90이므로 재고 가용량이 90 이상인 날을 납기로 결정하고, 5일의 재고 가용량이 70, 6일에 생산완료 예정량이 20이며, 합하면 90이므로 6일차에 예정 납기일을 통보한다.

3 고객중점화 전략

고객중점화 전략은 우량 거래처(고객)를 선정하여 중점 관리함으로써 장기간의 거래를 통한 매출 증대와 판매목표를 달성하기 위한 전략이다.

(1) 고객(거래처) 중점 선정 방법

① ABC 분석(Pareto 분석): 관리해야 할 대상의 수가 많아서 전부를 일정하게 관리하기가 곤란한 경우에, 관리 대상을 A, B, C로 구분하여 중요 고객이나 거래처를 A그룹으로 편성하여 최우선 중점 관리하는 방법이다. A그룹에 속한 고객 수는 적으나 매출실적은 전체 중 70% 이상을 차지하는 고객들이고, 나머지 B와 C그룹 순서로 분류하여 관리한다. 기업 경쟁력, 판매능력, 성장 가능성 등의 다양한 요인들을 고려하지 못하는 약점이 있다.

② 매트릭스 분석: ABC 분석방법의 단점을 보완하기 위한 방법으로서, 중요 고객을 선정하는 기준으로 두 가지 요인을 고려하는 방법이다. 고객이나 거래처의 특성을 두 가지 평가기준에 따라 상세히 범주화할 수 있는 장점이 있다. 판매 실적뿐만 아니라 기업 경쟁력이나 성장 가능성 등을 평가기준으로 포함시킴으로서 우량 고객이나 거래처를 선정할 수 있다.

✔ CHECK

매트릭스 분석은 중점 고객을 선정하는 방법 중 하나로, ABC분석이 다양한 요인들을 고려하지 못한다는 단점을 보완한 것이다. 이 방법은 우량 고객을 선정하기 위해 고려해야 할 서로 다른 2개의 요인을 이용하여 이원표를 구성한 다음, 이원표 내의 위치에 따라 고객을 범주화하고 우량고객을 선정한다.

③ 포트폴리오 분석: 3가지 이상의 가중치를 이용하여 다면 분석함으로서 고객과의 거래상황을 종합적으로 평가하고 관리할 수 있는 방법이다.

07 대금회수

영업활동의 수익성 향상과 대금지급능력 유지를 위해 원활한 자금운용과 관리를 해야 한다. 매출채권(외상매출금, 어음 등)의 적절한 회수를 하기 위해서는 고객이나 거래처의 신용도 파악, 신용한도 설정, 외상매출금 회수계획 및 회수관리가 필요하다.

1 신용거래와 신용(여신)한도

신용거래란 물품을 인도한 후 물품대금은 일정기간 후에 결제하는 외상거래이며, 신용한도는 거래처마다 외상매출을 허용할 수 있는 금액의 한도를 말한다. 여신한도는 거래처에 외상매출이 가능한 최고 한도액이다.

제품을 생산하여 판매하는 기업의 경우 여신한도 관리는 생산과 연계한 ERP 시스템의 중요한 기능이 되기도 한다. 여신한도와 ERP 시스템의 프로세스는 다음과 같다.

> 여신한도 → 영업 조정 → 생산 지시(재고 고려) → 자재 구매(청구) → 발주등록 → 자재 입고 → 생산 출하

2 신용한도 설정법

(1) 자금운용상의 신용한도 설정법

> 매출채권 한도액 = 매출액 × 자금고정기간
> (자금고정기간 = 자금조달기간 / 365일)

① 매출채권 회수기간
  • 매출채권을 회수하는 데 소요되는 평균일수
  • 매출채권 회수기간 = 365 / 매출채권 회전율

② 매출채권 회전율
  • 매출채권이 현금으로 회수되는 속도
  • 매출채권 기말잔액이 1년간의 영업활동을 통해 현금인 매출액으로 회전되는 속도

- 매출채권 회전율이 높다는 것은 매출채권이 정상적으로 회수되고 있다는 의미이며, 회수기간이 짧아지므로 수익 증가로 이어진다.
- 매출채권 회전율이 낮아진다는 것은 매출채권 회수기간이 길어지므로 대손발생의 위험이 증가

> - 매출채권 회전율 = 매출액 / 매출채권, 매출채권 = (기초매출채권 + 기말매출채권) / 2
> - 매출채권 회수기간 = 매출채권 잔액 / 매출액 × 365일
> - 매입채무 지급기간 = 매입채무 잔액 / 매출액 × 365일
> - 재고회전기간 = 상품재고잔액 / 매출액 × 365일
> - 자금조달기간 = 재고회전기간 + 매출채권회수기간 − 매입채무지급기간

✔ CHECK
여신한도액은 순운전자본(유동자산 − 유동부채)보다 적게 설정하는 것이 일반적이다.

▶▶ 필수예제

01
A사의 2018년도 매출액은 1,600,000원, 기말 매출채권 잔액은 160,000원일 때, 매출채권이 1회전하는 데 소요되는 기간은?

해설
- 매출채권 회전율 = 매출액 / 매출채권 = 1,600,000원 / 160,000원 = 10
- 매출채권이 연 10회 회전한다는 의미이므로, 1회당 회전기간은 1년(365일)의 1/10인 36.5일이 된다.

02
아래의 자료를 이용하여 매출채권한도액을 계산하시오.

- 매출액: 700만원
- 자금조달기간: 73일
- 매출채권잔액: 100만원
- 재고회전기간: 20일

해설
- 자금고정기간 = 자금조달기간 / 365일
- 매출채권한도액 = 매출액 × 자금고정기간 = 700만원 × (73일 / 365일) = 140만원

③ 순운전자본
- 순운전자본은 단기간에 상환을 고려하지 않고 운용할 수 있는 자본이며, 운영자금의 유동성을 나타낸다.
- 매출채권한도가 순운전자본보다 많아지면, 운영자금조달이 악화될 수 있으므로 외상매출이나 어음 회수기간을 단축해야 하고, 현금지급은 어음지급으로 변경함과 동시에 지급기일을 연장하는 것이 중요하다.

> 순운전자본 = 유동자산 총액 − 유동부채 총액

- 여신한도액이 순운전자본보다 많아진 경우에 운전자본을 확보하기 위해서 상품재고를 감소시키고, 외상매출금이나 받을어음의 회수기간을 단축하며, 장기 회수기간 거래처를 감소시키고 외상매입금을 증가시키는 등의 방법이 있다.

(2) 거래처별 여신한도 설정법

거래처별 여신한도는 거래처의 신용도, 판매능력, 담보 등을 고려해서 설정하는 것이 일반적이다. 여신한도액이 순운전자본을 초과할 때는 외상매출을 억제하고 각종 대금 지불은 어음 지불이나 연장 또는 가급적 늦게 지급하는 것이 바람직하다.

① 타사 한도액 준용법: 동일 업종의 경쟁기업이 설정한 한도액을 고려하여 설정하는 방법인데, 경쟁기업의 설정 한도를 구체적으로 파악할 수 있느냐가 관건이 된다.

② 과거 총 이익액의 실적 이용법: 거래처에 대한 과거 3~5년간의 총 이익액의 누계 실적을 산출하여 그 값을 여신한도로 설정하는 현실적인 방법이다.

> 여신한도액 = 과거 3년간의 회수 누계액 × 평균 총이익율
> = 과거 3년간의 (총매출액 − 매출채권 잔액) × 평균총이익율

③ 매출액 예측에 의한 방법: 거래처에 대한 매출 예측액을 거래처의 신용능력으로 간주하여 신용한도를 설정하는 방법이다.

> - 여신한도액 = 거래처의 총매입액 × 자사 수주점유율 × 여신기간
> - 거래처의 총매입액 = 거래처의 예상매출액 × 매입원가율

④ 매출목표와 회수기간에 의한 방법: 기존의 거래처에 대한 목표매출액과 목표회수액을 설정하고 부서 책임자와 협의하여 승인을 받아 신용한도를 설정하는 방법이다.

⑤ 경영지표에 의한 방법: 거래처의 신용능력을 평가하기 위하여 성장성, 수익성, 안전성, 유동성, 활동성(회수성) 등과 관련된 경영지표(재무비율)나 재무제표(손익계산서, 대차대조표) 자료를 고려하여 여신 한도액을 설정한다.

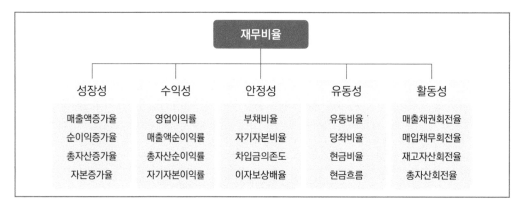

거래처의 여신한도액 설정을 위해 경영지표의 측정치를 고려하고자 한다. 재무제표가 있는 경우 회수성을 나타내는 경영지표는 무엇인가?

해설 매출채권 회전율
- 재무제표가 있는 경우의 경영지표

  수익성 – 이익율, 안정성 – 자기자본비율, 유동성 – 상품회전율, 회수성 – 매출채권 회전율, 성장성 – 자산 증가율
- 재무제표가 없는 경우의 경영지표

  수익성 – 수익금액, 안정성 – 차입금 비율, 유동성 – 운영자금, 성장성 – 매출액, 이익 증가율

---

3 대금회수 관리방법

대금회수 관리는 사전적 관리와 사후적 관리가 있으며, 본 학습서에서는 사전적 관리방법 중심으로 기술하였다. 대금회수의 기본적인 목표는 거래처의 외상매출금 회수율의 향상과 받을어음 기간의 정확한 관리를 통한 완전한 대금회수를 통해 기업의 자금운용을 원활하게 하고 수익성을 향상시키는 것이다. 즉, 대금회수의 사전적 관리는 회수율과 회수기간을 파악하는 것이 중요하다.

(1) 회수율 계산

- 회수율 = $\dfrac{\text{당월 회수액}}{\text{전월말 외상매출금 잔액 + 당월 매출액}} \times 100$: 일반적인 경우

- 회수율 = $\dfrac{\text{당월 회수액}}{\text{전전월말 외상매출금 잔액 + 당월 매출액}} \times 100$: 월말 마감의 차월 회수인 경우

  = $\dfrac{\text{전월 마감일부터 당월 마감일까지의 매출대금 총 회수액}}{\text{전월 마감일 현재 외상매출금 잔액 + 전월 마감일부터 당월 마감일까지의 매출액}} \times 100$

  : 전월 마감일부터 당월 마감일까지 회수하는 경우

  = $\dfrac{\text{당월 회수액}}{\text{전월 마감일 현재 외상매출금 잔액 + 전월 마감일부터 당월 마감일까지의 매출액}} \times 100$

  : 월중에 마감일이 있고 차월 말일에 회수하는 경우

01

월말 마감의 차월 회수방법으로 회수율을 계산하고자 한다. 아래에 주어진 정보를 바탕으로 8월의 회수율을 산출하면?

- 8월 매출액: 1억원
- 8월 회수액: 2억원
- 6월 말 외상매출금 잔액: 3억원

해설 월말 마감의 차월 회수방법에 의한 회수율 계산
회수율 = 당월 회수액 / (전전월말 외상매출금잔액 + 당월매출액) × 100
　　　 = 2억원 / (3억원 + 1억원) × 100
　　　 = 50%

02

아래에 주어진 정보를 이용하여 당월 말에 마감하고 당월 회수하는 일반적인 대금회수율 계산 방식을 통해 당월의 외상매출금 회수율을 산출하면?

- 전월 회수액: 1,000,000원
- 당월 회수액: 2,000,000원
- 전월 매출액: 12,000,000원
- 당월 매출액: 16,000,000원
- 전월 말 외상매출금 잔액: 4,000,000원
- 당월 말 외상매출금 잔액: 2,000,000원

해설 당월 마감하고 당월 회수하는 일반적인 대금회수율 계산 방식에서
회수율(%) = (당월 회수액) / (전월 말 외상매출금 잔액 + 당월 매출액) × 100이므로
회수율(%) = 2,000,000 / (4,000,000 + 16,000,000) × 100 = 10(%)

(2) 회수기간 계산

$$받을어음\ 회수기간 = \frac{(각\ 받을어음\ 금액 \times 각\ 어음기간)의\ 합계}{매출총액}$$

① 현금의 회수기간: 대금회수는 어음으로 회수하는 경우 이외에 현금으로 회수하는 경우가 있으므로 현금의 회수기간은 0으로 간주한다.
② 여신 잔액에 맞추어 어음기간을 조정하는 경우: 받을어음의 회수기간은 짧을수록 좋다.

$$어음기간 = \frac{(여신\ 한도액 \times 여신기간) - (현재까지\ 회수어음금액 \times 동\ 어음기간)}{외상매출금\ 잔액}$$

▶▶ 필수예제

A거래처의 신용한도는 여신기간 30일, 여신한도액 1,000만원으로 설정되어 있다. A거래처의 외상매출금 600만원에 대하여 [보기]와 같이 받을어음을 회수하였다. 이 중, 받을어음 100만원에 대해 여신범위 내에서 가능한 최대 어음기간은?

[보 기]

- 받을어음 200만원(어음기간: 60일)
- 받을어음 300만원(어음기간: 30일)
- 받을어음 100만원(어음기간: ? 일)

해설 여신 잔액에 맞추어 어음기간을 조정할 경우

어음기간 = [(여신한도액 × 여신기간) - {(현재까지 회수된 각 어음금액 × 각 어음기간)의 합계}] / 외상매출금잔액
= [(1,000만원 × 30일)-{(200만원 × 60일) + (300만원 × 30일)}] / 100만원
= [30,000만원 - (12,000만원 + 9,000만원)] / 100만원
= 9,000만원 / 100만원 = 90(일)

(3) 회수관리

기본적으로 매출채권관리는 수익성과 안정성 관계의 딜레마가 존재한다. 매출채권관리는 신용판매정책을 완화함으로써 얻어지는 매출액 증가에 따른 영업이익 증가의 이점이 있으나, 다른 한편으로는 전체매출액 증가로 야기되는 생산비용 및 재고비용, 자금조달비용과 외상매출금 증가에 따른 대손위험, 회수비용 등의 Trade-off가 존재한다.

기업이 신용판매를 통하여 수익을 높일 수 있으나, 신용판매의 증가로 인한 매출채

권의 회수가 지연되거나 대손이 발생하면 기업의 유동성이 악화되므로 사전에 매출채권 회수관리를 통한 재무적 성과를 높일 수 있을 것이다.

✔ CHECK

- 회수율관리: 매출채권 회수율이 낮다는 것은 외상매출채권의 회수시간이 길어진다는 의미이며, 그에 따른 대손발생의 위험이 증가하고 여신한도액도 증가하게 되므로 신용판매와 함께 해당 거래처의 판매대금 회수 실적 자료를 통해 회수율을 확인하는 것이 필요하다.
- 회수기간 단축: 매출채권 회수기간을 단축하려면, 매출채권 규모에서 매출액을 증가시키거나 매출채권을 감축시키면서 매출액을 늘리는 방법이 있다. 또한 매출대금의 현금회수 비율을 높이고 어음기간을 가급적 단축시키는 것이 바람직하다.
- 과실의 유형: 판매자 측에 의한 과실이 발생하였을 때는 과실의 유형에 따른 처리 방안을 미리 마련해 두어야 한다.
  - 할인 약속의 미처리
  - 판매단가 수정의 미처리
  - 판매상품의 교환 또는 반품의 미처리
  - 거래처 판매 기장(입력) 오류의 미수정
  - 클레임건의 수량이나 금액에 대한 미처리
  - 강제판매에 의한 회수곤란
  - 위탁상품 판매대금의 미회수

01
2018년
3회

청바지의 원가가 [보기]와 같을 때 손익분기점의 월 매출량은 무엇인가?

> [보 기]
>
> • 청바지 판매단가: 25,000원
> • 청바지 단위당 변동비: 5,000
> • 고정비: 200만원/월

① 100   ② 200

③ 300   ④ 400

해설

• 변동비율 = $\dfrac{\text{변동비 } 5,000}{\text{매출액(판매단가) } 25,000\text{원}} = 0.2$

• 손익분기점 매출액 = $\dfrac{\text{고정비 } 2,000,000\text{원}}{1 - \text{변동비율 } 0.2} = 2,500,000$원

• 매출액 2,500,000원 = 매출수량 × 매출단가 25,000원, 매출수량 = $\dfrac{2,500,000}{25,000} = 100$

답 ①

02
2018년
3회

다음 중 수요예측에 대한 설명으로 옳은 것은?

① 수요예측이란 일반적으로 유효수요의 크기만을 추정한다.
② 시장조사를 통하면 미래 수요에 대해 정확히 예측 가능하다.
③ 수요란 재화나 서비스를 구매하려는 욕구와 과거의 구매경험을 말한다.
④ 구매능력이 갖추어지지 않아 소비로 결부되지 못하는 욕구는 잠재수요이다.

해설　① 수요예측이란 일반적으로 잠재수요와 유효수요의 크기를 추정한다.
　　　② 시장조사를 통한 수요예측을 하더라도 예측오차는 발생한다.
　　　③ 수요란 고객이 재화나 서비스를 구매하려는 욕구와 과거의 판매 실적이다.

답 ④

03

2018년
3회

정성적 수요예측기법에 대한 설명 중 옳지 않은 것은?

① 델파이법은 전문가의 의견을 반영할 수 있으나 시간이 오래 걸린다는 단점이 있다.

② 시장조사법은 소비자 동향을 직접 조사할 수 있으나 비용과 시간이 많이 드는 단점이 있다.

③ 판매원 의견 합성법은 최고경영자의 재능과 지식, 경험 등을 활용할 수 있다는 장점이 있다.

④ 수명주기 유추법은 과거의 자료가 없는 신제품의 경우에 비슷한 제품의 과거자료를 이용하여 수요변화를 예측한다.

해설 중역평가법은 최고경영자의 재능과 지식, 경험 등을 활용할 수 있다는 장점이 있다. 답③

04

2018년
3회

다음 중에서 교차비율을 이용하여 목표판매액을 할당하는 방법이 적절한 경우는 무엇인가?

① 영업사원별 할당   ② 영업거점별 할당

③ 거래처 및 고객별 할당   ④ 상품 및 서비스별 할당

해설 • 상품 및 서비스별 할당
- 상품, 제품 서비스별 시장점유율을 고려한 할당
- 과거의 판매 실적의 경향을 고려한 할당
- 이익공헌도를 고려한 할당
- 교차비율을 고려한 할당   답④

05

2018년
3회

중점고객을 선정하기 위하여 [보기]의 고객매출 자료로 ABC분석을 적용하였다. A그룹에 해당하는 고객을 모두 나열한 것은 무엇인가?

[보 기]									
고객	㉠	㉡	㉢	㉣	㉤	㉥	㉦	㉧	합계
매출액	50	25	12	6	3	2	1	1	100

① ㉠   ② ㉠, ㉡

③ ㉠, ㉡, ㉢   ④ ㉠, ㉡, ㉢, ㉣

해설 ABC 분석 시 A그룹은 전체 매출누적의 약 70~80%를 차지한다. 전체의 약 75%에 해당하는 ㉠과 ㉡이 A그룹에 속한다. 답②

06

2018년
3회

다음 물류관리활동 중에서 영업관리활동에 해당하는 것은?

① 자재의 청구
② 대용품 조사
③ 공급업체 선정
④ 신용한도 설정

[해설] 자재의 청구, 대용품 조사, 공급업체 선정은 구매관리활동에 속한다.
답 ④

07

2018년
4회

시계열 분석과정에 포함된 변동요인에 관한 설명으로 옳지 않은 것은?

① 경향변동은 추세적으로 나타나는 장기적 변동
② 순환변동은 1년 이상의 기간에 걸쳐 발생하는 일정한 주기 변동
③ 계절변동은 계절변화에 따른 단기적인 변동
④ 불규칙변동은 일정한 간격마다 발생하는 불규칙적인 변동

[해설] 불규칙변동은 변동발생이 불규칙하게 나타난다.
답 ④

08

2018년
4회

대한모터의 자동차에 대한 1월과 2월의 판매예측치가 각각 1,500대와 3,000대이고 2월의 실제 판매량이 3,200대인 경우, 3월의 판매예측치를 단순지수평활법으로 계산한 값은 몇 대인가? (단, 평활계수 = 0.3이다.)

① 3,000대
② 3,020대
③ 3,040대
④ 3,060대

[해설] 예측치 = (전기의 실제값 × 평활상수 α) + [전기의 예측치 × (1 - 평활상수 α)]
= (2월 실제 판매량 3,200대 × 평활상수 0.3) + [2월 예측 판매량 3,000대 × (1 - 평활상수 0.3)]
= 960대 + 2,100대 = 3,060대
답 ④

09

2018년
4회

다음 판매할당 방법 중에서 잠재구매력지수를 산출하고 이 지수에 의하여 목표매출액을 할당하는 방법은?

① 영업사원별 할당
② 지역 및 시장별 할당
③ 거래처 및 고객별 할당
④ 상품 및 서비스별 할당

[해설] 지역 및 시장별 할당 방법은 잠재구매력 지수를 기준으로 지역과 시장에 목표판매액을 적절하게 할당하는 방법이다.
답 ②

10

2018년
4회

다음 중에서 수주등록 후, 고객에게 예정 납기를 통보하기 위하여 참조하는 재고정보는 무엇인가?

① 일자별 가용수량   ② 총소요량

③ 순소요량   ④ 안전재고량

해설 수주등록 후 고객에게 예정납기를 통보할 때 참조하는 것은 일자별 가용수량과 약속가능재고이다.

답 ①

11

2018년
4회

다음 목표매출액 결정방법 중 생산성 지표를 활용한 목표매출액 계산식은?

① 목표매출액 = 목표이익 ÷ 목표이익율

② 목표매출액 = 금년도 자사 매출액 실적 × (1 + 연평균 매출액 증가율)

③ 목표매출액 = 당해 업계 총수요액 × 자사의 목표 시장점유율

④ 목표매출액 = 영업사원 수 × 영업사원 1인당 평균 목표매출액

해설 ① 목표매출액 = 목표이익 ÷ 목표이익률: 수익성지표 활용
② 목표매출액 = 금년도 자사 매출액 실적 × (1 + 연평균 매출액 증가율): 성장성 지표 활용
③ 목표매출액 = 당해 업계 총수요액 × 자사의 목표 시장점유율: 성장성 지표 활용   답 ④

12

2018년
4회

여신한도액의 운용을 위하여 매출액을 기준으로 받을어음의 회수기간을 산출하려고 한다. [보기]의 대금회수 내역을 이용한 받을어음의 대금회수기간으로 적절한 것은?

[보 기]

• 대금회수 내역(매출총액: 10억원)

• 현금: 4억원   • 30일 어음: 1억원

• 60일 어음: 2억원   • 120일 어음: 3억원

① 51일   ② 61일

③ 71일   ④ 81일

해설 받을어음 회수기간 = $\dfrac{(0일 \times 4억원) + (30일 \times 1억원) + (60일 \times 2억원) + (120일 \times 3억원)}{총매출액 10억원}$

$= \dfrac{510일}{10억원} = 51일$

답 ①

13

2018년
5회

다음 수요예측방법 중 전문가 집단에게 실적이나 예측데이터에 대한 설문을 수차례 실시하여 그 결과를 집계하여 수요예측을 하는 방법은 무엇인가?

① 시장조사법
② 중역평가법
③ 델파이방법
④ 패널동의법

해설 델파이방법은 여러 전문가들의 의견을 수집한 다음 이 의견들을 정리하여 다시 전문가들에게 배부한 후 의견의 합의가 이루어질 때까지 반복적으로 서로 논의하고 평가하게 하여 수요를 예측하는 방법으로, 주로 신제품 개발, 시장전략 등을 위한 장기예측이나 기술예측에 사용한다.

답 ③

14

2018년
5회

다음 중에서 장기 판매계획수립에 포함할 내용으로 적절하지 않은 것은 무엇인가?

① 신시장 개척 계획
② 신제품 개발 계획
③ 판매경로 강화 계획
④ 판매촉진 계획

해설 장기 판매계획은 신시장 개척, 신제품 개발, 판매경로 강화 등에 관하여 결정하는 것으로, 장기적인 시장 분석을 통하여 기업환경의 기회와 위협을 예측하여 계획을 수립하는 것이다. 판매촉진 계획은 단기 판매계획에 속한다.

답 ④

15

2018년
5회

다음 [보기]의 자료를 이용하여 제품 A에 대한 목표매출액을 계획하려고 한다. 손익분기점(BEP)에서의 매출액은 얼마인가?

[보 기]
• 연간고정비: 200만원
• 제품단위당 변동비: 400원/개
• 제품단위당 판매가: 800원/개

① 300만원
② 400만원
③ 500만원
④ 600만원

해설
• 변동비율 $= \dfrac{\text{변동비 } 400\text{원}}{\text{매출액(판매가)} 800\text{원}} = 0.5$

• 손익분기점 매출액 $= \dfrac{\text{고정비 } 200\text{만원}}{1 - \text{변동비율 } 0.5} = 400\text{만원}$

답 ②

16

2018년
5회

거래처 및 고객에 대하여 목표매출액을 할당하려고 할 때 고려해야 할 사항으로 가장 거리가 먼 것은?

① 과거 판매액　　　　　　　　② 교차비율

③ 수주실적 경향　　　　　　　④ 목표 수주점유율

해설 교차비율은 상품 및 서비스별 목표매출액을 할당할 때 고려한다.

교차비율 = 상품회전율 × 한계이익율 = [한계이익 / 평균재고액]　　　　**답** ②

17

2018년
5회

다음 가격결정에 영향을 미치는 요인들 중에서 '가격탄력성, 품질, 제품이미지'와 관련된 요인은 무엇인가?

① 제품특성　　　　　　　　　② 고객수요

③ 유통채널　　　　　　　　　④ 경쟁환경

해설 • 가격탄력성, 품질, 제품 이미지는 외부적 요인인 고객 수요와 관련된 요인이다.

• 내부적 요인은 제품특성, 비용(원가), 마케팅 활동 등이 있으며, 외부적 요인은 고객의 수요, 유통 판매경로, 경쟁 환경, 관련 법 및 규제, 세금 등이 있다.　　　　**답** ②

18

2018년
6회

다음은 수요예측의 오차가 발생할 확률의 크기에 대한 비교이다. 크기의 방향이 옳지 않은 것은 무엇인가?

① 장기예측 > 단기예측

② 신규 상품 > 기존 상품

③ 계절변동이 없는 상품 > 계절변동이 있는 상품

④ 대체품이 많은 상품 > 대체품이 없는 상품

해설 • 수요예측의 오차가 발생할 확률은 계절변동이 없는 상품보다 계절변동이 있는 상품이 크다.

• 예측오차의 발생확률은 예측하는 기간의 길이에 비례한다.

• 예측기간이 짧을수록 장기예측에 비하여 예측의 적중률이 높아진다.

• 수요가 안정적인 기간은 불안정한 기간에 대한 예측보다 적중률이 높아진다.

• 일반적으로 영속성이 있는 상품·서비스가 영속성이 없는 상품·서비스보다 정확한 예측을 하기가 어렵다.　　　　**답** ③

19
2018년
6회

수익성 지표를 활용해 목표매출액으로 결정하고자 한다. [보기]의 예측치를 활용하여 손익분기점에서의 목표매출액을 계산하면 얼마인가?

[보 기]
- 제품단위당 판매가: 10만원/개
- 제품단위당 변동비: 4만원/개
- 연간 고정비: 600만원

① 1,000만원
② 1,200만원
③ 2,000만원
④ 2,400만원

해설
- 변동비율 $= \dfrac{\text{변동비 4만원}}{\text{매출액(판매가) 10만원}} = 0.4$
- 손익분기점 매출액 $= \dfrac{\text{고정비 600만원}}{1 - \text{변동비율 } 0.4} = 1{,}000$만원

답 ①

20
2018년
6회

다음 중에서 견적 활동에 대한 설명으로 적절하지 않은 것은 무엇인가?

① 견적 활동은 주문을 받은 후에 진행한다.
② 견적 활동은 처음 거래를하는 경우에 진행한다.
③ 견적 활동은 거래 물품의 시장가격이 변동이 있을 경우에 진행한다.
④ 견적 활동은 신규 상품을 거래하는 경우에 진행한다.

해설 견적 활동은 발주 이전의 활동으로 구매하고자 하는 물품에 대한 내역과 가격 등을 산출한다.

답 ①

21
2018년
6회

다음 중에서 "원가가산 방식"에 의하여 가격을 결정할 경우에 그 관계가 적절하게 설명된 것은 무엇인가?

① 소매가격 = 도매매입원가 + 소매업자 영업비용 + 소매업자 이익
② 소매매입원가 = 생산자가격 + 도매업자 영업비용 + 도매업자 이익
③ 도매가격 = 제조원가 + 도매업자 영업비용 + 도매업자 이익
④ 도매매입원가 = 제조원가 + 생산자가격

해설 ① 소매가격 = 소매매입원가(도매가격) + 소매업자 영업비용 + 소매업자 이익
③ 도매가격 = 도매매입원가(생산자가격) + 도매업자 영업비용 + 도매업자 이익
④ 도매매입원가(생산자가격) = 제조원가 + 생산자 영업비용 + 생산자 이익

답 ②

22 다음 중에서 "매출채권 회전율"에 대한 설명으로 적절하지 않은 것은 무엇인가?

2018년
6회

① 매출채권 회전율이 낮아지면 매출채권 회수기간이 길어진다.

② 매출채권 회전율이 낮아지면 수익감소의 원인이 된다.

③ 매출채권 회전율이 낮아지면 대손발생의 위험이 증가한다.

④ 매출채권 회전율이 낮아지면 자금의 현금보유가 많아진다.

해설 매출채권 회전율이 낮아지면 자금의 현금보유가 적어진다. 매출채권 회전율이 높아졌을 경우에는 자금조달 기간이 단축된다. **달** ④

23 파레토분석을 이용하여 우량거래처를 선정하려고 한다. [보기]의 자료를 근거로 할 때,

2018년
6회
A그룹의 고객군으로 적절한 것은 무엇인가?

[보 기]

(단위: 억원)

고객	a	b	c	d	e	f	g	h	i	j
매출액	15	15	10	2	2	2	1	1	1	1

① a

② a, b

③ a, b, c

④ a, b, c, d

해설 A그룹은 전체 매출누적의 약 70~80%를 차지한다. 매출액의 합이 50이므로 매출액의 70~80%는 약 35~40%이다. a + b + c = 15 + 15 + 10 = 40, a, b, c 고객이 A그룹 **달** ③

공급망 관리

01 SCM(Supply Chain Management)의 의의

1 SCM의 개념과 최신동향

(1) 공급망의 정의

① 공급망(Supply Chain)이란 '공급(Supply)하는 연결망(Chain)'이라는 뜻으로, 경제 활동에 따른 수요와 공급 관계의 모든 물자, 정보, 자금 흐름의 연결망을 의미한다.

② 공급망은 원자재와 부품의 공급업체에서 생산 공장에 납품되어 생산 과정을 거친 후 물류업체, 유통업체, 고객에 이르기까지 모든 원자재·부품·제품·상품·정보·서비스를 제공하는 것과 관련되는 모든 흐름과 활동을 의미한다.

(2) SCM의 정의

① 물류(Physical Distribution)는 '제품을 물리적으로 생산자로부터 최종 소비자에게 이전하는 데 필요한 포장·보관·하역·운송·정보 등에 관한 행위' [미국물류관리협의회(NCPDM)]

② 로지스틱스(Logistics)는 'Physical Distribution'이 확장 발전되어 '원·부자재의 조달에서부터 제품의 생산·판매·반품·회수·폐기에 이르기까지 구매 조달, 생산, 판매 물류의 통합된 개념의 물류'이다.

③ 공급망 관리(Supply Chain Management)는 '원·부자재 공급자로부터 최종 소비자에 이르기까지 전 과정에서 각 기능 간 재화·정보·자금의 흐름을 최적화하고 동기화하여 공급망 전체의 경영효율을 극대화하는 전략'이다.

④ 물류가 상품공급 지향적이라면 로지스틱스는 고객 만족을 위한 고객지향 시스템으로 원재료, 반제품, 완성품 이외에 정보관리가 포함되어 있고, 로지스틱스는

보관보다는 흐름(Flow)관점을 우선하는 효율화를 촉진한다는 점이 '공급관점의 물류'와의 차이점이 있다.

⑤ 공급망 관리는 공급망 전체의 불확실성에 대응하기 위하여 정보시스템에 의한 기업 간 전략적 협업의 관점이라는 데 차이가 있다.

⑥ 공급망 관리의 흐름도
- 제품의 흐름: 공급자로부터 고객에게 물품을 수송하는 과정이며, 물품 반환이나 애프터서비스 요구 등을 모두 포함한다.
- 정보의 흐름: 구매생산, 판매정보의 동기화를 의미하며, 고객주문에 따른 배송 상황의 정보 갱신 등이 포함된다.
- 재정의 흐름: 공급자로부터 최종고객에 이르기까지의 재화의 흐름을 의미하며 신용조건, 대금지불계획, 위탁판매, 권리 및 소유권 합의 등이 포함된다.

아래의 그림에서 물적 유통이 제품의 흐름에 해당된다.

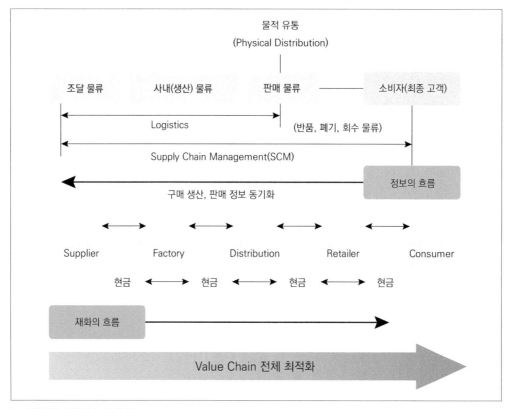

▲ 공급망 관리의 흐름도

(3) 공급망 관리의 필요성

① 기업 간의 경쟁에 있어서 시간적 요소가 깊게 연관되기 시작하고, 기업 간의 연결이 늘어나면서 공급 체인의 복잡화가 현저해졌기 때문에 아웃소싱과 제휴를 모색하게 되었다.

② 공급망을 구성하는 원자재·부품 공급자, 중간부품 제조업체, 완제품 제조업체, 물류업체, 도매상·소매상의 유통업체, 최종 고객에 이르기까지 생산과 서비스의 주체들은 공급망의 거래비용절감을 위하여 시스템통합(Integration)에 의한 실시간(Real Time) 정보동기화와 협업(Collaboration)이 절대적으로 중요하다.

(4) 공급망 관리의 도입효과

① 작업지연시간의 단축

② 철저한 납기관리

③ 수주처리기간의 단축

④ 업무운영 효율화에 의한 비용절감

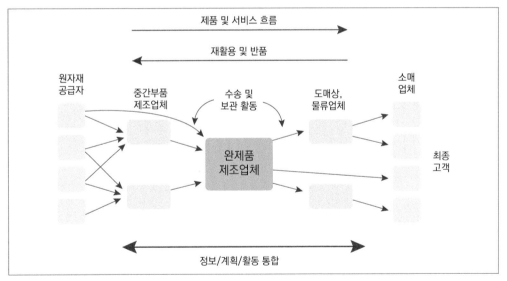

▲ 공급망 구성도

(5) 채찍효과

① 채찍효과 (Bullwhip Effect)는 공급망의 하류(Down Stream)에 해당하는 소매상에서의 고객수요가 공급망의 상류(Up Stream)로 소비자·소매상 → 도매상 → 제조기업 → 원재료 공급자까지 이어지면서 수요예측의 왜곡과 과대한 주문이 확대되고 누적되어 가는 현상이다.

② 수요·공급의 변동은 제품 품절에 의한 고객서비스 수준 하락, 과도한 안전재고, 공급망 상의 비용 상승 등을 초래한다.

③ 채찍효과 원인
- 잦은 수요예측 변경: 변동하는 고객 주문을 반영하여 수요예측, 생산, 발주와 일정계획을 자주 갱신하게 된다.
- 일괄주문방식: 운송비·주문비의 절감을 위하여 대량의 제품을 한꺼번에 발주한다.
- 가격 변동: 불안정한 가격구조, 가격할인 행사 등으로 불규칙한 구매 형태를 유발한다.
- 리드타임(Lead Time) 증가: 조달 리드타임이 길어지면 수요·공급의 변동성·불확실성이 확대된다.
- 과도한 발주: 공급량 부족으로 주문량보다 적게 할당될 때, 구매자가 실제 필요량보다 확대하여 발주하게 된다.

④ 채찍효과 대처방안
- 공급망 전반의 수요정보를 중앙 집중화하여 불확실성을 제거한다.
- 안정적인 가격구조로 소비자 수요의 변동 폭을 조정한다.
- 고객과 공급자가 실시간으로 정보를 공유한다.
- 제품 생산과 공급에 소요되는 주문 리드타임과 주문 처리에 소요되는 정보 리드타임을 단축한다.
- 공급망의 재고관리를 위하여 기업 간 전략적 파트너십을 구축한다.

2 SCM의 프로세스 구조

(1) 공급망 프로세스의 개념

공급망 프로세스는 고객의 수요를 충족하기 위하여 제품생산에 필요한 원자재의 투입부터 제품생산을 거쳐 그 제품을 고객에게 전달하는 활동의 유기적인 과정이다.

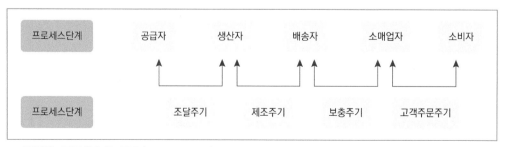

▲ 공급망 프로세스의 구조(Value Chain)

(2) 공급망 프로세스의 통합

① 공급망 전체의 공동 이익을 위하여 비전 공유, 고도의 협업, 실시간 정보공유 등의 상호작용이 요구된다.

② 고객요구나 시장 환경에 대응하기 위하여 프로세스를 동기화(同期化)하는 공급망 프로세스 통합이 필요하다.

(3) 공급망 프로세스의 경쟁능력 결정요소

① 비용(Cost): 투입 자원의 효율적 활용과 조직 운영, 낭비 제거와 생산성 향상, 불량품 감축, 원자재 구입비용 감축, 프로세스 표준화, 지속적 프로세스 개선과 개발을 이루는 능력이다.

② 품질(Quality): 우수한 설계 능력으로 성능이 우수한 제품을 설계하거나, 제품이 가져야 할 규격에 부합되도록 제조하는 능력이다.

③ 유연성(Flexibility): 설계 변화와 수요의 환경 변화에 효율적으로 대응하고 고객이 원하는대로 제품이나 서비스를 창출하는 능력이다.

④ 시간(Time): 경쟁사보다 빠르고 고객의 욕구를 충족시켜 줄 수 있는 새로운 제품을 개발하며, 신속하고 정시에 요구한 수량을 배송하는 능력이다.

3 SCM의 정보시스템

(1) 공급망 정보의 특징

① 정보량이 많고 업무내용이 다양하여 획일적 처리가 곤란하다.

② 정보의 발생 장소·처리 장소·전달 장소 등이 광역으로 분산되어 있다.

③ 지역, 계절, 시간에 따라 수요변화가 현저하므로 유연한 대응시스템이 필요하다.

(2) 공급망 관리 정보시스템의 효과

① 고객주문 및 처리시간의 단축으로 고객서비스 향상이 가능하다.

② 재고량 축소로 재고비용을 절감한다.

③ 신속하고 저렴한 운송방법 탐색으로 운송비용을 절감한다.

④ 소비자의 구매 성향을 쉽게 파악하여 최적의 제품 구색이 가능하다.

(3) 공급망 관리 정보시스템의 유형

① 창고관리시스템(WMS: WareHouse Management System): 주문피킹, 입출고, 재고관리 등의 자동화를 통하여 신속·정확한 고객대응력과 재고 삭감, 미출고·오출고 예방을 목적으로 한다.

② 효율적 소비자 대응 시스템(ECR: Efficient Consumer Response): 유통업체와 제조업체가 효율적인 상품 보충, 점포 진열, 판매 촉진, 상품 개발을 목적으로 POS 시스템 도입을 통하여 상품을 보충하는 전략이다.

③ 신속 대응 시스템(QR: Quick Response): 미국의 패션의류 산업에서 소매업자와 제조업체가 정보공유를 통하여 효율적인 생산과 공급망 재고량을 최소화하는 전략이다.

④ 크로스도킹 시스템(CD: Cross Docking): 물류센터에 보관하지 않고 당일 입고, 당일 출고하는 통과형 운송시스템으로 24시간 이내 직송하는 공급망 간 협업 시스템이다.

⑤ 지속적 보충 프로그램(CRP: Continuous Replenishment Program): 제조업체의 효과적인 재고관리와 유통업체의 적시 재고보충이 가능하도록 결품비율을 최소화하고 상호 협력기능을 강화한다.

⑥ 협력사관리재고 시스템(VMI: Vendor Managed Inventory): 유통업체 물류센터의 재고 데이터를 협력사(제조업체)로 전달하면 협력사가 물류센터로 제품을 배송하고 유통업체의 재고를 직접 관리하는 방식으로 재고관리 책임을 협력사에게 위탁하는 성격의 시스템이다.

⑦ 공동재고관리 시스템(CMI: Co-Managed Inventory): VMI에서 한 단계 더 발전한 개념으로 소매업체(유통업체)와 협력사(제조업체)가 공동으로 판촉 활동, 지역 여건, 경쟁 상황을 고려하면서 적절하게 재고수준을 관리하는 방식으로 JMI (Jointly Managed Inventory)라고도 한다.

⑧ 컴퓨터 지원 주문 시스템(CAO: Computer Assisted Ordering): 제조업체의 창고, 유통센터, 소매업체에 이르는 전체 재고를 파악하고 컴퓨터에 의한 자동 주문을 수행하여 효과적인 수배송 계획을 지원해 주어 물류비용을 감소시켜 주는 방식이다.

⑨ 전자주문 시스템(EOS: Electronic Ordering System): 상품의 부족분을 컴퓨터가 거래처에 자동으로 주문하여 항상 신속하고 정확하게 해당 점포에 배달해 주는 시스템으로, 편의점·슈퍼마켓 등 체인 사업에서 상품을 판매하면 POS데이터를 거래처에 자동적으로 중앙 본부에 있는 컴퓨터에 입력하는 방식이다.

⑩ 전자조달 시스템(e-procurement): 기업에서 원재료 조달을 위한 파트너 선정, e-카탈로그에 의한 원재료의 물품 수량 결정 및 주문, 전자 대금 지불을 실시간으로 가능하게 해 줌으로써 시간과 비용을 절약한다.

⑪ 협업적계획예측 보충시스템(CPFR: Collaborative Planning-Forecasting and

Replenishment): 제조업체가 유통업체와의 협업 전략을 통하여 상품 생산을 공동으로 계획하고, 생산량을 예측하며 상품의 보충을 구현하는 방식이다.

⑫ 카테고리 관리(Category Management): 상품 카테고리 관리자가 POS데이터 분석, 인구 통계학적 특성 파악 등 최적의 상품 믹스를 하는 데 도움이 된다.

⑬ 지연 전략(Postponement): 공장이 아니라 시장 가까이에서 제품을 완성하는 제조 시점 지연을 통해 소비자가 원하는 다양한 수요를 만족시킨다.

⑭ SCP 시스템(Supply Chain Planning): 기업 내부의 영업, 재고, 생산, 일정 계획에 대한 정보교환과 연계 프로세스를 지원해주는 시스템이다.

⑮ SCE 시스템(Supply Chain Execution): 공급망 내의 주문, 수송, 보관, 재고에 관련된 모든 구성원의 정보를 공유하고 관리하는 시스템이다.

02 SCM의 운영

1 공급망 운영전략

(1) 공급망 운영전략의 개념

① 공급망 운영전략이란 경영 전략의 하부 전략으로서 일관성을 유지해야 한다.

② 공급망 운영전략은 공급망이 추구하는 목표를 달성하기 위한 방향을 설정하고 계획을 수립한다.

③ 어떤 전략을 선택하는가에 따라 조직의 예산 및 자원 배분 방안이 달라지므로 전략은 공급망 구조와 운영 등에 영향을 미친다.

④ 공급망 전략의 범위는 영업, 생산, 조달, 물류 기능과 같은 조직 내부 공급망에서 조직 간의 관계까지도 포함한다.

(2) 공급망 운영전략의 유형

① 효율적 공급망 전략: 가장 낮은 비용으로 예측 가능한 수요에 대응하는 공급망 구조를 만드는 것으로, 낮은 재고수준으로 비용 최소화가 가장 중요한 공급망 대응 방안이다.

② 대응적 공급망 전략: 혁신적 제품과 같이 수요예측이 어려운 수요에 이익률은 높은 제품에 빠른 대응 방안을 마련하는 것이 중요하며, 고객서비스를 비용적인 측면보다 우선하는 대응 방안이다.

③ 효율적 공급망과 대응적 공급망 비교

구분	효율적 공급망	대응적 공급망
목표	가장 낮은 비용으로 예측 가능한 수요에 대응함	품절, 가격인하 압력, 불용재고를 최소화 하기 위해 예측이 어려운 수요에 신속히 대응함
생산전략	높은 가동율을 통한 낮은 비용 유지	불확실성에 대비한 초과 버퍼 용량을 배치
재고전략	공급망에서 높은 재고 회전율과 낮은 재고수준 유지	불확실한 수요에 대응하기 위해 많은 양의 부품이나 완제품 버퍼 재고를 유지
리드타임 전략	비용을 증가시키지 않는 범위 내에서 리드타임을 최소화	리드타임을 줄이기 위한 방법으로 공격적인 투자
공급자 선정방식	비용과 품질에 근거한 선택	스피드, 유연성, 품질을 중심으로 선택
제품설계 전략	성능은 최대, 비용은 최소로	가능한 제품 차별화를 지연시키기 위해 모듈화 설계 사용
운송전략	낮은 비용 운송모드 선호	신속한 대응 운송모드 선호

2 공급망 운영시스템

(1) 공급망 운영시스템

① 공급망 운영을 위한 시스템은 프로세스, 조직, 인프라로 구성되어 있으며, 이러한 구성요소는 유기적으로 연계되어 있다.

② 공급망 운영 프로세스는 공급망 운영 업무절차에 대한 이해가 필요하고 기업내부의 제품 흐름을 이해하고 있어야 하며, 업무 매뉴얼이나 부서 담당자의 업무 기술서, 인터뷰 등을 통해 공급망 프로세스 파악이 가능하다.

- 공급망 가치사슬에 대한 이해를 전제로 산업별로 업무를 분석한 사례를 참조하여 지식을 습득해야 한다.
- 공급망 운영참고(SCOR) 모델의 프로세스를 참조한다.

③ 공급망 조직은 관리수준이 높은 기업을 중심으로 별도의 조직으로 존재하고 역할도 정형화되어 있고, 공급망 운영의 전문성과 전사적인 통제 관점에서 조직과 역할에 대한 이해가 필요하다.

④ 공급망을 효율적으로 운영하기 위해서는 설비와 거점에 대한 구축이 필요하고, 제품의 흐름을 추적할 수 있는 공급망 정보시스템도 구축한다.

(2) 공급망 운영참고(SCOR) 모델

① 공급망 협의회(SCC: Supply Chain Council)에서 개발하여 보급하고 있다.

② 공급망 운영참고(SCOR: Supply Chain Operations Reference) 모델은 공급망 관리의 진단, 벤치마킹과 프로세스 개선을 위한 도구이다.

③ 공급망의 설계, 구축, 개선 과정을 효율적으로 수행하는 데 필요한 가이드라인을 제공한다.

④ 공급망 관리의 전략 및 운영 체계를 측정하고, 지속적인 개선에 필요한 가이드라인을 제공하여 공급망 효과의 극대화를 목적으로 한다.

⑤ 공급망 운영참고 모델은 공급망 운영을 계획(Plan)·조달(Source)·생산(Make)·배송(Deliver)·반품(Return)의 5개 프로세스로 분류한다.

⑥ 공급망 운영참고(SCOR) 모델 프로세스

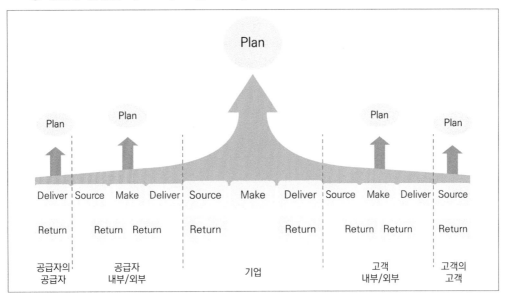

- 계획(Plan): 수요와 공급을 계획하는 단계로, 모든 공장의 모든 제품에 대해 공급자 평가, 수요의 우선순위, 재고 계획, 분배 요구량 파악, 생산 계획, 자재 조달, 개략적 능력을 계획한다.
- 조달(Source): 원료의 공급과 관련된 단계이다. 조달처를 개발하여 조달·입고·검사·보관을 수행하고, 조달 계약, 지불, 납입, 수송, 자재의 품질, 공급자 검증·지도 등 조달 기반 구조를 형성한다.
- 생산(Make): 조달된 자재를 이용하여 제품을 생산하고 검사·포장·보관하는 단계로, 설비·기계 등의 제조 기반시설을 관리하고 제품의 품질 검사와 생산 현황 작업 스케줄을 관리한다.

- 배송(Deliver): 주문을 입력하고 고객정보를 관리하며, 주문 발송과 제품의 포장, 보관, 발송, 창고관리, 배송 기반 구조 관리 등의 활동이다.
- 반품(Return): 공급자에 대한 원재료의 회수 및 고객 활동에서 완제품의 회수, 영수증 관리 등의 활동이다.

▶▶ **필수예제**

아래의 괄호 안에 공통으로 들어갈 용어는?

- (   ) 모델은 1996년 미국 공급망협의회에서 개발하여 보급한 공급망 관리의 진단, 벤치마킹, 프로세스 개선을 위한 도구이다.
- (   ) 모델은 공급망 관리의 전략 및 운영 체계를 측정하고, 지속적인 개선에 필요한 가이드라인을 제공하여 공급망 효과의 극대화를 목적으로 한다.
- (   ) 모델은 공급망 운영을 계획·조달·생산·배송·반품의 5개 프로세스로 분류한다.

📋 SCOR(Supply Chain Operations Reference), 공급망 운영 참고

---

03 공급망 거점

1 ERP공급망 거점의 의의

(1) 공급망 거점의 개념

① 공급망 생산거점은 예측된 수요와 고객의 주문에 효과적으로 대응하기 위하여 건설하는 생산시설을 의미한다.

② 공급망 물류거점은 공급자와 수요자 중간에 배송의 효율화를 목적으로 설치한 제반 물류시설을 의미한다.

③ 공급망 물류거점의 기능

- 장단기적 보관으로 공급과 수요의 완충기능
- 주문에 적기 대응이 가능하도록 집하, 배송기지 기능
- 운송비 절감을 위한 중개기지 기능
- 고객의 다양한 요구에 대응하기 위한 유통가공·조립 기능
- 품질과 수량을 확인하는 검품이나 선별기능
- 전시(Show Room)역할로 판매 전진기지 기능

(2) 공급망 물류거점의 구축

① 공급망 물류거점은 그 수가 많을수록 수주량과 재고량의 불균형을 초래하여 리드타임의 지연 및 안전재고수준의 증대, 물류거점 설립에 따른 자금의 투자를 야기시키며, 제비용의 증대를 가져와 총비용의 상승을 유도하여 경쟁력을 약화시키는 원인으로 작용한다.

② 물류거점의 수를 결정할 때에는 총비용의 최저점에서 결정해야 하며, 여러 대안에 대한 질적인 고려도 병행되어야 한다.

③ 질적인 고려사항으로는 고객만족, 참여기업 경쟁력 향상, 수요 창출 등이 있다.

(3) 물류거점 네크워크 설계의 전략적 중요성

경영 환경은 지속적으로 변화되고 있으며 환경에 대한 대응 속에서 기업의 제한된 자원에 대한 효과적인 배치가 요구된다.

① 고객서비스 요건의 변화: 고객서비스 측면에서 물류거점 설계에 영향을 미치는 요인은 크게 보면 고객대응 납기가 있다. 고객대응 납기는 재고 보유 여부와 물류거점과 수요지 간의 거리에 의해 결정된다. 일반적으로 물류거점수가 증가하면 물류거점과 수요지 간의 거리가 짧아지게 되므로 고객대응 납기가 빨라질 가능성이 높다. 고객서비스 요구는 변화하고 고객 유형 역시 시간에 따라 진화하고 복잡해지며, 새로운 수준의 물류 서비스 요구와 대응을 요구한다. 또한 몇몇 고객은 더 효과적이고 효율적인 물류 서비스를 위해 그들의 요구를 강화하고 다양한 서비스를 요구한다. 이러한 고객 요구에 대응하기 위해 기업은 물류거점 네트워크를 재평가하고 재설계하는 것이 필요하다.

② 고객과 공급시장의 거점 위치 변화: 제조와 물류 시설은 공급망에서 고객과 공급시장 사이에 위치하고 있으며, 지역별 인구 분포나 공급업체 위치 변화와 같은 시장 변화에 따라 기업의 물류 네트워크를 재평가하는 원인이 발생한다.

③ 기업 소유관계의 변화: 기업 소유권과 관련한 합병·인수·매각과 관련된 변화는 오늘날 비교적 흔하게 발생하며, 이에 따른 새로운 물류 네트워크에 따른 재평가가 필요하다.

④ 비용절감 필요: 기업의 우선순위에서 업무의 비용절감에 대한 새롭고 혁신적인 방법이 필요하며, 공급망 전 과정의 운송 중 재고·창고 비용의 절감이 요구된다. 물류 네트워크의 새로운 비용절감 방안을 발견하고 혁신적인 방법을 알기 위해 물류거점 네트워크의 재평가가 필요하다.

⑤ 경쟁력 확보 방안: 기업은 서비스 개선과 비용절감의 목표를 향한 시설의 위치와 관계를 분석하여 시장에서 경쟁에서 살아남기 위한 이점을 발견하고 새로운 운송 대안 등을 검토하기 위해 네트워크 재검토가 필요하다.

2 공급망 물류거점 최적화

(1) 공급망 물류거점 최적화의 개념

① 기업은 비용을 줄이고 고객서비스를 향상시키는 새로운 방법을 지속적으로 찾고 있다.

② 물류 및 제조 시설을 어디에 위치할 것인가는 더 복잡하고 중요시되고 있을 뿐 아니라 공급망 전략 관점에서 물류작업의 효과성과 효율성 향상과 직접적인 관련이 있다.

③ 기업의 물류 네트워크 재설계를 통한 거점 최적화는 시장에서 기업을 차별화할 수도 있다.

(2) 공급망 물류거점 최적화 지표

① 물류거점을 설계할 때 고려되어야 할 지표로는 크게 고객서비스 지표와 비용 지표가 있다.

② 기본적으로 물류거점 설계는 전체 비용을 최소화하며 고객서비스를 최대화하는 것을 목표로 하지만, 어떤 지표를 중점적으로 고려할 것인가에 따라 설계에 큰 영향을 미치게 된다.

③ 거점 최적화의 지표를 목표수준으로 정하고 최적화에 필요한 제반 요건을 설계한다.

④ 고객서비스 지표
• 고객서비스 측면에서 거점 설계에 영향을 미치는 요인은 고객대응 납기이다.
• 고객대응 납기는 재고보유 여부와 공급망 거점과 수요지 간의 거리에 따라 결정된다.

⑤ 비용 지표
• 주요 비용항목은 재고비용, 고정 투자비용, 변동 운영비용, 수송비용 등이 고려된다.
• 비용은 공급망 거점의 설계 방식과 거점의 수에 따라 크게 영향을 받는다.
• 통합물류센터는 물류거점수를 전국적으로 1~2개만 유지하여 운영한다.

• 분산형 물류센터는 고객에게 가까운 위치에 전국적으로 1. 여 개 이상을 위치시킬 수 있다.

(3) 공급망 물류거점 비용 요소

① 공급망 물류거점 설계에서 고려되어야 할 비용 요소

• 재고비용
  - 물류거점에 보유하게 될 재고에 의해 발생되는 제반 비용이다.
  - 물류거점수가 증가함에 따라 처음에는 크게 증가하다가 어느 수준 이상이 되면 완만히 증가하는 경향이 있다.
  - 주로 변동에 대비한 안전재고가 증가함에 따라 발생한다.

• 고정투자비용
  - 물류거점 건설 및 운영에 투입되는 1회성 고정비용이다.
  - 고정적으로 발생하는 인건비 및 초기 설비 투자비용 등을 포함한다.
  - 물류거점수에 비례하여 증가하는 경향이 있다.

• 변동운영비용
  - 물류거점 운영관리에 필요한 제반 비용이다.
  - 변동 운영비용은 물류거점의 규모에 영향을 받는다.
  - 개별 물류거점의 규모가 커지면 변동 운영비용도 커진다.

• 수송비용
  - 물류거점과 생산자·소비자 사이를 연결하는 수배송 관련 비용이다.
  - 물류거점수가 증가함에 따라 재송비용은 서서히 증가한다.
  - 물류거점수가 증가함에 따라 수송비용은 서서히 감소하다가 어느 수준을 넘어서게 되면 오히려 수송비용이 증가한다.

3 공급망 물류거점 운영방식

(1) 직배송 방식

① 생산자 창고만 보유하고 물류거점을 거치지 않고 소비자에게 직접 배송하는 방식이다.
② 직배송 방식은 물류거점 운영과 관련한 제반 비용을 필요로 하지 않아 수송량이 제한적인 경우에 적용한다.
③ 재고비용, 고정 투자비용 등을 최소화할 수 있으나 운송비용이 상승하고 고객서비스 차원에서는 불리하다.

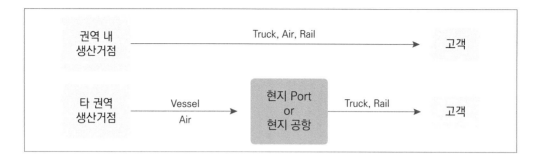

(2) 통합 물류센터 운영방식

① 중앙물류센터는 전체 공급망의 물품을 통합 운영한다.

② 소비자에게 배송되는 데 걸리는 시간이 긴 반면 비용을 상당히 절감할 수 있다.

③ 특히 재고비용과 고정 투자비용을 대폭 낮출 수 있는 장점이 있다.

④ 상황에 따라 운송비용도 일부 절감이 가능하다.

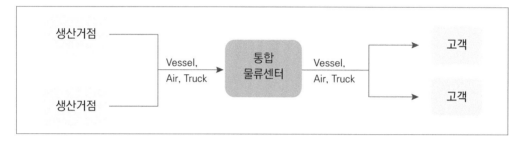

(3) 지역 물류센터 운영방식

① 지역 물류센터는 소비자 근처에 위치한 분산 물류거점이다.

② 지역 물류센터를 여러 개 운영할 경우에는 소비자 서비스가 높아진다.

③ 재고비용과 고정 투자비용이 상승하는 단점이 있다.

(4) 통합·지역 물류센터 혼합 운영방식

① 중앙물류센터와 지역 물류센터를 혼합하여 사용한다.

② 수요처가 매우 넓은 지역에 분포되거나, 글로벌 공급망인 경우에 주로 적용한다.

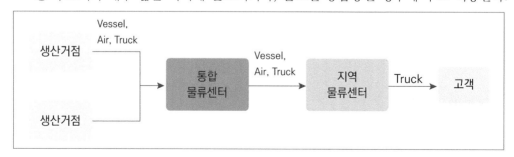

(5) 공급자관리재고(VMI; Vendor Managed Inventory)

① 물류거점의 운영을 자재·부품 공급업체에 일임하고 필요한 경우에 필요한 수량만큼 공급자가 운영하는 물류거점에서 가져오는 방식이다.

② 유통(구매)업체의 물류센터에 있는 각종 데이터가 제조업체로 전달되면 제조업체가 물류센터로 제품을 배송하고 유통업체의 재고를 직접 관리하는 공급망 관리 방식이다.

③ 주로 유통업체와 제품 공급업체 간의 유통망이나 완제품 제조업체와 부품 제조업체 간의 부품 조달망에 활발히 이용된다.

④ 공급받는 기업 입장에서는 재고비용을 절감하게 되고, 공급업체 입장에서는 정보 공유를 통해 계획기반 운영체계를 구축할 수 있는 장점이 있다.

⑤ 정보 공유가 제대로 이루어지지 않거나, 공급업체의 물류 운영 능력이 낮은 경우에는 오히려 전체 공급망에 큰 부담이 되는 단점이 있다.

(6) 크로스도킹(Cross - Docking)

① 물류거점에 재고를 보유하지 않고 물류거점이 화물에 대한 '환적'기능만을 제공한다는 특징이 있다.

② 물류거점이 환적기능만을 제공하므로 보관기능보다는 원활한 흐름에 좀 더 초점을 두고 물류센터를 설계한다.

04 재고관리

1 재고관리의 의의

(1) 재고의 개념

① 재고(Inventiry)란 '앞으로 발생될 생산 또는 판매수요를 만족시키기 위하여 비축한 물품', '수요에 부응하기 위하여 일시적으로 보관하는 물품'으로, 경제적 가치를 지닌 유휴 자원(Idle Resources)의 중요한 자산이다.

② 재고는 '물품의 흐름이 시스템 내의 어떤 지점에서 정체되어 있는 상태'를 말하며, 생산에 투입되는 원·부자재, 부품에서부터 재공품, 반제품, 제품, 상품, 소모품 등이 있다.

③ 과잉 재고의 경우 자본을 사용하지 않고 묵히는 것으로 자본 비용이 발생하며, 부족 재고의 경우 수요를 충족하지 못하여 이익의 감소(기회손실)를 초래한다.

(2) 재고의 유형

① 원자재(Raw Material): 회사가 제조 목적으로 외부로부터 들여오는 자재(Material)로 다른 회사에서 제조된 제품이나 천연자원도 포함한다.

② 재공품(WIP: Work in Process): 제조과정 중이며, 생산 현장에 있는 재고

③ 반제품(semi - Finished Goods): 자체 생산한 중간제품과 부분품 등

④ 완제품(Finished Goods): 최종 사용자나 유통 센터에 배달 가능한 제품

⑤ 유지보수 운영자재(MRO: Maintenance, Repair and Operating Supplies): 사무나 관리 비품, 부속품(Spare Parts), 회사가 운영하는 식당의 재료 등 다양하면서 상대적으로 낮은 원가를 갖는 자재이며 소모성 자재라고도 한다.

(3) 재고의 종류

① 순환재고(Cycle Stock): 수요와 리드타임이 정해진 상황에서 수요 충족을 위해 필요한 수량보다 더 많이 주문하는 경우에 발생하는 재고이다. 주기적으로 일정한 로트 단위에 의해서 조달하기 때문에 발생하므로 주기재고라고도 한다. 주문비용이나 생산준비비용을 줄이거나 할인 혜택을 위해 다량으로 주문할 때 발생할 수 있다.

② 안전재고(Safety Stock): 수요나 리드타임 등의 불확실성으로 인해 미리 확보하는 재고로서 완충 재고라고도 한다. 일반적으로 순환재고량을 초과하여 유지하며, 안전재고량은 수요변동의 범위와 재고이용 가능성에 따라 확률적으로 산출하게 된다.

③ 예상재고(Anticipation Stock); 계절적 요인, 가격의 변화 등을 예상하고 보유하는 재고로서, 계절재고라고도 한다. 성수기의 수요를 대비하여 비수기에 미리 생산 또는 구매하여 보유하게 된다.

④ 수송(운송) 재고(=파이프라인 재고): 운송재고는 생산이나 판매를 위해 한 지역에서 다른 지역으로 운송 중인 완제품 또는 원자재의 재고로 이동하는 모든 재고가 포함된다. 석유류나 화학제품의 제조를 위한 장치산업에서 생산 중에 있는 재공품(Work - in - Process Inventory)을 의미할 수도 있으며, 공장의 입지, 배급망, 운송수단 등에 영향을 받는다.

- 대금을 지급하여 물품에 대한 소유권을 가지고 있으며, 수송 중에 있는 재고이다.
- 수입물품 등과 같이 긴 조달(수송)기간을 갖는 재고이다.
- 제조업체 → 유통업체, 창고 → 대리점, 창고 → 창고 등으로 이동 중인 재고
- 선박이나 철도 등으로 수송 중인 재고
- 정유회사의 수송용 파이프로 이동 중인 재고

(4) 재고관리의 개념

① 재고관리는 생산부문과 판매부문으로부터의 수요에 신속하고 경제적으로 대응하여 안정된 판매활동과 원활한 생산활동을 지원하고 최적의 재고수준을 유지하도록 관리하는 활동을 말한다.

② 재고는 불확실한 기업환경에서 완충역할을 위하여 필요할 수 있으나 과다한 재고는 재고관리비용을 높이는 문제점을 불러오게 된다.

③ 재고관리의 목적은 필요한 품목을, 필요한 수량만큼, 필요한 시기에 최소의 비용으로 공급할 수 있도록 재고를 관리하는 것이다.

2 재고관리 기본 모형

(1) 재고비용

재고비용 = 재고 주문비용 + 재고 유지비용 + 재고 부족비용

① 재고 주문비용
- 품목을 발주할 때 발생되는 비용
- 주문서류 작성과 승인, 운송, 검사, 입고활동 등에 소요되는 인력, 설비, 시간 등에서 발생하는 비용
- 이 비용은 발주량에 관계없이 발주할 때마다 일정하게 발생하는 고정비
- 1회 발주량을 크게 할수록 재고 1단위당 비용이 줄어드는 특성을 갖고 있음

② 재고 유지비용
- 재고를 일정기간 동안 보관, 유지하는데 드는 비용
- 재고 구매액에 대한 자본의 기회비용, 창고시설 이용(유지) 비용, 보험료, 취급·보관비용, 도난·감소·파손에 따른 손실비용 등
- 평균재고량에 따라 비용이 달라짐

③ 재고 부족비용
- 재고부족으로 인하여 발생되는 납기지연, 판매기회 상실, 거래처 신용하락, 잠재적 고객상실 등에 관련되는 비용 등
- 정확한 측정은 어렵다.

아래는 재고 관련 비용이다. 다음 중 재고를 유지하는데 소요되는 비용은 얼마인가?

- 창고 임대료, 보관료, 재고 관련 보험료 100,000원
- 발주물품의 수송, 입고 등에 소요되는 비용 150,000원
- 재고보관 중에 도난, 변질, 진부화 등으로 인한 손실 비용 120,000원
- 재고부족으로 인해 발생되는 납기지연 비용 200,000원
- 생산 공정의 변경이나 기계·공구의 교환 등으로 공정이 지연됨으로써 발생하는 비용 250,000원

해설 창고임대료와 재고보관 중에 도난, 진부화 등으로 인한 손실이 재고 유지비용에 해당된다.

🗒 재고 유지비용 = 100,000 + 120,000 = 220,000

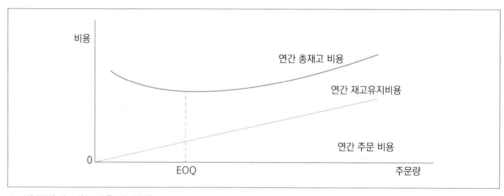

▲ 발주량과 재고비용의 관계

주문량(가로축)이 증가하면 재고유지비용(세로축)은 증가하지만 주문비용은 감소하게 되는 것이 일반적이다. 여기서 재고유지비용과 주문비용을 합성했을 때 총비용이 최저가 되는 지점을 경제적 발주량(주문량)이라 하며, 결국 비용을 절감 또는 최소화하기 위한 이론적인 발주량이다. 산업현장에서는 EOQ(Economic Order Quantity)를 참고하여 기업에 적합한 발주량이나 발주시기를 조절해 나가면 된다는 의미이다.

(2) 재고관리의 주요과제

판매 및 주문 수요와 생산 및 납품 조달기간 등을 고려하여 재고비용을 최소화하기 위한 재고관리의 주요 과제는 다음과 같다.

① 경제적 발주량: 1회 주문량을 얼마로 하여야 하는가?
② 발주시기 또는 발주점: 언제 주문하여야 하는가?
③ 적정재고수준(안전재고): 어느 정도의 재고수량을 유지하는 것이 적정한가?

(3) 재고관리 기본모형

재고관리의 주요과제(발주시기, 발주량)를 해결하기 위한 방법은 아래와 같다.

① 고정주문량 발주방식(정량 발주모형, Q System)

- 일정한 사용량을 정해 놓고 미리 정해진 기준량(발주점)까지 사용하면 사전에 결정된 일정량(EOQ)만큼 발주하여 보충하는 재고관리 시스템이다.
- 발주량은 일정하나 발주 간격은 일정하지 않다.
- 재고가 발주점에 도달하였는지를 실시간으로 모니터링해야 하므로 재고파악이 쉽고 조달이 수월한 경우에 적용한다.
- 즉, 입출고 관리를 통한 재고조사와 기록 유지가 용이한 품목, 계속 실사하는 중요 품목, 금액이 높지 않은 B급이나 C급 품목 중 수요 변동이 작은 품목에 적용한다.
- 발주량은 경제적 주문량(EOQ)으로 결정한다.
- 재발주점(ROP, Reorder Point) = 구매 리드타임 동안의 수요 + 안전재고
- 경제적 발주량은 다음의 식을 이용해서 산출한다.

> - 경제적 발주량: $EOQ^* = \sqrt{\dfrac{2DC_O}{C_H}}$
>
> D: 연간 수요량, $\quad C_O$: 1회 발주비용, $\quad C_H$: 연간 단위당 재고유지비용
>
> - 발주 횟수 = D/Q^*

▶▶ 예제

㈜동서울에서는 경제적 주문량 모형을 이용하여 매입 계획을 수립하려고 한다. 경제적 주문량을 계산하시오. 관련 자료는 다음과 같다.

> (가) 연간 수요량(D)=10,000개/년
> (나) 1회당 주문 비용(Cp)=1,000원
> (다) 연간 단위당 재고유지 비용(CH) = 300원/단위·년

해설

$$EOQ = \sqrt{\dfrac{2DC_0}{C_H}} = \sqrt{\dfrac{2(10,000)(1,000)}{300}} \doteqdot 258\,(개)$$

② 고정주문기간 발주모형(정기 발주모형, P System)

- '일정한 발주 기간'을 정해 놓고 그 시점까지 사용한 양만큼 정기적으로 발주하여 보충하는 재고관리 시스템이다.

- 발주 간격은 일정하나 주문량은 변하여 일정하지 않다.
- 조달이 주기적으로 이루어지는 품목, 여러 품목을 동일 공급자로부터 조달받는 경우, 계속 실사를 요하지 않는 저가 품목에 적용한다.
- 만약, 실사 및 발주 간격이 짧을 때는 금액 및 중요도가 높은 A급 품목에 적용한다.
- 발주량 = 목표 재고 − 현 재고
- 목표 재고 = 검토 주기 동안의 수요 + 구매 리드타임 동안의 수요 + 안전재고

▶▶ 필수예제

고정주문기간 발주모형(P System)에 따라 발주량을 결정하려고 한다. 아래의 자료를 이용하여 발주량을 계산하면?

- 검토주기 동안의 수요: 50
- 구매 리드타임 동안의 수요: 10
- 현재고: 5
- 안전재고: 2

해설
- 발주량 = 목표재고 − 현재고 = 62 − 5 = 57
- 목표재고 = 검토주기 동안의 수요 + 구매 리드타임 동안의 수요 + 안전재고
  = 50 + 10 + 2 = 62

③ 절충형 시스템 (s,S System)
- 정량발주방식과 정기발주방식의 절충형 재고관리 시스템(Min−Max 시스템)이다.
- 일정기간마다 재고수준을 파악하여 최소재고수준(Min) 이하로 감소할 경우 최대재고수준(Max)을 채우기 위해 필요한 만큼 주문하는 것이 일반적이다.
- 정기적으로 재고수준이 검토되지만 사전에 결정된 발주점 이하일 때만 발주한다.
- 발주량이 고정되어 있지 않으며, 현재고 ≤ 발주점이면 (현재고− 발주점)만큼 발주한다.
- 검토주기가 길어서 검토할 때마다 주문하게 되며 정기발주방식과 흡사하다.

▼ 고정주문량 발주모형과 고정주문기간 발주모형의 비교

구분	고정주문량 발주모형(Q)	고정주문기간 발주모형(P)
개요	발주점에 도달하면 정량발주	정기적인 산출량만큼 발주
주문량	정량(EOQ)	산출량(현재고−발주점)
주문시기	비정기적	정기적
재고조사방식	계속적인 조사	정기적인 조사

3 공급망 재고보충

(1) 재고보충의 개념

① 재고보충이란 '부족한 재고량을 파악하여 채우는 것'을 의미

② 공급망에서는 공급업체와 거래처 간의 전략적 파트너십에 따라 수요와 재고정보를 공유하여야 효율적인 재고보충이 가능

(2) 공급망 재고보충 기법

① 유통소요계획(DRP: Distribution Requirements Planning): '유통업체의 수요계획 주문정보를 이용하여 공급처의 소요량과 관련 정보를 계획'하는 방법을 말한다. 생산 공장의 자재소요계획(MRP)에 대응하는 방법으로 유통 소요량을 계획하여 효율적인 물류활동을 통해 재고 관련 비용을 절감하기 위한 것이다.

② 지속적 보충프로그램(CRP: Continuous Replenishment Program): '물품의 사용 판매 자료와 수요예측을 근거로 소비 수요에 기초하여 물품 보충이 자동적으로 이루어지도록 하는 것'을 말한다. 계속적 재고보충이라고도 하며, 공급자가 고객의 수요 및 재고정보를 공유하여 서비스 수준을 유지하면서 도소매업체나 유통센터의 각종 재고를 지속적으로 보충 관리하는 것이다.

③ 공급자 관리재고(VMI: Vendor Managed Inventory): 고객의 재고보충 업무권한을 공급자에게 이관하여 공급자가 거래처의 재고수준을 파악하고 재고 보충량을 결정하여 공급하는 공급자 주도 재고보충관리 방법이다.

④ 공동재고관리(CMI: Collaborative Managed Inventory): 공급업체와 거래처가 수요 및 재고 정보를 공유하며, 거래처의 재고관리 업무를 고객과 공급업체가 공동으로 관리하는 방법이다.

4 유통소요계획

(1) 유통소요계획(DRP)의 개념

유통소요계획(DRP: Distribution Requirements Planning)은 다단계 유통구조하에서 지역배송센터에 재고를 보충하기 위해 중앙물류센터에서 유통 네트워크의 총수요를 예측하여 필요한 수량을 지역배송센터로 배송하는 것이다. 중앙 센터에서는 각 지역 센터에서 예측되어 결정된 자료를 받아 모두 집계하여 분배계획을 수립하게 되며, 각 지역 센터에서는 재고를 관리하면서 미리 설정한 수량(발주점) 아래로 재고가 떨어질 때마다 보충 주문을 하는 것이다.

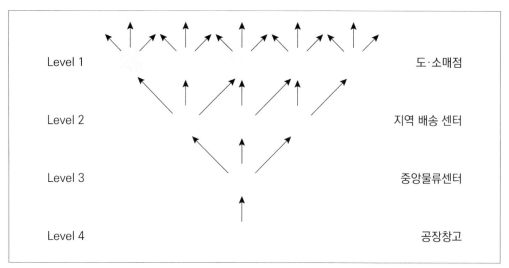

Level 1	도·소매점
Level 2	지역 배송 센터
Level 3	중앙물류센터
Level 4	공장창고

▲ DRP에 의한 다단계 의사결정 구조

(2) 유통소요계획의 기능

MRP(자재소요계획)가 생산에 관한 것이라면, DRP는 유통에 관한 것이다. DRP의 근본적인 목적은 고객의 수요에 대한 정보(시장정보)를 생산계획의 수립에 신속히 반영하고자 하는 것, 그리고 제조업체의 완제품 창고 이후 도·소매점에 이르는 유통 단계상의 재고를 줄이고자 하는 것이라고 볼 수 있으며, QR/CR(Quick Response/Continuous Replenishment)의 철학과 일맥상통한다.

다단계 유통 체계를 갖는 판매 물류의 무재고 관리를 실현하기 위해서는 정확한 수요예측을 통한 판매계획이 출발점이 되며, 유통소요계획의 기본이 되며, 판매수요 정보(수요량, 수요 시기)를 보다 정확히 산출해야 하므로 유통 리드타임(Lead Time)이 중요한 문제로 대두된다. 유통 단계별 리드타임은 '발주로부터 제품이 검사과정을 거쳐 납품 처리된 후 일정한 장소에 보관될 때까지의 기간'을 말한다. 물류 거점별 리드타임은 '발주 정보 전달시간 + 수주처리시간 + 상품출고시간 + 포장하역시간 + 수송시간 + 검품시간 + 창고 내 이동시간'으로 구성된다.

☑ CHECK 유통 리드타임
- 주문계획 주기와 누적 리드타임 파악: 누적 리드타임을 단축하면 주문생산을 하거나, 단기예측으로 상대적으로 정확도 높은 계획생산이 가능하며, 최소 재고로 고객 서비스 수준을 향상시킬 수 있다.
- 리드타임에 따른 재고량 변동 파악: 결품을 방지하면서 재고를 감축하기 위해서는 보충 기간을 줄여야 한다. 재고는 보충기간동안의 수요량에 비례하기 때문이다.

(3) 유통소요계획의 수립

1) 지역물류센터의 유통소요계획 절차

① 특정 제품에 대한 독립적인 수요인 고객 수요를 예측

② 현재 보유 재고 수준을 고려하여 미래 재고를 예측

③ 입고 예정량을 반영

④ 예측된 미래 재고수준에서 입고가 필요한 시점과 수량을 결정

⑤ 단위 구매량을 고려하여 주문량을 결정

⑥ 리드타임을 고려하여 주문 시점을 결정

[NCS 학습모듈에서 제시한 지역 및 중앙 물류센터의 유통소요계획 수립 사례]

• 기초재고량: 450	• 안전재고량: 100
• 리드타임: 2주	• 단위구매량: 300

① 수요예측: 특정 제품의 유통소요계획을 수립하기 위해 수요를 예측한다.

주차	이전 기간	1	2	3	4	5	6	7	8
수요예측		100	130	100	120	110	100	90	90
수송중재고									
기말재고수준	450								
예정입고량									
주문량									

② 현재 보유 재고수준을 고려하여 미래 재고를 예측

• 현재 보유하고 있는 재고(450)를 가지고 예측된 수요에 대응할 경우, 아래와 같이 4주 차까지의 수요에 대응할 수 있다.($450 = 100 + 130 + 100 + 120$) 결국, 4주 차 기말재고는 '0'이다.

• 5주 차 수요에 대응하기 위해서는 최소한 4주 차 이후에는 보충이 이루어져야 한다. 그러나 안전재고 수준을 100으로 가정하였기 때문에 4주 차에 안전재고 100만큼의 재고 부족이 예상된다.

주차	이전 기간	1	2	3	4	5	6	7	8
수요예측		100	130	100	120	110	100	90	90
수송중재고									
기말재고수준	450	350	220	120	0	− 110	− 210	− 300	− 390
예정입고량									
주문량									

③ 입고예정량을 반영하여/④ 예측된 미래 재고수준에서 입고가 필요한 시점과 수량을 결정

- ②에서 예측된 미래 재고 수준에서 입고가 필요한 시점과 수량을 결정하고(4주 차, 6주 차, 10주 차), 리드타임을 고려하여 주문 시점을 결정한다.

> 당기 기말재고수준 = 전기 기말재고 − 당기 수요예측 + 당기 입고예정량

- 기말 재고수준을 위의 수식으로 계산하고, 계산된 기말 재고수준이 미리 설정한 안전재고 수준 이하로 예상되면 예정 입고량을 최소 구매량 배수로 산출한다. 해당 수량을 리드타임을 고려하여 주문량에 입력한다.
- 아래의 표에서, 4기의 기말 재고 수준 = 3기의 기말 재고 수준 − 4기의 수요예측 = 120 − 120 = 0으로 예상된다.

⑤ 단위 구매량을 고려하여 주문량을 결정하고/⑥ 리드타임을 고려하여 주문 시점을 결정

- 4기의 기말재고 수준이 0으로 계산되었으나 최소 구매량(300)만큼 입고되어야 5기의 수요예측 수량과 안전재고 수준을 준수할 수 있다. 안전재고가 100이므로 4기에 입고 예정량 300이 필요하고, 이때 입고되기 위하여 공급 리드타임 2주를 고려해야 하므로 2기에 주문량 300이 계획되었다. 즉 2기에 있는 주문량 300은 주문계획으로서 이때 주문되어야 4기에 해당 수량이 입고 가능하다.

주차	이전 기간	1	2	3	4	5	6	7	8
수요예측		100	130	100	120	110	100	90	90
수송중재고									
기말재고수준	450	350	220	120	300	190	390	300	210
예정입고량					300		300		
주문량			300		300				

2) 중앙유통센터의 통합 유통소요계획 수립

지점별 또는 지역 유통센터별로 수립된 유통소요계획을 중앙유통센터 관점에서 통합한다. 사용 형식은 앞에서 사용한 양식과 동일하지만 리드타임을 생산자에서 중앙유통센터까지 공급되는 기간으로 반영한다.

① 지점별 유통소요계획수립

[지점 A]

• 기초재고량: 450	• 안전재고량: 100
• 리드타임: 2주	• 단위구매량: 300

• 지점 A 유통소요계획

주차	이전 기간	1	2	3	4	5	6	7	8
수요예측		100	130	100	120	110	100	90	90
기말재고수준	450	350	220	120	300	190	390	300	210
예정입고량					300		300		
주문량			300		300				

[지점 B]

• 기초재고량: 550	• 안전재고량: 150
• 리드타임: 2주	• 단위구매량: 400

• 지점 B 유통소요계획

주차	이전 기간	1	2	3	4	5	6	7	8
수요예측		190	200	200	190	200	190	200	200
수송중재고									
재고수준	550	360	160	360	170	370	180	380	180
예정입고량				400		400		400	
주문량		400		400		400			

[지점 C]

• 기초재고량: 850	• 안전재고량: 200
• 리드타임: 1주	• 최소 구매량: 700

• 지점 C 유통소요계획

주차	이전 기간	1	2	3	4	5	6	7	8
수요예측		300	350	350	400	400	450	450	500
수송중재고									
기말재고수준	850	550	900	550	850	450	700	250	450
예정입고량			700		700		700		700
주문량		700		700		700		700	700

② 중앙유통센터의 통합 유통소요계획을 수립한다.

• 가용 보유량: 1,200	• 안전재고량: 300
• 리드타임: 2주	• 최소 구매량: 1,000

- 중앙유통센터의 통합 유통소요계획

주차	이전 기간	1	2	3	4	5	6	7	8
수요예측		1,100	300	1,100	300	1,100	0	1,100	1,000
수송중재고	1,000								
기말재고수준	1,200	1,100	800	700	400	300	1,300	1,200	1,200
예정입고량		1,000		1,000		1,000	1,000	1,000	1,000
주문량		1,000		1,000	1,000	1,000	1,000		

▶▶ 필수예제

현재 보유재고 450, 안전재고 100, 주문 리드타임 2주, 최소 구매량이 200인 A지점의 유통소요계획을 수립하려고 한다. 수요예측치가 매주 110일 경우, [보기]에 근거하여 2주 차에 발주해야 할 주문량은 얼마인가?

[보 기]

주	이전기간	1	2	3	4
수요예측		110	110	110	110
수송중재고					
기말재고수준	450				
예정입고량					
주문량			(?)		

※ 안전재고: 100, 주문 리드타임: 2주, 최소 구매량: 200

해설 유통소요계획수립
- 당기 기말재고 = 전기 기말재고 – 당기 수요예측량 + 당기 입고예정량
- 4주 차 기말재고 = 450 – 110 – 110 – 110 – 110 = 10
- 산출된 재고에 안전재고(100)를 감안할 경우, 4주 차에 재고부족이 발생함
- 재고부족을 해결하기 위해, 2주 차에 최소 구매량인 200을 주문해야 함

주	이전기간	1	2	3	4
수요예측		110	110	110	110
수송중재고					
기말재고수준	450	340	230	120	210
예정입고량					200
주문량			200		

🔳 200

05 재고조사

1 재고조사의 개념

재고조사(Inventory Taking, Stocktaking)란 '일정 시점에 재고품, 재고 자산을 조사 확인하는 것'으로, 장부 전산 재고와 현장 실물 재고를 조사하여 정확한 수량·상태·위치를 파악하고, 불용자재를 찾아내고 정비하여 실제 물품과 장부 수량과의 차이를 일치하도록 문제점을 발견하여 개선하는 것이다.

(1) 재고조사의 목적

① 재고 자산의 정확한 수량 파악, 금액 평가, 손실 방지
② 장부 전산 재고와 현장 실물 재고 간 차이, 차이의 원인, 이유 및 정도를 파악하여 재발 방지 조치
③ 재고수준 및 목표 설정, 추이 관리
④ 자산평가, 손실예방, 수불업무의 정확화
⑤ 품질 변화 등 사장품 색출, 잉여품 전환 관리
⑥ 보관 운영 효율화로 위치 정, 상태 점검, 저장 시설의 적합성, 운반 장비 개선 및 정비, 적재방법 개선, 포장방법 개선, 이용률 향상, 불합리한 사항 제거
⑦ 기본 목적은 차이 최소화, 재고 최소화, 문제점 발견 및 개선, 원가 절감, 기업목표 달성

(2) 재고조사의 종류/주기/범위/방법

① 정기 재고조사, 수시로 필요할 때마다 실시하는 부정기 재고조사
② 출하를 중지하고 하는 폐창식 재고조사, 출하면서 하는 개창식 재고조사
③ 조사 주기에 따라 1일, 주간, 월, 분기, 반기, 연간 재고조사
④ 범위에 따라 창고 내, 공장 내, 사내, 사외, 전사, 국외 재고조사
⑤ 대상에 따라 원재료, 재공품, 반제품, 제품, 상품, 부산물, 파손품, 소모품 재고조사
⑥ 목적에 따라 수량 파악 재고조사, 문제점 파악 재고조사, 결산 재고조사
⑦ 구역에 따라 일제 조사, 구역별 조사, 순환 조사, 상시 순환 조사 등으로 구분한다.

2 재고기록 조정

(1) 재고기록 조정의 개념

① 재고기록 조정은 재고조사를 통해 발견된 재고기록의 과부족수량을 일정한 절차에 따라 조정하는 과정이다.

② 재고조사는 재고품목과 수량을 파악하고 재고상태를 확인해 재고관리 활동의 유효성을 확인하는 데 의의가 있다.

③ 재고기록과 실제 기록이 상이한 경우, 즉 재고수량의 과부족은 기록의 오류, 관리의 소홀, 물품 특성에 의한 파손 및 분실 등의 원인으로 발생한다.

④ 재고기록의 조정은 재고통제 부서와 재고기록 담당자가 절차에 따라 시행하되 승인권자의 승인을 받는다.

(2) 재고기록 주요 조정사항

① 출납기록 착오: 재고품목의 입출고 과정에서 담당자가 품목별 수량, 품목명, 계정과목 등을 출납기록부나 ERP 시스템에 잘못 기록하거나 입력하여 올바르게 정정해야 함

② 과거 기록의 누락과 오류: 과거에 원인을 알 수 없는 이유로 기록이 누락되거나 잘못된 오류에 대해서는 담당자의 귀책사유를 확인하고 승인권자의 조치가 필요함

③ 조립품의 분해 또는 조립에 의한 오류: 특정 사유로 인해 조립품을 분해하거나 부품을 조립한 경우에 변동된 수량에 대한 재고기록을 조정함

3 재고자산 평가

(1) 재고자산 평가의 의의

① 재고자산 평가의 개념: 재고자산이란 정상적인 영업과정에서 판매를 위하여 보유하거나 생산과정에 있는 자산 및 생산 또는 서비스 제공과정에 투입된 원재료나 소모품의 형태로 존재하는 자산이다.

② 재고자산의 유형
  • 상품: 판매를 목적으로 구입한 상품, 미착상품, 적송품 등
  • 제품: 판매를 목적으로 제조한 생산품·부산물 등
  • 반제품: 자가 제조한 중간제품과 부분품 등
  • 재공품: 제품 또는 반제품의 제조를 위하여 제공과정에 있는 것

- 원재료: 원료, 재료, 매입 부분품, 미착원재료 등
- 저장품: 소모품, 소모공구 기구, 비품, 수선용 부분품 및 기타 저장품 등

✅ CHECK 재고자산 평가
- 재고자산의 매출원가는 기업의 이익을 결정하는데 가장 중요한 비용
- 재고자산의 당기매입액과 기초 및 기말 재고액을 통하여 매출원가를 산출
- 재고자산 평가는 기말재고의 자산가액과 매출원가를 결정하는데 매우 중요한 활동

③ 재고자산 평가는 아래의 그림과 같이 재고등식이 성립함을 의미한다. 매출원가를 먼저 결정하면 나머지 금액은 자동적으로 기말재고액이 되는 것이며, 반대로 기말재고액을 먼저 결정하면 나머지 금액은 당기의 매출원가가 된다는 의미이다. 즉, 기초재고액 + 당기매입액 = 매출원가 + 기말재고액

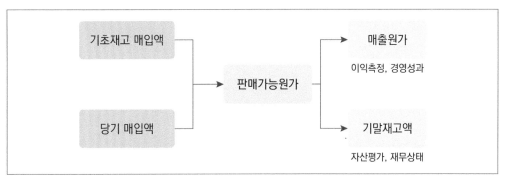

▲ 재고자산 평가의 의미

(2) 재고자산의 기록방법

① 계속기록법
- 재고자산의 입출고 시 재고의 증감수량과 금액을 재고수불 기록부에 계속해서 기록하거나 입력하는 방법으로서 거래가 빈번하지 않을 때 적용함
- 기록부에 기재된 내용으로 재고자산의 수량을 파악하므로 장부재고 조사법이라고도 함
- 문제점: 보관과정 중에 발생하는 도난, 분실, 파손 등의 손실이 기말재고수량에 포함되지 않으면 실제 재고수량보다 기말재고수량이 더 많을 수 있으므로 매출원가가 과소평가되어 당기 매출이익이 크게 나타남. 즉, 실제 기말재고수량을 정확히 알 수 없다는 의미임
- 따라서 정확한 재고관리와 재고자산의 감모수량을 파악하기 위해서는 실지재고조사법과 계속기록법을 같이 사용해야 함. 즉, 기말재고수량 결정 후, 이를

실지재고조사에 의한 기말재고수량과 비교하여 실지재고수량이 장부재고수량
보다 적을 때 그 차이를 감모수량으로 파악할 수 있음

> • 당기 매출수량 = 장부상의 매출수량
> • 기말재고수량 = 기초 재고수량 + 당기 매입수량 – 당기매출량
>   = 판매가능 재고수량 – 실제 판매수량
> • 기말재고액 = 기초 재고액 + 당기 매입액 – 매출원가
>   = 총 판매가능원가 – 매출원가

② 실지조사법
- 재고자산의 입출고를 일일이 기록하지 않고 기말에 재고조사를 실시하여 기말
재고수량과 당기의 매출수량을 파악함
- 결산일(마감일) 현재 출고기록이 없어서 기말재고로 파악되지 않는 수량, 즉 재
고자산으로 남아 있지 않는 것은 당기에 모두 매출된 수량으로 간주함
- 문제점
  - 실제매출수량을 정확하게 파악 못함: 종속적으로 당기의 매출수량이 결정
되므로 당기에 발생한 도난이나 증발 및 파손 등에 의한 상품의 감모수량
이 모두 판매된 상품수량에 포함되므로 매출원가가 과대평가되고 당기 매
출이익이 작게 나타나게 됨
  - 매입내역만 기록할 뿐 매출수량과 매출일자 등을 기재하지 않으므로 매출
시점 이후에 매입한 상품도 판매된 것으로 간주될 수 있어 판매 가능한 상
품원가 전부를 원가 배분 범위로 취급
  - 모든 매출은 모든 매입이 이루어지고 난 후에 이루어진 것으로 간주함
  - 당기 중의 상품매출 시점에서는 원칙적으로 매출원가를 알 수 없게 되며,
결산일에 일괄하여 판매 가능한 상품의 원가에서 기말재고액을 차감함으로
써 매출원가 산정함

> • 기말재고량 = 실지 재고조사로 파악한 수량
> • 당기 판매수량 = 기초 재고수량 + 당기 매입수량 – 기말재고수량
>   = 판매가능 재고수량 – 기말재고수량
> • 매출원가 = 기초 재고액 + 당기 매입액 – 기말재고액

▶▶ 필수예제

01

아래의 자료에 기초하여 재고자산 기록방법 중 실지조사법에 따라 당기매출량을 계산하면?

- 실지재고조사로 파악한 수량: 12개
- 기초재고량: 7개
- 당기매입량: 22개

해설 기말재고량 = 실지재고조사로 파악한 수량이므로 = 12개
당기매출량 = 기초재고량 + 당기매입량 - 기말재고량
= 7개 + 22개 - 12개 = 17개 답 17

02

아래 자료는 재고자산기록법 중에서 실지조사법을 적용하여 파악된 재고자산 자료이다. 매출원가를 계산하면?

- 실지 재고조사로 파악한 재고액: 200
- 기초재고액: 300
- 당기매입액: 500

해설 매출원가 = (기초재고액 + 당기매입액)-기말재고액
= 300 + 500 - 200 = 600 답 600

(3) 재고자산 평가방법

① 재고자산 평가방법의 의의
- 재고자산은 매입시점별로 단위원가가 다르므로 매출원가와 기말재고단가를 결정하기 위해서는 매입원가의 적절한 배분이 필요
- 재고자산의 평가방법은 크게 원가법과 저가법으로 구분
- 원가법: 재고자산의 취득원가를 기준으로 자산가액을 평가
- 저가법: 재고자산의 현실적인 가치, 즉 순 실현가능가액이 취득원가보다 하락한 경우에는 순 실현가능가액으로 자산가액을 평가하는 방법
- 원가법에 의한 재고자산 평가방법으로는 개별법, 선입선출법, 후입선출법, 총평균법, 이동평균법 등이 있음

② 재고자산 평가방법의 유형
- 개별법(Specific Identification Method)
  - 재고자산 품목 각각에 대하여 구입가격을 기록한 후, 그 재고자산이 판매되었을 때 구입가격을 매출원가로 기록하는 방법

- 원가의 흐름과 실물의 흐름이 일치하는 이상적인 방법이나 재고자산 종류가 많고 거래가 빈번한 경우에는 사용이 번거롭고 관리비용이 많이 소요됨
- 단, 귀금속이나 특수기계를 주문 생산하는 경우 등과 같이 제품별로 원가를 식별할 수 있을 때에 적용함

- 선입선출법(First-in First-out Method)
  - 물량의 실제 흐름과는 관계없이 먼저 매입한 재고자산을 먼저 판매한 것으로 가정하여 매입원가를 매출원가에 적용하는 방법
  - 매출원가는 먼저 매입된 재고자산의 원가가 순차적으로 배분되며, 반면 기말재고자산액은 나중에 매입된 원가가 적용됨
  - 매출원가가 과거의 매입단가로 결정되므로 매입가격 상승기에는 매출이익이 상대적으로 크게 나타남

- 후입선출법(Last-in First-out Method)
  - 최근에 매입한 재고자산을 먼저 판매한 것으로 가정하여 매입원가를 매출원가에 적용하는 방법
  - 매출원가는 최근 매입된 재고자산의 원가가 순차적으로 배분되며, 반면 기말재고자산액은 가장 먼저 매입된 원가가 적용되므로 현행 가치를 나타내지 못함
  - 매입가격 상승기에는 매출이익이 상대적으로 작게 산정되며 기말재고자산액은 최소액으로 평가됨

- 총평균법(Total Average Method)
  - 일정기간(회계기간) 단위로 품목별 총평균원가를 산출하는 방법
  - 기초재고액과 당기 매입재고액의 합계액을 그 자산의 총수량으로 나눈 평균단가에 따라 산출한 취득금액을 그 자산의 평가액으로 함
  - 계산이 간편하고 매출원가가 동일하게 적용됨
  - 총평균법은 실지재고조사법 하에서의 평균법이라고 할 수 있음

> 총평균 단가 = (기초 재고액 + 당기 매입액) / (기초재고량 + 당기매입량)

- 이동평균법(Moving Average Method)
  - 재고자산이 입고될 때마다 재고자산가액의 새로운 평균을 산정하여 매출원가에 적용하는 방법, 즉 자산 취득 시 장부재고금액을 장부재고수량으로 나누어 평균단가를 산출하고 평균단가에 의해 산출한 취득금액을 그 자산의 평가액으로 함

– 매출원가는 매입이 있을 때마다 달라지며, 추가 매입이 발생할 때까지는 동일한 매출원가가 유지됨

> 이동평균 단가 = (매입직전 재고액 + 신규 매입액) / (매입직전 재고량 + 신규 매입량)

아래는 재고자산평가 방법 중에서 총평균법과 이동평균법의 재고단가 계산식이다. (㉠)과 (㉡)에 들어갈 적절한 내용은 무엇인가?

- 총평균단가 = [기초재고액 + (㉠)액] / [기초재고량 + (㉠)량]
- 이동평균단가 = (매입직전재고액 + (㉡)액) / (매입직전재고량 + (㉡)량)

해설
- 총평균단가 = (기초재고액 + 당기매입액) / (기초재고량 + 당기매입량)
- 이동평균단가 = (매입직전재고액 + 신규매입액) / (매입직전재고량 + 신규매입량)

③ 재고자산 평가방법의 크기 비교
- 매입가격 상승기(인플레이션)를 전제로 각 재고평가방법의 결과 비교
- 기말재고자산가액 크기: 선입선출법 > 이동평균법 > 총평균법 > 후입선출법
- 매출원가 크기: 후입선출법 > 총평균법 > 이동평균법 > 선입선출법
- 매출 총이익 크기: 선입선출법 > 이동평균법 > 총평균법 > 후입선출법

06 창고관리

1 창고관리의 개념

(1) 창고의 의미
① 창고(WareHouse)란 '물품을 보관하는 시설'
② 창고는 고객의 구매 시점에 결품없이 신속·정확하게 공급하는 것이 주목적
③ 생산·공급 시점과 구매 시점이 다르기 때문에 창고에 재고를 두고 상품을 공급
④ 창고가 주된 용어이며, 상황에 따라 물류센터도 관습적으로 사용

(2) 창고의 기능
① 주문 출하 시 신속 대응하는 서비스 기능

② 구매 조달 시점, 생산 시점, 판매 시점의 조정 완충 기능

③ 대량구매, 대량생산, 대량수송 등의 대량화에 따른 소량 공급에 대한 완충 기능

④ 집하, 분류, 재포장, 검품, 유통 가공 등 유통판매 지원 기능

⑤ 성수기·비수기, 계절적 차이 등의 수급조정 기능

⑥ 물품을 연결하는 거점적 기능

⑦ 수요환경 변화에 신속 대응하는 기능

2 창고관리시스템

(1) 창고관리시스템의 의의

① 창고관리시스템(WMS: WareHouse Management System)이란 '창고를 관리하는 전문 종합정보시스템'

② 창고 내에서 이루어지는 물품의 입출고관리, 로케이션 관리, 재고 관리, 피킹, 분류, 차량관리 지원, 인원 관리, 작업 관리, 지표 관리 등을 수행하는 정보시스템

(2) 창고관리시스템의 목적

① 창고관리의 효율 향상

② 재고수량 및 금액 관리의 자동계산 효율 향상

③ 창고보관 관리의 가시화

④ 실물(현장) 재고와 장부(전산) 재고와의 차이 일치화

⑤ 보관 면적, 체적의 효율성 극대화

⑥ 피킹 작업의 정확도 및 효율성 향상

⑦ 선입선출의 정확한 실시

⑧ 창고 내 포장 보관관리의 정확도 및 효율성 향상

3 입출고관리

(1) 입고관리

① 입고의 개념
- 입고는 발주, 작업지시 또는 필요에 의하여 정해진 보관 위치로 납품되는 절차
- 입고 적치는 지정된 보관 장소에 물품을 넣고 쌓아 두는 활동
- 입고관리란 지정된 보관 장소인 창고에 물품을 넣고 적치하는 입고 업무를 계획하고 통제하는 활동

② 입고업무 프로세스

- 창고 입고업무 프로세스

- 입고활동
  - 주문 마감 구매계획에 따라 구매부서에서 공급 협력사에 발주
  - 입고 통보 접수: 발주품목에 대한 구매부서와 협력사로부터 입고 통보
  - 입고 계획수립: 입고 수량, 작업방법, 작업 담당자, 검사 방법, 창고 적치 위치 등을 계획
  - 입하·하차 운반: 물품을 실은 차량이 창고로 들어온 후, 차량에서 물품을 내리는 활동으로 대기 및 작업시간 단축을 위한 효율적인 관리가 필요
  - 검사(검품·검수): 검사는 수량을 확인하는 검수, 품질을 검사하는 검품으로 구분할 수 있으며, 합격·불합격으로 결과 판정
  - 입고 지시: 검사 결과 합격되면 입고를 지시하며, 입고 지시는 품목별 수량, 적치 위치(로케이션), 작업방법, 유의사항 등이 포함
  - 운반·입고 적치: 입고 적치된 물품은 재고가 되며, 재고관리 대상이 됨
  - 입고 마감: 품목별 수량, 적치 위치(로케이션), 특이사항 등을 기록 보고하고 마감 처리를 하여 입고 작업을 완료

(2) 출고관리

① 출고의 개념

- 출고란 '창고에서 물품을 꺼낸다'는 뜻으로, 재고를 출고지시서·주문(오더)서를 근거로 꺼내는 작업
- 출고관리란 '지정된 보관 장소인 창고에서 물품을 피킹·분류·검사·출하하는 출고업무를 계획하고 통제하는 활동

② 출고업무 프로세스

- 창고 출고업무 프로세스

주문·출하 요청	⇨	주문 마감 집계	⇨	출고계획 수립	⇨	출고 지시	⇨
피킹	⇨	분류	⇨	검사(검품·검수)	⇨	출하 포장	⇨
상차 적재	⇨	출하 이동	⇨	출고 마감			

- 출고활동
  - 주문·출하 요청: 생산 또는 판매계획에 따라 생산·판매·영업 부서나 고객·거래처로부터 주문 출고 요청이 접수되며, 주요 내용은 품목, 수량, 출고 단위, 일정(납기), 출고 장소 등
  - 주문 마감 집계: 생산부서·고객·거래처로부터 주문·출하 요청을 받고 마감하여 주문량을 거래처별·품목별로 집계
  - 출고계획 수립: 고객·거래처별, 품목별로 집계한 주문 현황을 기준으로 품명, 품목 코드, 출고 단위, 필요량, 출고량, 과부족, 로케이션 위치 번호, 배부 할당, 출고 방법, 주의사항, 특기사항 등을 기록한 출고계획을 수립
  - 출고 단위는 고객 요구 및 거래단위 조건에 따라 달라지며, 크게 팰릿·박스·낱개(피스) 단위로 구분되고, 이에 따라 피킹·분류·적재 등의 작업이 완전히 달라지게 됨
  - 출고 지시: 출고 계획에 따라 출고 지시서를 발행하여 출고 담당자에게 출고를 지시하며, 품목별 수량, 재고 위치(로케이션), 작업방법, 유의사항 등이 포함
  - 출고 피킹(오더 피킹): 출고 지시서에 따라 해당 물품을 창고에 보관된 재고에서 골라 꺼내는 활동이며, 고객별·품목별·물품 형태별·규모별 등으로 다양하고 복잡하여 업무처리 효율성이 중요함
  - 분류: 재고에서 피킹된 물품을 고객별·차량별·지역별·용도별 등으로 구분하여 분류하는 작업으로 병목현상을 해소하기 위해 다양한 분류설비(Sorting Machine)와 시스템을 도입하여 운영함
  - 출고 검사: 피킹 후, 분류된 물품에 대한 검수 또는 검품 등의 검사를 거치며 합격품이 출고됨
  - 출하 포장: 출고 검사를 마친 합격품에 대해 운송 중 손상이 없도록 고객과

약속된 유닛로드시스템(ULS: Unit Load System) 또는 출하 포장으로 출고

- 상차 적재: 출고된 물품을 출하하기 위하여 차량 등에 싣는 작업이며, 상차 적재는 싣기 쉽고, 거래처에 도착하여 차량으로부터 내리기 쉽게 가까운 거래처 물품을 출입구 가까운쪽에 싣는다.
- 출하 이동: 출하 상차가 완료되면 목적지별로 출하 전표를 소지하고 출하 이동
- 출고 마감: 출고가 완료되면 거래처별로 품목, 수량, 특이사항 등을 기록 보고하고 출고 마감 처리

4 창고보관

(1) 보관의 개념

① 보관(Storage)이란 '물품을 일정한 장소에서 품질 수량 등의 유지와 적절한 관리 아래 일정기간 저장'하는 활동을 의미

② 보관의 기본원칙

- 통로 대면의 원칙: 창고 내의 흐름을 원활히하도록 통로를 중심으로 마주보게 보관
- 높이 쌓기의 원칙: 창고 보관 효율을 높이기 위하여 랙을 이용하여 물품을 높게 쌓는 원칙
- 선입선출의 원칙: 먼저 입고된 물품을 먼저 출고한다는 원칙이며, 재고 회전율이 낮은 품목, 모델 변경이 잦은 품목, 라이프사이클이 짧은 품목, 파손·감모가 쉬운 품목 등이 주요대상
- 명료성의 원칙: 보관 물품을 쉽게 찾을 수 있도록 명료하게 보관하는 원칙
- 위치 표시의 원칙: 보관 적치한 물품의 위치를 표시
- 회전 대응의 원칙: 입출고 빈도가 높은 화물은 출입구에 가까운 장소에 보관하고, 낮은 경우에는 먼 장소에 보관
- 동일성 및 유사성의 원칙: 동일 물품은 동일 장소에 보관하고 유사품은 가까운 장소에 보관하는 원칙
- 중량 특성의 원칙: 무겁고 대형의 물품은 출입구 가까운 쪽에, 그리고 아래쪽에 보관하여 보관 및 작업 효율을 높이는 원칙
- 형상 특성의 원칙: 표준화된 물품은 랙에 보관하고, 표준화되지 않은 물품은 모양이나 상태에 따라 보관하는 원칙

- 네트워크 보관의 원칙: 보관 물품의 상호 관련 정도에 따라 연계하여 보관 장소를 정하는 원칙

(2) 창고 배치관리

① 창고 배치의 의미
- 창고 배치(레이아웃, Layout)란 '창고 안에 물품을 일정한 공간과 구역으로 구분하여 저장하는 것'을 의미함
- 창고 배치는 창고 내 공간을 용도나 목적에 따라 특정한 구역과 장소로 구분하고 재고의 특성을 고려하여 적절한 구역과 장소에 저장하는 것'을 의미함

② 창고 레이아웃의 기본 원칙
- 창고 내 면적과 공간을 효율적으로 배치
- 입출고 작업이 쉽고 편하게
- 고객 주문에 신속 대응 가능하도록
- 눈으로 보는 관리
- 동선 경로가 짧게
- 출구 쪽으로부터 출하 빈도가 많은 품목순으로 배치
- 중량물이나 오염시킬 품목은 출구 가까운 쪽, 그리고 아래쪽에 배치
- 출고량, 출고 빈도 등을 기준으로 ABC분석을 하여, 중요도 순에 따라 중점 관리가 가능하도록 배치

③ 창고 레이아웃의 기본 원리
- 흐름 방향의 직진성의 원리: 물품, 통로, 운반 기기 및 사람 등의 흐름 방향은 직진성에 중점
- 물품, 사람, 운반 기기의 역행·교차 없애기: 역행이나 통로의 교차는 통로 점유율이 높아지는 원인
- 취급 횟수 최소화: 물품의 임시 저장 등으로 취급 횟수가 증가하지 않도록 유의
- 높낮이 차이의 최소화: 물품의 흐름 과정에서 크기 및 높낮이 차이를 최소화
- 모듈화·규격화 고려: 하역 운반 기기, 랙, 통로 입구 및 기둥 간격의 모듈화 등을 시도하여 보관 및 작업효율을 높여야 함

(3) 창고 위치관리

① 창고 위치관리의 의미: 창고 위치(로케이션, Location)관리는 재고를 효율적으로 찾기 쉽고 꺼내기 쉽도록 창고 배치 구역이나 장소에 주소를 부여하는 활동을 의미

② 창고 위치관리 방식의 선정

- 고정 위치 방식: 정해진 위치에만 특정 재고를 보관하는 방식. 기준보다 많은 재고수량은 별도 보관할 수도 있으며, 재고회전율이 높은 A품목에 적합한 방식
- 자유 위치 방식: 재고를 보관할 위치를 작업자나 자동 시스템이 자유롭게 빈 공간을 선택하여 보관하며, 재고회전율이 낮은 품목에 적합한 방식
- 고정 자유 병행 위치 방식: 특정한 품목군에 대하여 일정한 보관 구역을 설정하지만 그 구역 범위 이내에서는 자유롭게 위치를 선택하는 절충식 보관 방식

07 운송관리

1 운송계획의 의의

(1) 운송의 개념

① 운송은 원재료의 공급자로부터 고객에게 완제품이 인도될 때까지 한 지점에서 다른 지점으로 원자재·반제품·제품 등을 이동시키는 활동

② 수송은 생산공장, 수입처에서 중앙물류센터 간, 또는 중앙물류센터에서 지역물류센터 간 등의 원거리 거점 간의 대량 화물을 이동시키는 활동으로 운송과 동일하게 사용하기도 함

③ 배송은 지역물류센터로부터 소량의 물품을 소형 트럭 등을 이용하여 고객·소비자에게 전달하는 활동

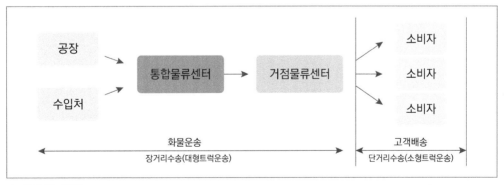

▲ 운송의 영역

(2) 운송계획수립

① 운송계획의 목적은 최소의 총비용으로 고객 만족도를 최대한 높이는 운송서비스 제공

② 운송 총비용: 운송비용과 재고비용은 상충관계에 있으므로 여러 운송수단 중에서 고객서비스 수준을 만족하면서 총비용이 가장 적게 드는 운송수단을 선택해야 함
 • 운행비용 = 고정비 + (거리 × 거리당 연료비) + (시간 × 인건비)
 • 재고비용 = 주문비(생산 준비비) + 재고유지비 + 재고부족비

③ 운송 서비스: 운송 서비스는 비용 이외에 속도와 신뢰성이 가장 중요한 요소이며, 속도는 평균 운송시간을, 신뢰성은 운송시간의 변동성을 의미함

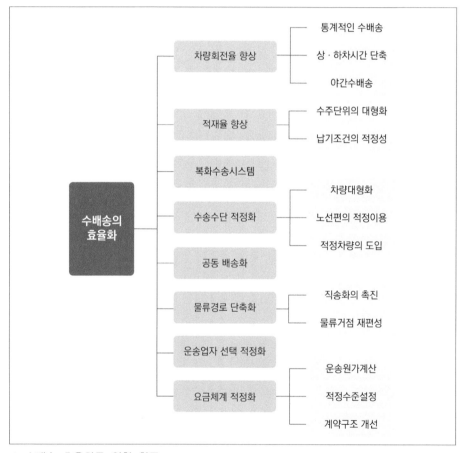

▲ 수배송 효율화를 위한 활동

❷ 운송계획 제약요인

운송계획 수립 시에 운송수단, 운송경로, 운송방식 등의 제약요인을 고려

(1) 운송수단 결정

운송수단 선택에 영향을 미치는 주요 요인은 운송비용, 운송시간, 운송수단의 신뢰성 등

(2) 운송경로 결정

① 도로, 철도, 해상, 항공 등에서 운송비용, 시간이나 거리를 최소화할 수 있는 최상의 운행경로를 찾는 문제

② 운송경로 최적화 방법

- 단일 출발지와 단일 목적지인 경우: 최단 경로법(Shortest Route Method) 해법 적용
- 복수 출발지와 복수의 목적지인 경우: 각 공급지에 목적지를 할당하여 경로 최적화
- 출발지와 목적지가 동일한 경우: 외판원 문제(Traveling Salesman Problem) 해법 적용

③ 최단 경로법(Shortest Route Method)

▶▶ 필수예제

출발지 A에서 도착지 H로 가는 최단 경로

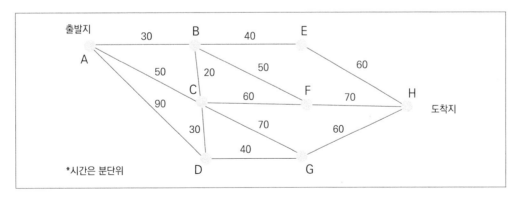

▼ 최단 경로법을 이용하여 해를 구하는 과정

단계	해결된 최종 노드	가장 근적한 미해결 노드	전체 소요 시간	가장 근적한 노드	최소 소요 시간	최종 연결선
1	A	B	30	B	30	AB*
2	A	C	50	C	50	AC
	B	C	30 + 20=50			
3	A	D	90	E	70	BE*
	B	E	30 + 40=70			
	C	D	50 + 30=80			
4	A	D	90	D	80	CD
	C	D	50 + 30=80			
	E	H	30 + 40 + 60=130			
5	D	G	50 + 30 + 40=120	G	120	DG
	E	H	30 + 40 + 60=130			
6	E	H	30 + 40 + 60=130	H	130	EH*
	G	H	50 + 30 + 40 + 60=180			

※ (결론) 최단경로는 A → B → E → H, 최소시간은 130분(= 30 + 40 + 60)

(3) 운송방식 결정

① 운송방식은 거점을 연계하는 경로와 운송수단을 고려하여 계획

② 운송방식의 유형

- 직배송 방식: 생산지에서 수요지로 하나의 트럭을 할당하여 운영하는 방식으로 1회 운송량이 충분할 경우 매우 효과적인 방식
- 순환배송 방식: 1회 운송량이 많지 않을 경우 여러 목적지의 화물을 하나의 트럭이 처리하는 방식
- 물류거점 간 차량공유 방식: 다수의 물류거점이 운송차량을 공유하여 차량의 공차율을 낮추는 방식

3 운송수단

(1) 운송수단의 유형

① 화물 운송수단의 유형은 화물 차량, 철도, 선박, 항공 운송 및 파이프라인 운송 등 5가지로 구분

② 운송수단 유형별 특성비교

구분	화물 차량	철도	항공	선박	파이프라인
운송량	중·소량 화물 단·중거리	대량·중량화물, 중·원거리	중·소량·고가화물 원거리	대량·중량화물, 중·원거리	대량, 중·원거리
운임	단거리 운송. 탄력적	중거리 운송, 경직적	가장 비싸며, 경직적	원거리 운송, 탄력적	가장 저렴, 경직적
기후	기후 영향 조금 받음	전천후 운송수단	악천후 운행 불가	기후 영향 많음	기후 영향 가장 적게 받음
안정성	조금 낮음	높음	낮음	낮음	매우 높음
중량 제한	있음	거의 없음	있음	없음	있음
일관 운송	쉬움	미흡함	어려움	어려움	쉬움
중량	있음	없음	있음	없음	있음
운송 시간	보통	다소 길다	매우 짧다	매우 길다	다소 길다
화물 수취	편리	불편	불편	불편	불편

(2) 운송수단의 장단점

① 화물 차량 운송

장점	단점
• 문전 배송(Door to door) 가능 • 화물의 파손과 손실이 적음 • 근거리, 소량 운송의 경우 유리 • 일관 운송 가능, 자가 운송이 용이 • 운송 도중 적재 변동이 적음 • 시기에 맞는 배차가 용이 • 하역비·포장비가 비교적 저렴	• 장거리 운행 시 운임 고가 • 교통사고와 공해로 사회적 문제 발생 • 중량 제한이 많아 운송 단위가 작음 • 운행 중 사고 발생률이 높음 • 대량 화물 운송에 부적합

② 철도 운송

장점	단점
• 중·장거리 대량 운송에 적합하고 중·장거리 운송시 운임이 저렴함 • 중량에 제한을 받지 않음 • 비교적 전천후 교통 수단임(기상·기후의 영향을 적게 받음) • 계획 운송이 가능 • 철도망을 이용한 전국적인 네트워크 구축 • 사고 발생률이 낮아 안정적인 운송수단임	• 고객별 자유로운 운송 요구에 적용이 곤란 • 운임의 융통성이 낮음 • 차량 운행 시간의 사전 계획에 의해 적기 배차의 어려움 • 화주의 문전 수송을 위하여 부가적인 운송수단 필요 • 화차 용적에 대비한 화물의 용적에 제한

③ 선박 운송

장점	단점
• 대량 운송 시 전용선과 전용 하역 장비를 이용한 신속한 운송 및 하역작업 가능 • 화물의 크기나 중량에 제한을 받지 않음 • 화물 운송을 위한 설비의 투자가 불필요(도로·선로 등) • 대량이나 중량 화물의 장거리 운송에 적합하고, 장거리 운송 시 운임이 저렴	• 다른 운송수단에 비해 운항 속도가 느려 운송 기간이 많이 소요됨 • 항구(항만) 시설 구축비와 하역비가 비쌈 • 운송 중 기상 상황에 따라 화물 손상 사고가 많이 발생함 • 화물 안전 운송을 위한 포장비용이 많이 듦

④ 항공 운송

장점	단점
• 화물의 운송 속도가 매우 빠름 • 고가, 고부가가치 소형 상품의 운송에 유리함 • 화물의 손상이 적고 포장이 간단하여 포장비가 저렴함 • 납기가 급한 긴급 화물이나 유행에 민감한 화물, 신선도 유지가 요구되는 품목 • 운송에 적합	• 운임이 고가이며, 중량에 제한이 있음 • 기상의 영향이 크며, 이용 가능 지역이 제한됨(항공기 이착륙 가능 지역만 가능) • 대량 및 대형 화물의 운송이 곤란함 • 운송의 완결성이 부족함

⑤ 파이프라인 운송

장점	단점
• 연속하여 대량 운송이 가능함 • 용지 확보가 유리하며, 유지비가 저렴함 • 컴퓨터 시스템에 의한 완전 자동화로 높은 안전성을 유지함 • 환경 친화적인 운송수단으로 평가	• 이용 화물의 제한(유류, 가스 등 액체, 기체제품) • 송유관 설치 장소 등 특정 장소에 한정 • 용지 확보 및 라인 설치 등 초기 시설 투자비가 많이 소요됨

4 완제품 운송경로

(1) 운송경로 유형

1) 공장 직송 방식

공장 → 고객

2) 중앙 집중 거점 방식

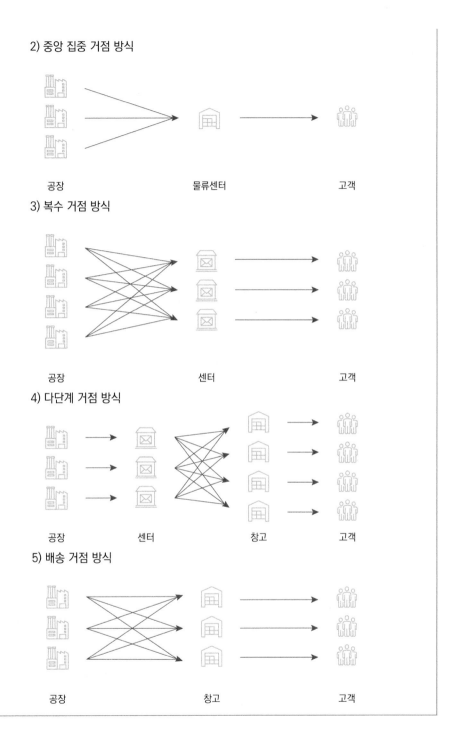

공장　　　　　　　　　물류센터　　　　　　　고객

3) 복수 거점 방식

공장　　　　　　　　　센터　　　　　　　　　고객

4) 다단계 거점 방식

공장　　　　센터　　　　　　　창고　　　　　　고객

5) 배송 거점 방식

공장　　　　　　　　　창고　　　　　　　　　고객

(2) 운송경로 유형별 장단점

구분	장점	단점
공장직영 운송방식	발송 화주에서 도착지 화주 직송 (원스톱 운송)	운송차량의 차량 단위별 운송물동량 확보(대량 화물 운송 적합)
중앙 직줍 거점 방식	다수의 소량 발송 화주가 단일화주에게 일괄 운송	다수의 화주로부터 집하하여 단일 거래처(소비자) 전제
복수거점 방식	화주별·권역별·품목별로 집하하여 고객처별 공동 운송	물류거점을 권역별 또는 품목별 운영이 요구됨
다단계 거점 방식	권역별·품목별 거래처(소비지)밀착형 물류거점 운영, 거래처(소비자) 물류 서비스 만족도 향상	물류거점 및 지역별 창고 운영으로 다수의 물류거점 확보 및 운영비 가중
배송거점 방식	고객처별 물류거점 운영으로 고객대응 신속한 대응가능(물류 서비스 만족도 높음)	고객 밀착형 물류거점 설치로 다수의 물류거점 확보 및 운영비 가중

(3) 효율적인 운송경로 선정을 위한 고려사항

① 운송화물의 특성

② 리드타임: 수주부터 납품까지의 기간 또는 당해 수주부터 다음 수주까지의 소요 기간

③ 운송차량의 적재율

④ 운송 물동량 파악을 통한 차량 수단과 필요 대수

⑤ 운송수단의 선택

⑥ 수·배송 범위와 운송경로

⑦ 수·배송의 비율

⑧ 운송료 산정 기준

⑨ 고객서비스 수준

(4) 운송화물 이력추적관리 시스템

소량 다빈도 운송 서비스의 증가와 도심의 교통 체증 현상은 제품을 예정시간 이내에 도착시키기 위한 운행 중 차량관제에 대한 필요성이 한층 더 강조되고 있다. 따라서 관제의 개념과 목적, 기대 효과, 방법론 등에 대한 이해와 학습을 통하여 차량의 효율적 운행정보 분석과 운영을 할 수 있도록 해야 한다.

① 운송화물 이력추적시스템 개념
- 차량의 위치추적 및 차량과의 통신을 위한 차량관제 시스템이다.
- 기존 범지구 위치결정시스템(GPS: Global Positonig System)·지리정보 시스템(GIS: Geographic Information System)·주파수 공용통신(TRS: Trunked Radio Service) 시스템을 이용하여 차량 및 화물 정보를 추적하여 운행 관리 및 고객 정보 서비스를 위한 기본적인 인프라이다.
- 이를 통하여 차량 및 화물의 신속·정확한 이력추적 및 관리 등의 운송정보를 제공하여 고객 만족을 향상시킬 수 있다.

② 운송화물 이력추적 관리의 목적
- 운송 통제를 실행하기 위하여 차량과 실은 제품의 운행정보를 실시간으로 관리하는 것이다.
- 차량의 운행 결과에 대한 통계 집계·분석하는 것이다.
- 분석된 차량의 운행정보를 고객에게 제공하는 것이다.

③ 운송화물 이력추적 시스템의 효율화를 위한 선결 과제
- 최고 경영자의 지대한 관심과 계속적인 지원이 요구되며, 실무 관리자 및 운전자의 참여 의식이 높아야 한다.
- 적절한 유통 재고량을 유지하고, 정확한 물류 계획을 세우기 위하여 수주에서 출하까지 작업의 표준화, 효율화를 통하여 주문의 정확성, 안정화가 이루어져야 한다.
- 운영시스템 유지 보수 담당 인력의 육성과 확보가 필요하며, 공정한 성과평가 제도 도입을 통해 구성원의 내부 만족과 고객만족이 이루어져야 한다.

④ 운송화물 이력추적의 기대효과(물류 담당자 관점)
- 적재효율 증대를 통한 복화 운송비율 증대
- 공차율 감소를 통한 차량의 회전율 향상
- 운행경로의 최적화를 통한 이동 시간 단축
- 운송정보 통계, 분석을 통한 시간, 요일, 월간, 계절별의 차량 배차 활용도 제고

⑤ 운송화물 이력추적의 기대효과(고객사 관점)
- 차량의 예측 가능한 운행 중 정보를 파악하여 도착시간을 사전에 예측할 수 있으며, 이에 따른 후속 공정을 효율적으로 처리할 수 있다.
- 차량의 운행 중에 발생된 전이나 전도사고 등의 돌발 상황을 실시간으로 파악할 수 있으며, 이에 따른 후속 공정을 효율적으로 처리할 수 있다.

01
2018년
3회

공급망 관리 유통 경로상의 하류에 해당하는 소매상에서 고객의 수요가 유통 경로상의 상류인 도매상과 제조업자에 이르면서 수요 정보가 왜곡되고 확대되는 현상을 가리키는 용어로 가장 올바른 것은?

① 네트워크효과
② 학습효과
③ 채찍효과
④ S커브곡선

해설 채찍효과

공급망의 하류에 해당하는 소매상에서의 고객수요가 도매상으로, 도매상에서 제조기업으로, 제조기업에서 원재료 공급자까지 공급망의 상류로 이어지면서 수요예측의 왜곡과 주문이 확대되고 누적되어 가는 현상으로, 잦은 수요예측의 변경, 배치주문방식, 가격변동, 리드타임 증가, 과도한 발주 등이 원인이다.

답 ③

02
2018년
3회

공급망운영참조(SCOR)모델에서 정의하고 있는 공급망운영 프로세스 5단계를 적절하게 나열한 것은 무엇인가?

① 계획(Plan) – 조달(Source) – 생산(Make) – 배송(Deliver) – 반품(Return)
② 계획(Plan) – 조달(Source) – 생산(Make) – 배송(Deliver) – 보관(Stock)
③ 계획(Plan) – 조달(Source) – 구매(purchase) – 배송(Deliver) – 반품(Return)
④ 계획(Plan) – 조달(Source) – 구매(purchase) – 배송(Deliver) – 보관(Stock)

해설 공급망 운영 참고모델

공급망 운영을 계획(Plan)·조달(Source)·생산(Make)·배송 (Deliver)·반품(Return)의 5개 프로세스로 분류한다. 공급망 운영 참고(SCOR)모델은 공급망관리의 진단, 벤치마킹, 프로세스 개선을 위한 도구로 공급망 관리의 전략 및 운영체계를 측정하고, 지속적인 개선에 필요한 가이드라인을 제공하여 공급망 효과의 극대화를 목적으로 한다.

답 ①

03
2018년
3회

재고관리 모형 중에서 고정주문기간 모형(P System)의 발주량으로 적절한 것은 무엇인가?

① 최대재고수량 + 현재 재고수량
② 최대재고수량 – 현재 재고수량
③ 최대재고수량 + 안전재고수량
④ 최대재고수량 – 안전재고수량

해설 • 고정주문기간 모형(P System)의 발주량은 최대 재고수준에 도달하기 위한 현재고수준의 부족량으로 결정된다. 따라서 '발주량 = 최대 재고수량 – 현재 재고수량'이다.
• 고정주문량 모형은 재고파악이 용이하고 조달이 용이한 경우 적용한다.

답 ②

04
2018년
3회

화물운송수단 중에서 운송 거리가 비교적 단거리이며, 발송 화주의 문전에서 도착화주의 문전까지 일괄 운송이 가능한 수단으로 가장 올바른 것은?

① 화물자동차 운송　　　　　　② 항공 운송

③ 철도 운송　　　　　　　　　④ 파이프라인

해설　화물자동차 운송은 운송거리가 비교적 단거리이며, 발송 화주의 문전에서 도착화주의 문전까지 일괄운송이 가능한 수단으로 하역비나 포장비가 비교적 저렴하다. 그러나 장거리 운행 시 운임이 고가이며, 교통사고와 공해로 사회적 문제가 발생할 수 있다.　　정답 ①

05
2018년
3회

신속한 고객대응이 가능하도록 고객별로 물류거점을 운영하는 [보기]와 같은 화물운송경로는 어떤 방식인가?

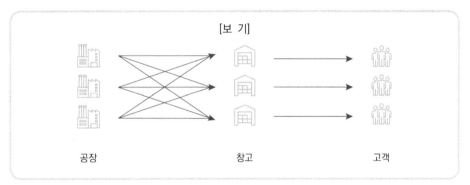

[보 기]

공장　　　　　　　　창고　　　　　　　　고객

① 공장직송방식　　　　　　　② 중앙 집중 거점방식

③ 단일거점방식　　　　　　　④ 배송거점방식

해설　배송거점방식

신속한 고객대응이 가능하도록 고객처별 물류거점을 운영하는 방식이며, 물류서비스 만족도가 높다. 고객 밀착형 물류거점 설치로 다수의 물류거점을 확보 할 수 있으나 운영비가 가중된다.

정답 ④

06
2018년
3회

보관의 기본원칙 중 먼저 입고된 물품을 먼저 출고한다는 원칙을 가리키는 용어로 올바른 것은?

① 통로대면의 원칙　　　　　　② 회전 대응의 원칙

③ 선입선출의 원칙　　　　　　④ 네트워크 보관의 원칙

해설　선입선출의 원칙은 먼저 입고된 물품을 먼저 출고한다는 원칙이며 재고 회전율이 낮은 품목, 모델 변경이 잦은 품목, 라이프사이클이 짧은 품목 등이 주요 적응 대상이다.　　정답 ③

07

2018년
4회

공급망의 고객대응 납기를 단축시키기 위하여 물류거점 수를 조정하려고 한다. 다음 중에서 고객대응 납기를 단축시키기에 적절한 방법은 무엇인가?

① 물류거점 수를 증가시켜 물류거점과 수요지 간의 거리가 짧아지게 한다.

② 물류거점 수를 증가시켜 물류거점과 수요지 간의 거리가 길어지게 한다.

③ 물류거점 수를 감소시켜 물류거점과 수요지 간의 거리가 짧아지게 한다.

④ 물류거점 수를 감소시켜 물류거점과 수요지 간의 거리가 길어지게 한다.

해설 고객서비스 측면에서 거점 설계에 영향을 미치는 요인은 고객대응 납기이다. 일반적으로 물류거점 수가 증가하면 물류거점과 수요지 간의 거리가 짧아지므로 고객대응 납기가 빨라질 가능성이 크다.

답 ①

08

2018년
4회

다음의 공급망 관리 경쟁능력의 차원 4요소 중, 시간의 경쟁능력요소에 대한 설명으로 적절하지 않은 것은 무엇인가?

① 경쟁사보다 빠르게 고객의 욕구를 충족시켜 줄 수 있는 새로운 제품을 개발할 수 있는 능력

② 신속한 제품 배달 능력

③ 설계 변화와 수요의 환경 변화에 효율적으로 대응할 수 있는 능력

④ 고객이 원하는 시간에 제품을 정확하게 인도할 수 있는 능력

해설 • 설계 변화와 수요의 환경 변화에 효율적으로 대응할 수 있는 능력은 유연성이다.
• 공급망 프로세스의 경쟁능력 4가지 요소는 비용, 품질, 유연성, 시간이다. 이 중 시간의 경쟁능력 요소는 경쟁사보다 빠른 신제품 개발능력, 신속한 제품배달 능력, 정시배달 능력이다.

답 ③

09

2018년
4회

효율적인 운송경로를 선정하기 위하여 고려하여야 할 사항으로 적절하지 않은 것은 무엇인가?

① 운송화물의 특성   ② 운송경로 이용 경험

③ 운송료 기준   ④ 운송수단 유형

해설 효율적인 운송경로를 선정하기 위하여 운송경로 이용 경험은 고려사항이 아니다.

답 ②

10

2018년
4회

다음 [보기]가 설명하는 것으로 적절한 것은?

> [보 기]
>
> 기업을 운영함에 있어서 발생할 수 있는 여러 가지 불확실한 상황에 대처하기 위해 미리 확보하고 있는 재고

① 안전재고   ② 순환재고

③ 수송재고   ④ 예상재고

해설 조달기간의 불확실, 생산의 불확실, 수요량의 불확실 등 예상 외의 소비나 재고부족에 대비하는 재고는 안전재고이다.   답 ①

11

2018년
4회

재고관리의 기본모형 중에서 고정주문량모형(Q – System)에 대한 설명으로 가장 적절한 것은?

① 주문량은 변동된다.

② 주문 시기는 일정하다.

③ 재고수준 점검 시기는 정기적이다.

④ 재고파악이 쉽고 조달이 수월한 경우에 주로 적용한다.

해설 ① 주문량은 일정하다.
② 주문시기는 변동된다.
③ 재고수준은 수시 점검한다.   답 ④

12

2018년
4회

창고관리 시 보관을 위한 원칙으로 적절하지 않은 것은?

① 동일 물품은 동일 장소에 보관하는 것이 좋다.

② 창고 보관 효율, 특히 용적 효율을 위해 물품을 낮게 쌓는 것이 바람직하다.

③ 무거운 보관 물품은 출입구 가까운 쪽, 그리고 아래쪽에 보관하는 것이 바람직하다.

④ 보관 작업의 실수를 줄이기 위해 물품의 위치에 주소번호를 표시하는 것이 바람직하다.

해설 창고 보관 효율, 특히 용적 효율을 위해 물품을 높게 쌓는 것이 바람직하다.   답 ②

13
2018년
5회

다음 가격결정에 영향을 미치는 요인들 중에서 '가격탄력성, 품질, 제품이미지'와 관련된 요인은 무엇인가?

① 제품특성   ② 고객수요

③ 유통채널   ④ 경쟁환경

해설 가격탄력성, 품질, 제품 이미지는 외부적 요인인 고객수요와 관련된 요인이다.   **답** ②

14
2018년
5회

재고를 보유하는 목적에 따라 재고를 분류할 수 있다. 이 중, 비용절감을 위하여 경제적 주문량 또는 로트 사이즈(Lot Size)로 구매(생산)하게 되어 당장 필요한 수량을 초과하는 잔량에 의해 발생하는 재고는?

① 비축재고   ② 안전재고

③ 순환재고   ④ 파이프라인 재고

해설 ① 예상재고 또는 비축재고: 계절적인 수요 급등, 가격 급등 등 미래 수요에 대비해 미리 생산하여 보관하는 재고
② 안전재고: 조달기간의 불확실, 생산의 불확실 등 예상 외의 소비나 재고부족에 대비하여 보유하는 재고
④ 수송재고 또는 파이프라인재고: 대금을 지급하여 물품에 대한 소유권을 가지고 있으며, 수송 중에 있는 재고   **답** ③

15
2018년
5회

다음 중 물류거점을 설계할 때 고려되어야 할 비용지표에 대한 설명으로 가장 적합하지 않은 것은?

① 재고비용은 물류거점 수에 비례하여 증가하는 경향이 있다.

② 고정투자비용은 물류거점 수에 비례하여 증가하는 경향이 있다.

③ 수송비용은 1회당 수송량과 수송거리에 비례하여 증가하는 경향이 있다.

④ 변동운영비용은 물류거점의 규모(크기)에 비례하여 증가하는 경향이 있다.

해설 개별 물류거점의 규모가 커지면 변동운영비용도 커지나 전체적으로 비례하여 증가하는 것은 아니다.
    답 ④

16

2018년
5회

유통소요계획수립을 위해 필요한 정보로 가장 적합하지 않은 것은?

① 접수된 고객의 미수채권 현황

② 물류·제조·구매 간 단계별 리드타임

③ 지점 또는 유통센터의 안전재고 정책

④ 현재 보유하고 있는 판매 가능한 재고

해설 유통소요계획(DRP; Distribution Requirements Planning)

다단계 유통체계를 갖는 공급망에서 고객·거래처의 수요에 따라 필요한 수량을 필요한 시기에 공급하는 방법이다. 물류·제조·구매 간 단체별 리드타임, 지점 또는 유통센터의 안전재고 정책, 현재 보유하고 있는 판매 가능한 재고 등의 정보가 필요하다. **답** ①

17

2018년
5회

다음 중 화물운송의 특성에 관한 설명으로 가장 적합하지 않은 것은?

① 철도운송은 도로운송에 비해 안전도가 높다.

② 항공운송은 긴급서류 소형화물의 급송에 적합하다.

③ 해상운송은 대량의 화물을 저렴하게 운송하는 데 적합하다.

④ 도로운송은 소규모 자본으로 참여할 수 없으나 규모의 경제성이 크다.

해설 도로 운송은 소규모 자본으로 참여할 수 있다. **답** ④

18

2018년
5회

경제적 운송을 위해 운송수단 운영 시 우선적으로 고려해야 할 사항으로 가장 거리가 먼 것은?

① 공차율 극대화의 원칙   ② 영차율 극대화의 원칙

③ 회전율 극대화의 원칙   ④ 대형화의 원칙

해설 운송수단 운영 시 고려해야 할 사항은 영차율 극대화의 원칙, 회전율 극대화의 원칙, 대형화의 원칙이다. **답** ①

19 다음 [보기]에서 설명하고 있는 내용을 지칭하는 용어로 가장 적합한 것은?

2018년
5회

> [보 기]
> 창고에 보관 중인 재고를 거래처로부터 수주한 주문 정보를 바탕으로 주문대로 꺼
> 내어 출하하는 과정을 말한다.

① 분류(sorting) ② 오더 피킹(Picking)
③ 적치(pile up) ④ 마감

해설 ① 분류: 재고에서 피킹된 물품을 분류하는 작업
③ 적치: 지정된 보관 장소에 물품을 넣고 쌓아두는 작업
④ 마감: 입고 또는 출고 작업을 완료하여 기록 보고 등의 마감 처리를 하는 작업 답②

20 다음 중에서 소모성(MRO) 자재에 대한 설명으로 적절하지 않은 것은 무엇인가?

2018년
6회

① 생산활동에 필요한 소비자재와 설비용자재로 구분한다.
② 생산에 직접 소요되는 원부재료를 제외한 간접적인 소요자재이다.
③ 생산활동에 필요한 시설물의 유지, 보수, 운전에 필요한 자재이다.
④ 취득, 보관, 수주 등의 처리과정은 원부재료와 구분하여 별도의 절차에 따라 취급된다.

해설 소모성(MRO) 자재는 원부재료와 구분하여 별도의 절차에 따라 취급하지 않는다. 답④

21 재고자산의 매입단가가 지속적으로 상승하는 환경에서 재고자산을 평가할 때, 매출총이익이 가장 크게 계산되는 평가방법부터 순서대로 나열한 것으로 가장 올바른 것은?

2018년
6회

① 선입선출법 > 이동평균법 > 총평균법 > 후입선출법
② 선입선출법 > 후입선출법 > 이동평균법 > 총평균법
③ 후입선출법 > 선입선출법 > 총평균법 > 이동평균법
④ 후입선출법 > 총평균법 > 이동평균법 > 선입선출법

해설 재고자산 평가방법의 비교(가격 상승 및 인플레이션인 경우)
• 기말재고자산가액: 선입선출법 > 이동평균법 > 총평균법 > 후입선출법
• 매출총이익: 선입선출법 > 이동평균법 > 총평균법 > 후입선출법
• 매출원가: 선입선출법 < 이동평균법 < 총평균법 < 후입선출법 답①

22

2018년
6회

공장으로부터 다수의 고객에게 연결되는 화물운송경로에서 단일의 물류센터만을 운용하는 운송경로 방식은 무엇인가?

① 공장직송방식
② 중앙집중거점방식
③ 복수거점방식
④ 다단계거점방식

해설 다수의 소량 발송 화주가 단일 화주에게 일괄운송하는 방식은 중앙 집중거점방식이다.　　**답** ②

23

2018년
6회

다음 중에서 공급망 관리의 발전단계를 올바르게 나열한 것은 무엇인가?

① MRP – ERP – MRP Ⅱ – SCM
② MRP Ⅱ – ERP – ERP Ⅱ – SCM
③ ERP – MRP – ERP Ⅱ – SCM
④ ERP Ⅱ – MRP – MRP Ⅱ – SCM

해설 MRP Ⅱ – ERP – ERP Ⅱ – SCM　　**답** ②

24

2018년
6회

공급망 관리 정보시스템 유형 중에서 공급자관리재고(VMI: Vendor Managed Inventory) 시스템에 대한 설명으로 적절하지 않은 것은 무엇인가?

① 제조업체(공급자)가 유통업체(구매자)의 재고를 직접 관리한다.
② 유통업체(구매자)의 물류 정보가 제조업체(공급자)로 전달된다.
③ 유통업체(구매자)의 재고관리 책임을 제조업체(공급자)에게 위탁한다.
④ 제조업체(공급자)와 유통업체(구매자)가 공동으로 판촉활동을 한다.

해설 제조업체(공급자)와 유통업체(구매자)가 공동으로 판촉활동을 하는 것은 공동재고관리시스템(CMI)이다.　　**답** ④

25

2018년
6회

창고에서 재고를 출고하는 프로세스가 순서대로 연결된 것은 무엇인가?

① 출고요청 – 출고지시 – 재고피킹 – 출고포장
② 출고요청 – 재고피킹 – 출고포장 – 출고지시
③ 출고요청 – 출고포장 – 출고지시 – 재고피킹
④ 출고요청 – 출고지시 – 출고포장 – 재고피킹

해설 창고출고업무 프로세스
주문·출하요청 → 주문·마감 집계 → 출고계획수립 → 출고지시 → 피킹 → 분류 → 검사(검품·검수) → 출하포장 → 상차적재 → 출하이동 → 출고마감　　**답** ①

CHAPTER 04 구매관리

SECTION 01 구매관리

01 개념

구매(Purchasing)란 대가를 지불하고 필요한 물건을 취득하거나 다른 사람의 손(서비스)을 빌리는 것을 뜻한다. 구매의 대상은 기업에 따라 차이가 있을 수 있으나 생산에 필요한 자재[원자재, 부자재 및 소모성 자재(MRO: Maintenance, Repair, Operating Supplies)], 부품 및 상품, 제조 활동을 지원하는 기계·설비, 보전 자재 및 서비스(정보 시스템, 보안 등)의 세 가지로 분류할 수 있다.

1 구매관리의 정의

구매활동을 계획·조정·통제하고 평가하는 일련의 과정을 구매관리라고 한다. 제조 기업에 있어서 구매관리를 더욱 세분하여 정의하면, 기업의 전략 및 생산활동을 효율적으로 수행할 수 있도록 다음의 '6R'을 수행하는 관리활동이라고 할 수 있다.

필요로 하는 품목, 설비 및 서비스(Right Item)를, 역량있는 협력사(Right Supplier)로부터, 양호한 품질(Right Quality)을 확보하여, 필요한 시기(Right Time)에, 필요한 수량(Right Quantity)만을, 합리적인 비용(Right Price)으로 조달·확보하는 것이다.

2 구매관리의 중요성

구매관리는 기업의 전략 및 운영 계획을 효율적으로 달성할 수 있도록 관리되어야 한다. 기업의 경쟁우위 달성을 위하여 시기 적절한 안정적 공급, 기업 내부 및 고객을 만족시킬 수 있는 품질의 확보, 합리적인 원가에 의한 구매를 통한 기업이윤의 확보, 역량있는 협력사의 발굴 및 관계 유지, 그리고 Q·C·D(Quality/품질·Cost/원가·Delivery/납기) 및 이윤을 위해 지속적인 개선의 중추적 역할을 수행한다.

(1) 구매관리 기능의 변화

과거의 구매관리는 생산활동이 중단되지 않도록 적정품질의 자재를 조달하는 지원기능 시각으로 보았으나, 최근에는 필요한 물품이나 자재의 구매관리를 전략적인 관점에서 이익을 창출하는 기능으로 변화되었다.

전통적 시각	현대적 시각
단기간의 성과 중시	장기간의 전략적 구매 중시
획득비용(가격) 중심	총원가에 집중
비용관리센터	이익관리센터
요청에 지원하는 업무	사전계획적인 업무

(2) 구매관리의 영역별 기능

① 구매전략: 구매방침 설정, 구매계획수립, 구매방법 결정
② 구매실무: 시장조사 및 원가분석, 구매가격 결정, 공급자 선정 및 평가, 계약 및 납기 관리, 규격 및 검사관리
③ 구매분석: 구매활동의 성과평가, 구매활동의 감사

02 구매전략

1 구매방침

구매계획을 수립함에 있어서 우선적인 의사결정이 필요한 사항으로, 품목을 기업 자체적으로 제조·생산할 것인가, 아니면 외부에서 조달할 것인가를 결정하는 것이다. 외주를 보통 '아웃소싱(Outsourcing)'이라고도 하며, 아웃소싱이 구매의 주요업무 대상으로서 그 범위가 점차 확대되고 있는 추세이다. 아웃소싱의 주된 이유는 경쟁우위를 확보하는 데 있다.

(1) 자체 생산과 외주 결정

조달방법 의사결정에 중요한 요인으로는 기업의 전략적 요인, 기술 능력, 판매 또는 생산수량 등이 우선 고려사항이며, 그 다음 요인이 원가이다.

① 전략적 요인: 경영자의 의지, 향후 비즈니스의 중요도, 협력사와의 관계 관리 등 구매품의 원가보다는 전략적인 측면에서 의사결정을 하게 된다.

② 자체 제조기술력 보유 요인: 해당 품목의 자체 제조를 위한 기술력 및 품질수준 확보 여부에 의해 의사결정을 진행하며, 전략적인 측면과 원가측면이 모두 고려될 수 있다.

③ 생산능력 확보 요인: 예상판매 또는 생산수량을 생산할 수 있는 생산능력의 확보 여부와 생산능력 부족 시 설비 투자에 대한 의지에 따라 의사결정이 진행된다.

④ 원가(Cost) 요인: 자체 제조가 가능한 경우에 자체 제조 또는 외주 시의 각각의 비용을 비교하여 유리한 상황으로의 의사결정이 진행된다.

⑤ 기타 요인: 이상의 요인 이외에 외주로 의사결정을 해야 할 경우에 고려해야 할 사항으로는 자체 제조에 관련된 직·간접 인력에 대하여 타 부서 배치, 외주 회사로의 전출, 퇴직 등 외주로 인해 발생할 수 있는 상황의 결정에 대한 노사 관련 요인이 있는데 원만한 노사 합의를 이루어내는 것이 필요하다. 또한 해당 품목의 생산 공정 프로세스 복잡성, 협력사 수와 위치, 구매 리드타임, 결품 시 고객 영향력 등의 요인도 세심하게 고려해야 한다.

(2) 자체 생산/외주 선호 상황

앞의 조달방법 의사결정의 일반적 기준과 동시에 고려해야 할 자체 제조 또는 외주를 선호하는 상황은 다음과 같다.

① 자체 제조를 선호하는 상황: 자체 제조는 제품설계 보안이 중요할 때, 공장 운영을 통합적으로 관리하고자 할 때, 생산 및/또는 품질의 직접적인 관리가 필요할 때, 적절한 협력사가 없을 때, 그리고 공장의 초과 생산능력을 활용하거나 안정적으로 작업 인력을 유지하고자 할 때 유용하다.

② 외주를 선호하는 상황: 외주는 생산 기술 또는 생산 능력이 부족할 때, 생산 품목 수량이 적을 때, 조달, 재고 및 관리 비용을 절감하고자 할 때, 안정적인 작업 인력을 유지하고자 할 때, 그리고 복수의 협력사를 유지하여 원가절감을 추구할 때 유용하다.

2 구매정책

사업 영향력 및 공급 위험도에 의해 분류된 전략 품목, 경쟁 유도 품목, 일반 품목 및 병목 품목의 구매전략을 협력사 관계, 계약 유형, 원가 관리, 협상 포인트 등의 관점에서 고려해야 한다. 가격분석은 시장 또는 경쟁사를 통하여 협력사의 가격이 적절한지를 분석하는 방법으로, 경쟁 협력사가 다수이며 구매품이 표준 또는 규격품으로 구매를 결정할 때 가격이 중요하게 작용된다. 원가분석은 경쟁 협력사가 없거나 구매품이 고객화된 사양 같이 가격 이외의 요소들이 중요한 경우에는, 시장 또는 경쟁사를 통하여 가격 결정이 어렵고 협력사의 원가 구조를 분석할 수밖에 없다.

(1) 구매정책의 주요내용

구매정책은 구매활동에 대한 투명성을 확보함으로서 분쟁의 위험을 사전에 관리하고 개선의 기회로 삼아 구매효과를 극대화하며, 공급자들(Supplier) 간 경쟁체제를 도입하여 자사의 가치를 극대화하고, 전략적 공급사 관리를 통한 구매업무의 집중력을 제고하며, 외부와의 계약 관계에 의해 내/외부적으로 노출될 수 있는 위험(Risk)을 최소화하기 위함이다.

구매정책 내용	세부내용
1. 구매주체 및 역할 정의	구매실행 주체결정, 구매 담당자의 역할
2. 구매의 과정	협력사 검증, 입찰 및 협상, 협력사 선정, 계약관리, 구매주문
3. 협력사 관계	잠재협력사 발굴, 협력사 평가, 협력사 차별화 관리, 특별관리
4. 위기관리	책임의 분리
5. 정보관리	구매 통합시스템

(2) 구매방식

구매정책에 영향을 주는 요인으로서, 본사가 중심이 되어 구매를 수행하는 집중구매와 사업장 또는 공장이 중심이 되어 구매를 수행하는 분산구매로 나눌 수 있다.

① 집중구매 방식
- 집중구매의 활용 시점: 기업 내의 공장이 여러 곳에 있을 때 공장별로 구매를하는 것이 아니라, 본사 또는 특정 공장이 중심이 되어 구매를하는 방식이다. 전사적으로 공통으로 사용하여 대량 물량에 의해 구매 금액이 높은 품목, 고도의 기술적 지식을 요하는 시작(試作, Proto-type) 연구, 기술 연구 중에 있는 중요한 품목, 일정 금액 이상의 자본적 지출이 되는 설비 또는 품목, 수입 자재와 같이 구매 전문성이 필요하거나 리드타임이 소요되는 품목, 그리고 고객에게 제품을

공급하는 조건으로 고객이 제공하는 품목을 구매하는 상호구매(Reciprocity Purchasing)하는 품목에 적용한다. 집중구매의 경쟁우위 전략은 가격 또는 원가를 낮추는 데 있다.

- 장점: 집중구매는 구입품의 발주, 독촉, 검사, 대금 지급 등 일련의 구매 업무를 표준화하여 적용할 수 있으므로 구매관리 및 처리비용이 절감되며, 대량으로 구매함으로써 수량할인에 의한 구매가격 인하와 검사 조건, 납품방법 등 거래조건이 유리해진다. 여러 곳의 공장에서 공동으로 사용하는 품목을 정리하여 관리함으로써 표준화와 단순화의 장점을 살릴 수 있으며, 이에 따라 관리하는 품목이 줄고 재고가 감축될 수 있다.

  또한 수입자재와 같이 해외 협력사 선정의 노하우와 수출 국가의 규제 사항 등에 대한 지식이 필요하고, 구매절차가 복잡한 품목에 대하여 전문성을 갖는 구매 전문가를 활용할 수 있어서 거래조건 및 납기 등에서 유리할 수 있다.

- 단점: 집중구매의 단점으로는 공장에서 필요한 품목을 본사에서 구매 처리를 함으로써, 구매절차가 복잡하고 발주에서 입고까지의 구매 리드타임이 증가하게 되며, 특히 긴급을 요하는 품목의 경우에는 납기 준수가 어려울 수 있다. 또한 공장의 품목 재고현황을 정확하게 파악하지 못하는 경우에는 과다 또는 과소 발주가 발생할 수 있으며, 구매 리드타임의 증가로 재고가 증가할 수 있고, 공장의 구매 자주성이 떨어진다는 단점이 있다.

② 분산구매

- 분산구매의 활용 시점: 분산구매는 본사가 아닌 공장이 중심이 되어 필요한 품목을 구매하는 방식으로, 앞에서 설명한 집중구매 품목이 아닌 경우에 적용할 수 있다.

- 장점: 분산구매는 공장이 중심이 되어 구매를 진행함으로써 공장의 자주성이 가능하며, 집중구매보다 구매절차가 복잡하지 않으므로 리드타임이 단축되며, 긴급을 요하는 수요에 대응이 용이하다. 협력사가 공장에서 가까운 곳에 위치하는 경우에는 운임이 저렴하며, 협력사가 공장의 특성 및 공정을 잘 알고 있는 경우에는 각종 지원 및 서비스가 유리하며, 협력사와의 관계도 좋아질 수 있다. 또한 분할 납품 등 공장의 특성 및 요구 조건을 반영한 구매가 가능하다.

- 단점: 분산구매는 집중구매에 비해 수량할인의 장점을 살릴 수 없고, 긴급수요에 대응하기 위해 추가비용이 들 수 있으므로 구매단가가 높아지는 것이 일반적이며, 공장을 중심으로 한 구매가 진행되는 경우가 많기 때문에 원가 의식이

낮아질 수 있다. 공장이 구매의 자주성을 갖는 대신에 공장마다 구매절차 및 구매가격에 차이가 발생할 수 있고, 구매 전문성이 떨어질 수 있다.

3 구매계획

(1) 개념

구매계획은 기업환경, 품목특성, 구매전략, 계획수립 범위(장기·중기 및 단기) 등, 다양한 요인에 의하여 영향을 받는다. 일반적으로 계획·반복 생산을하는 기업의 경우에는 예측을 기초로 구매계획을 수립한다. 반면 수주 생산 또는 프로젝트 생산을 하는 기업의 경우에는 수주한 주문을 기초로 계획을 수립하는데, 계획수립 시점에 수주의 정도에 따라 계획수립의 방법이 달라지고 현실적으로 어려운 경우가 많다.

구매계획은 가격추세, 대용자재, 생산계획, 재고수량, 구매량 및 구매시기, 조달소요시간, 납기 등을 고려하여 구매계획을 수립하며, 경제적 발주량(EOQ) 등을 산출하여 구매단가의 절감을 목표로 구매수량을 결정한다. 설계자, 구매자, 생산자, 공급자 간의 구매물품의 특성(성분, 치수, 형상, 강도, 견고도, 점도, 색상 등)에 대한 견해가 주관적이므로 품질규격을 표준화하고 측정 가능하도록 객관화하여 사전에 결정할 필요가 있다.

구매계획을 수립하기 위해서는 우선 기업의 전략수립 프로세스를 이해해야 한다. 특히 과거의 수동적인 구매의 경우에는 기업전략을 고려하지 않고 단기적인 목표와 운영 측면에만 중점을 두면 되지만, 향후 지향하는 구매 전문가 조직은 기업전략수립에 적극 참여하고 수립된 기업전략을 최적화하는 구매전략 및 계획을 수립하여야 한다.

(2) 구매절차

구매청구 → 공급자 파악 → 견적 → 내부검토 및 승인 → 계약 → 발주서 발송 → 물품 납입 → 검수 및 입고 → 구매결과 내부 통보 → 구매대금결제

(3) 구매방법

① 수시구매: 수시구매는 구매 요청이 있을 때마다 구매하는 전략으로, 과잉구매를 방지함으로서 재고관리 비용 부담이 적고, 설계변경 등에 대응하기 쉬운 장점이 있으며, 계절품목 등 일시적인 수요품목 등에 적합하다. 또한 품목의 단종이 예상되거나 제품수명주기의 쇠퇴기에 진입하여 향후 소요량이 불확실하여 재고 보유가 부담스러운 경우, 공급시장이 구매자에게 유리한 구매자 시장(Buyer's Market)인 경우, 구매 예산에 제한이 있는 경우, 그리고 수주생산의 소요 계획에

따른 필요수량 구매인 경우에 구매한다. 그러나 구매품목 가격이 급격하게 오를 경우, 구매단가가 높아질 수 있으므로 시장 및 재고 상황을 세심하게 모니터링할 필요가 있으며, 발주 횟수가 증가되어 관리비가 증가할 수 있다.

② 예측(시장)구매: 수요예측을 통해 시장 상황이 유리할 때 현재 필요한 수량보다 미래 소요량에 대하여 미리 구매하여 재고로 보유하였다가 생산계획이나 구매요청에 따라 공급하는 방식이다. 계획 구매를 통해 조달비용 절감, 수량할인, 수송비 감소 등의 장점이 있으며, 생산시기가 일정한 품목, 항상 비축이 필요한 상비 저장품 등에 적합하다. 또한 향후 품목의 가격 상승 또는 공급 부족이 예상되는 경우에 필요한 소요량을 사전에 확보할 수 있으므로 생산 중단을 막을 수 있다. 그러나 필요한 소요량 이상으로 재고를 보유함으로써 재고관리 비용이 증가되며, 품목 가격이 하락할 경우에 원가 상승의 요인이 될 수 있고, 품목의 장기 보유에 따른 유실 또는 품질 저하의 우려가 있다.

③ 투기구매: 가격 인상을 대비하여 이익을 도모할 목적으로 가격이 저렴할 때 장기간의 수요량을 소요량 이상으로 미리 구매하여 재고로 보유하는 구매방식이다. 계속적인 가격 상승이 명백한 경우에는 유리하지만 가격 동향의 예측이 부정확하면 손실의 위험이 크다. 또한 필요한 소요량 이상으로 재고를 보유함으로써 재고관리 비용이 증가되며, 품목 가격이 하락할 경우에 원가 상승의 요인이 될 수 있다.

④ 장기계약구매
- 특정 품목에 대해 장기생산계획에 따라 필요한 자재의 장기 소요량을 장기적으로 계약(보통 1년 이상)하여 구매하는 방법이다. 자재의 안정적인 확보가 중요할 때 적용 가능하며 계약방법에 따라 수량할인이 가능하고, 저렴한 가격, 충분한 수량의 확보가 가능하다. 또한 계약기간 동안 해당 품목의 가격 인상이 발생하더라도 고정가 구매계약을 통하여 가격 변동에 대응할 수 있으며, 협력사가 산출된 소요량을 일괄적으로 납품하는 것이 아니라, 계획에 의거하여 지정된 시점에 분할 납입하게 함으로써 재고수준을 낮출 수 있다.
- 반면에 판매 또는 생산계획의 정확도가 높지 않으면 적용하기 어려우며, 시장 상황 또는 설계변경 등에 따른 소요량 변경 등이 있을 경우에 책임 소재를 명확히 할 필요성이 있다.

⑤ 일괄구매: 기업의 소모성 자재(MRO) 또는 사무용품과 같이 소량 다품종 품목을 구매해야 하는 경우에 품목별로 구매처를 선정하는 데 많은 시간과 노력이 필요하므로, 다품종의 품목별로 공급이 가능한 공급처를 선정하여 구매품목을 일괄 구매함으로써 구매시간과 비용을 줄이고 구매절차를 간소화할 수 있다. 따라서 발주 횟수가 적어지므로 관리 비용이 절감되고 리드타임 단축 및 재고 감축이 가능하며, 일상적인 반복 발주 업무보다는 핵심 업무에 집중할 수 있다.

반면에, 소량의 잦은 납품으로 협력사의 물류비용이 증가할 수 있으며, 정확한 정보 소통을 위한 업무 체계(정보 시스템 구축, 이메일, 전화, 팩스 등)가 미흡한 경우에는 업무에 혼선이 발생할 수 있다.

4 구매실무

(1) 구매시장 조사

구매시장 조사는 구매품목에 대한 구매가격, 품질, 조달기간, 구매수량, 공급자, 지불조건 등을 결정하기 위한 정보를 수집하고 분석하기 위한 것이며, 합리적 구매계획을 수립하고 공급자 선정 및 구매계약 과정에서 주도적인 협상과 적극적인 구매활동을 하는 것이 시장조사의 목적이다.

조사방법은 직접조사와 간접조사가 있으며 비용, 시간, 정확성 등을 고려하여 결정하며, 직접조사는 해당 기업이나 판매시장에서 각종 자재의 시세와 변동에 대하여 직접 조사하는 것이고, 간접조사는 신문, 관련 잡지, 기타 협회나 조합, 정부기관에서 발간되는 간행물을 통하여 파악하는 것이다.

① 구매시장 조사의 대상 품목은 생산에 소요되는 모든 자재이지만, 조사 계획의 시점에서 중요도가 가장 높은 자재부터 다루어져야 한다.
- 생산 제품의 주체가 되는 자재
- 생산 제품의 중요한 부품
- 중요 자재와 불가분의 관계에 있는 부자재
- 보조 자재

등으로 분류하여 재료비 구성 분석에 따라 선정한다.

② 구매시장 조사의 추진에서는 크게 원자재와 완성품으로 분류한다.
- 구매 업체의 가격구조를 비교하여 경쟁력 있는 업체를 선정한다.
- 규격, 재질 등의 가격 결정 요소가 구입하고자 하는 규격과 동일하거나 대체 가능품인지 조사한다.

(2) 원가

원가(Cost)는 제품(용역)의 생산에 투입된 경제적 가치를 화폐액으로 측정한 것이다. 제품(용역)의 생산 및 가치는 원재료 매입, 생산 및 가공, 판매, 재고관리 등의 경영 활동에서 증대된다. 이와 같이 생산에 투입된 원가를 정확히 측정하거나 원가 보고의 대상이 되는 것을 원가 대상이라고 하며, 원가 대상은 제품(용역) 외에도 활동, 부문, 공정, 프로젝트, 프로그램 등이 될 수 있다.

원가는 생산에 투입된 원가계산상의 개념이고, 비용은 수익 창출을 위해 지출된 경제적 가치로 손익계산서상의 개념이다. 제품원가는 판매 시점에서 수익(매출)에 대응하는 비용(매출원가)으로 전환되므로 원가와 비용은 기업의 경영 활동에 따른 구분이며, 최종적으로 매출에 대응되어 이익을 산출하는 자료가 된다.

① 원가계산의 목적: 원가계산은 제품이나 서비스의 1단위(예컨대 자동차 1대, 전력 1kw)를 만드는 데 비용이 얼마나 들었는가를 계산하는 일이다. 원가계산은 경영 관리에 필요한 원가 자료를 제공하기 위한 관리도구이며, 재무제표를 작성하기 위한 재고자산 평가 및 매출원가 측정, 제품, 서비스 및 고객의 원가 측정 등의 정보를 제공한다. 원가계산의 목적은 다음과 같다.
- 손익 산출(재무회계목적)
- 원가절감(관리회계목적)
- 구매 및 판매가격 결정
- 경영 비교의 기초자료 제공

② 원가의 구성: 원가는 활용 목적에 적합하도록 일반 제품과 다른 원가구성을 이룬다. 구매원가의 구성은 재화와 용역의 소비 금액 중에서 자산의 형태를 거쳐 제품의 원가를 구성하는 제조원가에 일정 기간에 소비 처리되는 기간 비용인 판매 및 일반관리비와 재료관리비, 이윤을 추가한다.

> - 구매 원가 = 제조 원가 + 판매 및 일반 관리비 + 재료 관리비 + 이윤
> - 제조 원가 = 재료비 + 노무비 + 경비

③ 원가의 3요소
- 재료비: 제품의 제조를 위해 필수적인 재료나 자재의 사용 비용이다. 당기 원재료 투입액 중에 직접 재료비는 재공품, 간접 재료비는 제조 간접원가에 각각 기록한다.
- 노무비: 제품 생산에 직·간접적으로 참여한 근로자의 임금으로 지출된 원가이

다. 당기 노무비 발생액 중에 직접 노무비는 재공품, 간접노무비는 제조 간접 원가에 각각 기록한다.

- 경비: 재료비와 노무비를 제외한 기타 원가이다. 당기 경비 발생액 중에 직접 경비는 재공품, 간접경비는 제조 간접원가에 각각 기록한다.

④ 원가의 구성도

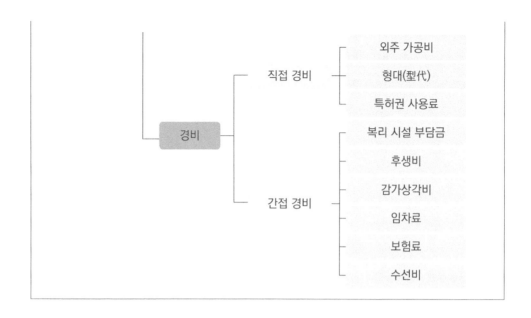

⑤ 직접원가와 간접원가: 원가는 제품(용역)에 투입된 원가의 추적 가능성 여부에 따라 직접원가(Direct Cost)와 간접원가(Indirect Cost)로 구분한다.

- 직접원가(직접비): 직접원가는 생산 요소가 투입될 때 제품 또는 처리 과정별로 구분하여 투입하고, 최종 산출물에 구분하여 집계할 수 있는 원가이며, 직접 재료원가, 직접 노무원가, 직접경비 등이 있다. 즉, 어느 정도의 양을 투입할 것인지를 명확하게 구분하여 관리할 수 있는 원가가 직접비이다.

- 간접원가(간접비): 원가가 투입될 때 제품 또는 처리 과정별로 구분이 곤란하거나 구분의 중요성이 낮은 원가 항목이다. 즉, 제조 현장에서 사용되는 비용 중에서 해당 제품별로 구분이 불가능한 경우, 또는 사용 비용을 구분은 할 수 있으나 구분에 불필요한 노력을 요하는 경우이며, 간접 재료원가, 간접 노무원가, 간접경비 등이 있다.

⑥ 직·간접비 계산의 이해: 일정 기간에 소모된 재료의 사용량 10개 중에 제품 A에 40개, 제품 B에 60개 소비된 것으로 자재 수불부에 기록된 경우, 이 재료비는 직접비로서 제품 A와 제품 B에 각각 40개, 60개씩을 구분하여 부과할 수 있다. 소모 수선비와 같이 어느 제품에 사용량을 정확히 알 수 없는 경우에는 간접비로 구분한다. 예를 들어 제품 A, 제품 B에 각각 생산수량에 비례해서 소모되는 경우라면, 해당 기간의 생산수량 또는 작업시간에 맞추어 쓰인 것으로 하여, 수량 또는 시간을 기준으로 사용량을 제품별로 나누어 부과한다.

⑦ 고정비와 변동비: 조업도에 따른 원가 행태에 따라 변동원가와 고정원가로 분류한다.
- 고정비: 고정원가(Fixed Costs)는 조업도의 변동과 관계없이 일정하게 발생하는 원가로 보험료, 감가상각비, 재산세, 임차료, 광고비, 연구 개발비 등이 있다.
- 변동비: 변동원가(Variable Costs)는 조업도의 변동에 비례하여 증감하는 원가로 직접 재료원가, 직접 노무원가, 변동 제조 간접원가 등이 이에 해당된다.

⑧ 원가의 분류
- 실제원가: 실제 구입가격 및 실제 사용수량(시간)을 기준으로 한 제품의 원가이며, 표준원가와 비교 분석할 수 있다.
- 예정원가: 제품 제조 이전에 제품 제조에 소비될 것으로 예상되는 원가를 예상 산출한 사전 원가로서 공급자가 입찰가 또는 견적가 검토 시 활용한다.
- 표준원가: 사전에 정해진 표준가격 및 표준 사용수량을 기준으로 한 제품의 원가이며, 실제원가와 표준원가의 차이 분석을 통해 성과 평가나 원가 통제에 유용한 정보를 수집할 수 있다.

표준원가 = 표준 수량 × 표준가격

▶▶ 필수예제

아래와 같이 원가구성 비용이 주어졌을 때 판매원가는?

- 판매 및 관리비: 40
- 이익: 40
- 제조간접비: 30
- 직접제조경비: 60
- 직접노무비: 50직접재료비: 60

해설 판매원가 = 제조원가 + 판매 및 관리비 = (직접원가 + 제조간접비) + 판매 및 관리비
= 60 + 50 + 60 + 30 + 40 = 240

(3) 구매가격

구매 담당자의 목표는 원하는 물품을 적정한 공급자로부터 적량을 적기에 적정한 가격으로 구매하는 것이므로 공급자의 제조원가와 가격전략을 파악하는 것이 필요하다.

① 가격결정의 고려사항
- 객관적인 기준 즉 품목별로 기준가격을 설정하는 것이 바람직하다.
- 구매자 측의 조건과 수주자 측의 조건이 일치하지 않는 상태에서 여러 요인들이 복합하여 결정된다.

- 수급의 균형, 거래선 간의 역학관계라는 구체적인 숫자로 평가되기 어려운 것들의 영향을 받을 수 있다.

② 가격변동 요인
- 원재료 및 부품 등은 국내외 경기 동향에 따른 수급사정과 정치상황, 환율 등에 영향을 받는다.
- 메이커 전문품인 경우는 기술자체의 Know-How가 공급자 측에 있기 때문에 원가분석이 어렵다.
- 시판품, 규격품 등은 비용(원가) 분석은 가능하나, 구매자 측에서 추정하기 어려운 설계기술, 제조기술로 인하여 상세한 분석은 한계가 있다.
- 부품 사양은 도면이 구매자 측으로부터 제공되기 때문에 가공공정, 사용재료 등을 비교적 쉽게 파악할 수 있으므로 정확한 재료비, 설비비 등을 알면 구매가격을 결정·관리할 수 있다.

③ 구매가격 결정에 영향을 주는 요인: 구매품의 기술수준과 품질, 납입 조건, 거래조건, 시장 동향, 조업도 등이 구매가격에 영향을 주며, 주문량, 납기, 거래 횟수 및 기간 등에 따라 구매가격이 변동될 수 있다.

④ 단계별 구매가격 유형
- 시중가격: 판매자와 구매자의 판단에 좌우되지 않고 시장에서 수요와 공급의 균형에 따라 가격이 변동하는 것이다. 가격이 수시로 변동하므로 가격동향을 판단하여 구입 시기를 결정하여 구매를 유리하게 할 수 있다(예 시가나 환경에 따라 수요 또는 공급의 변동이 심한 야채, 꽃, 어류, 철광, 견사 등).
- 개정가격: 가격 그 자체는 명확히 결정되어 있지는 않으나 업계의 특수성이나 지역성 등으로 일정한 범위의 가격이 자연히 정해져 있는 것으로, 판매자가 그 당시의 환경과 조건에 따라 가격을 정한다(예 자동차 업계에서 모델 변경 전후의 판매가격 등).
- 정가가격: 판매자가 자기의 판단으로 결정하는 가격을 말한다(예 화장품과 약국, 서적, 맥주 등과 같이 전국적으로 시장성을 가진 상품).
- 협정가격: 판매자 다수가 서로 협의하여 일정한 기준에 따라 가격을 결정하는 것이다(예 일반적으로 공공요금 성격을 갖는 교통비, 이발료, 목욕료, 공정거래를 위해 설정된 각종 업계의 협정가격 등).
- 교섭가격: 거래 당사자 간의 교섭을 통하여 결정되는 가격으로 판매자와 공급

자 모두 가격결정에 영향을 준다. 거래품목, 거래조건, 기타 거래 환경에 따라 가격이 차이가 날 수 있으므로 교섭기술이 가격결정에 크게 영향을 미친다(예 건축공사, 주문용 기계설비, 광고료 등).

⑤ 구매가격 결정방식: 구매가격의 협상을 위해서 검토하는 가격결정방식은 비용 중심적, 구매자 중심적, 경쟁자 중심적 가격결정 방식이 있다. 아래에서 제시한 방법들은 판매가격 결정에도 활용된다.

- 비용 중심적 가격결정: 제품의 생산과 판매에 소요되는 비용을 충당하고 목표이익을 낼 수 있는 수준에서 가격을 결정하는 방법이다.
  - 비용(원가)가산 방식: 사전에 결정된 목표이익을 제품원가에 가산함으로써 가격을 결정하는 가장 단순한 방법이다.

  > 가격 = 제품원가 + 판매관리비 + 목표이익

  - 가산이익률 방식: 가산이익율은 판매비용을 충당하고 적정 이익을 남길 수 있는 이익률을 의미한다.

  > 가격 = 제품 단위당 매출원가 × 가산이익률

  - 목표 투자이익률 방식: 손익분기점 분석에 의한 가격결정방법을 확대 적용한 것으로서 기업이 사전에 결정한 목표수익률을 기준으로 가격을 산정하는 방법이다.

  > 가격 = [(투자비용 × 목표수익률) / 예상판매량] + 단위당 비용

  - 손익분기점 방식: 주어진 가격하에서 총수익이 총비용과 같아지는 매출액이나 매출량을 산출하여 이를 근거로 가격을 결정한다.

  > BEP 매출액 = 고정비/{1 - (변동비 / 매출액)}

- 구매자(소비자) 중심적 가격결정: 제품의 생산비용보다는 표적 시장에서 소비자들의 제품에 대한 평가와 그에 따른 수요를 기초로 가격을 결정하는 방식이다.
  - 구매가격 예측방식: 소비자의 구매의도, 구매능력 등을 고려하여 소비자가 기꺼이 지불할 수 있는 수준으로 가격 결정
  - 지각가치 기준 방식: 소비자들이 직접 지각하는 제품의 가치를 질문하여 소비자가 느끼는 가치를 기준으로 가격 결정, 비용 중심적 방식보다 몇 배 높은 가격을 결정하더라도 소비자는 그 가격을 쉽게 받아들일 수 있음

- 경쟁자 중심적 가격결정: 경쟁사들의 가격을 가격 결정에 가장 중요한 기준으로 간주하는 방법으로서 시장점유율을 높이기 위해 일반적으로 가장 많이 활용되는 방식이다.
  - 경쟁기업 가격기준 방식: 자사의 시장점유율, 제품 이미지, 제품 경쟁력 등을 고려하여 경쟁기업의 가격을 기준으로 전략적인 판매가격을 결정
  - 입찰경쟁 방식: 거래처의 공급자 선정 시 입찰경쟁에서 경쟁자를 이기기 위해 전략적으로 가격을 결정

(4) 가격할인 방법

가격할인은 일시에 대량구매를 하는 경우에 구매대금을 연기하여 지불하는 신용판매가 통상적일 때, 거래 즉시 현금지급을 하는 경우, 중간 공급상이나 거래자를 배제하고 제조자로부터 직접 구매하여 구매비용이 절감될 경우에 그 절약 분을 고객에게 환불하는 방법이다. 무역 거래인 경우에 WTO 관세평가협정에서는 가격할인에 대해 특별한 규정이나 해석은 없고 권고의견 5.1의 현금할인이나 15.1의 수량할인만 명백하게 과세가격에서 제외하도록 규정하고 있음을 참고하기 바란다.

① 현금할인 방식: 매매 계약 시 연불(延拂) 또는 어음지불을 대금결제조건으로 하거나 또는 통상적인 거래조건인 경우에 지불기일 이전에 판매대금을 현금 지불하는 거래처에게 판매가의 일부를 차감해주는 방식이다. 할인 폭은 일반적으로 이자 수금비용 대손손실 예측비 등에 해당하는 금액이며 현금지불 거래처를 우대함으로써 자본 회전율을 높일 수 있다.

- 선일부 현금할인(Advanced Dating): 거래일자를 늦추어 기재함으로써 대금지불일자를 연기하여 현금할인의 기산일을 거래일보다 늦추어 잡게 되는 방식이다. 예를 들어, 거래일이 10월 1일인 경우 거래일자를 10월 15일로 기입하고 '3/10 Advanced'를 결제조건으로 하면 할인기산일로부터 10일 이내, 즉 10월 25일까지만 지불이 되면 3%의 현금할인이 적용되도록 하는 방식이다.

✅ CHECK
기산일이란 기일(期日)을 정해서 날수를 따질 때에 기준이 되는 그 첫날을 의미한다.

- 특인기간 현금할인(Extra Dating): 할인판매 등의 특별기간 동안 현금할인기간을 추가로 적용하는 방식이다. 예를 들어, '3/10 − 60 days Extra'는 거래일로부터 10일 이내의 현금지불에 대하여 3% 할인을 인정하며, 특별히 추가로 60일간 할인기간을 연장한다는 의미로서 거래일로부터 총 70일간 현금할인이 적용되는 방식이다.

- 구매당월락 현금할인(EOM; End of Month Dating): 구매당월은 할인기간에 산입하지 않고 익월부터 시작하게 되는 방식이다. 예를 들어 3월 25일 거래일의 결제조건이 '3/10 EOM'인 경우 4월 10일까지 대금을 지불하면 3%의 할인을 받는다. 관습상 25일 익월에 행해진 것으로 간주되어 그 할인기간이 익월의 1. 부터 기산되어지는 것이 보통이다.
- 수취일기준 현금할인(ROG; Receipt of Goods Dating): 할인기간의 시작일을 거래일로 하지 않고 송장(Invoice)의 하수일을 기준으로 할인하는 방식이다. 무역거래 등의 원거리 수송이 필요할 때 구매거래처의 대금지급일을 연기해주는 효과가 있다. 예를 들어 '3/10 ROG'인 경우 선적화물 수취일로부터 10일 이내에 현금지급일 경우 3%의 현금할인이 적용되는 방식이다.
- 선불기일 현금할인(Anticipation): 현금할인 이외에도 현금할인 만기일 이전에 선불되는 기일에 비례하여 이자율을 차감해주는 방식이다. 예를 들어 30일 이내에 현금 지불시 2%의 현금할인과 더불어 1%의(조달금리 12%를 12개월로 나눈 값) 선불금 할인을 적용하여 3% 할인효과가 있다.

▶▶ 필수예제

01
아래의 구매계약 정보를 이용할 때, 다음 중에서 현금할인 기한이 가장 늦은 조건은 무엇인가?

- 구매계약 개요
  - 구매 거래계약일: 3월 27일
  - 선일부현금할인 기산일: 4월 2일
  - 선적화물 수취일: 4월 10일

해설　현금할인방식 결제조건
　　A. "3/10 ROG": 선적화물 수취일인 4월 10일을 기산일로 하여 10일 이내 할인
　　B. "3/10 EOM": 25일 이후 구매이므로 4월 1일을 기산일로 하여 10일 이내 할인
　　C. "3/10 Advanced": 4월 1일을 선일부 현금할인 기산일로 하여 10일 이내 할인
　　D. "3/10 - 10 days, Extra": 계약일인 3월 27일을 기산일로 하여 10일 이내 할인하며, 특별할인기간 10일을 추가해 총 12일 이내 할인
　　따라서 현금할인 기간이 가장 긴 결제조건은 A이며, A의 할인율은 3%이다.

02

아래는 구매대금의 현금할인을 위한 결제조건이다. [보기]의 조건에서 현금할인을 받기 위한 대금지불 기한은 언제까지인가?

[보 기]

- 거래일: 5월 25일
- 결제조건: "3/15 EOM"

해설 3/15 EOM: 25일 이후 구매이므로 6월 1일을 기산일로 하여 15일 이내 할인
따라서 6월 15일

03

아래는 구매대금의 현금할인 결제조건이 각각 제시되어 있다. A, B, C 결제조건에 대한 각각의 할인율은 얼마인가?

- A. "5/10 Advanced"의 할인율: (　　?　　)%
- B. "5/5 EOM"의 할인율: (　　?　　)%
- C. "10/30 ROG"의 할인율: (　　?　　)%

해설 A "5/10 Advanced": 익월 1일을 할인 기산일로 하여 10일 이내는 5% 할인
B "5/5 EOM": 25일 이후 구매일 경우, 익월 1일을 기산일로 하여 5일 이내는 5% 할인
C "10/30 ROG": 기산일로부터 30일 이내는 10% 할인

---

② 수량할인 방식: 일정거래량 이상의 대량구매에 대한 할인방식으로서 대량판매의 경우 상품회전율이 높아지므로, 보관비와 재고투하 자본비용을 절감할 수 있으며 판매비용의 절감분을 고객에게 환원시키는 할인방식이다. 수량할인은 판매가격 할인효과가 크므로 대량구매와 계속구매 효과가 있다.

- 비누적 수량할인과 누적 수량할인: 비누적 수량할인은 1회 구매량을 기준으로 기준수량 이상을 일시에 구입할 때 판매금액의 일부를 할인(예 1＋1)하는 방식이다. 누적 수량할인은 일정기간(비수기, 상품 이월기간 등) 동안의 구매총량이 기준수량 이상일 때 적용하는 수량할인(예 마일리지)이다. 그러나 누적 수량할인에 비하여 비누적 수량할인이 판매비의 절감효과가 크므로 비누적 수량할인 방식이 수량할인의 본래 목적에 더욱 적합한 방법이라고 할 수 있다.
- 품목별 할인과 총합적 할인: 품목별 할인은 품목별 특성에 따라 판매과정에서 비용이 발생하거나 판매 전략에 따라 판매비 절감 효과가 큰 품목에 대한 수량할

인 방법이다. 반면 총합적 할인은 판매비절감 차이가 품목별로 구분하기 어려운 유사한 품목으로 구성된 경우 적용하는 판매총량에 대한 수량할인 방식이다.

- 판매금액별 할인과 판매수량별 할인: 판매금액 또는 판매수량의 단계별 할인율을 차별화하는 방식이다. 예를 들면 판매금액별 할인방식은 100만원 미만까지는 할인율 0%, 100~200만원 2%, 200~500만원 3%, 500만원 이상은 5% 적용 등이다. 판매수량별 할인은 판매금액 대신 판매수량을 적용하는 방법이다. 가격이 변하더라도 할인 적용이 용이하고, 할인율에 따른 판매이익에 대한 효과를 분석할 수도 있다.

(5) 구매계약

① 구매계약의 개념: 구매계약이란 구매자가 공급자로부터 생산물품을 공급받고 경영활동을 영위하기 위해 공급자와 구매자 간의 매매의사를 합의하여 계약을 체결하는 민법상의 법률행위이다. 구매계약을 체결하면 구매자의 발주 요청에 따라 공급자가 물품을 제공하고 대금을 주고받는 거래가 이루어진다. 매매당사자가 매매계약서를 교환하거나 계약서가 상대방에게 전달되면 계약이 성립되며, 구매자가 발주 요청이나 주문서를 전달했을 때 공급자가 구매자의 청구에 대해 승낙을 하면 계약서가 없더라도 계약이 성립된 것으로 간주한다. 구매계약 시 아래와 같은 거래조건을 계약서에 명시하는 것이 일반적이다.

- 대금지불방법
- 가격인하 또는 할인내용
- 선급금, 계약금
- 납품 장소
- 하역 및 배송방법 등

② 구매계약과 일반주문서 처리와의 관계: 거래과정에서 매매당사자 간에 약정한 계약조건에 대해 문제가 발생하거나 분쟁의 위험성을 대비하여 자세하고 명확한 근거를 포함하여 매매계약서를 작성하는 것이 바람직하다. 구매계약 시 계약금액을 기준으로 할 때는 총액방식, 개별가격방식, 희망수량가격방식 등을 이용할 수 있고, 계약수량을 기준으로 할 때에는 확정수량 방식이나 개산수량 방식에 따라 계약금액을 결정한다.

한편, 일반주문서는 법적인 분쟁의 위험성이 상대적으로 적으며, 주문서 번호, 주문수량, 납품자재 스펙, 품질규격, 가격, 납기, 운송조건 등 만족스러운 계약을 보증할 수 있는 모든 자료를 포함한다.

③ 공급업체 선정방법: 시장조사를 통해 가격, 품질, 납기, 거래조건 등의 수집 정보를 바탕으로 공급업체(Supplier) 중에서 최적의 공급자를 선택하는 활동이다. 자사의 품질, 코스트, 납기 등을 만족시킬 수 있는 능력 있는 공급자를 선정하는 것은 대단히 중요하므로 공급자 선정의 객관성을 유지하기 위해서는 품질수준, 생산 또는 공급능력, 품질 시스템, 협력도 등을 평가할 수 있는 공급자 선정 기준을 설정하여야 한다.

이 평가 기준에는 경영 규모를 비롯하여 자재구입 및 공정관리 체계, 각종 검사 절차와 기준, 제조검사 및 시험 설비의 확보, 제품의 보관, 운송, 기술인력 등의 항목이 업종별 가중치를 두어 선정의 척도가 되어야 한다.

✔ CHECK 　평점방식

공급 대상 공급자들이 제출한 견적서나 제안서를 바탕으로 경영, 생산, 기술, 품질, 환경 및 안전 등에 대한 분야별 평가항목과 평가기준에 따라 평가대상 공급자들을 평가하여 최고 점수를 획득한 공급자를 선정하는 방식이다. 정량 및 정성적 평가항목을 통해 종합적이고 객관적인 평가가 가능하다.

✔ CHECK 　경쟁방식

- 일반 경쟁: 일반 경쟁은 계약의 목적을 공고하여 일정 자격을 갖춘 불특정 다수의 입찰 희망자를 경쟁시켜, 가장 유리한 조건(최저가)을 제시한 자를 낙찰자로 선정하고 그와 계약을 체결하는 방법이다.
- 제한 입찰: 제한 입찰은 계약 실적 등 객관적 기준에 따라 입찰 참가자의 자격을 제한하여 경쟁 입찰에 참가시키고, 그 낙찰자와 계약을 체결하는 방법이다. 일반 경쟁방식과 지명 경쟁방식의 단점을 보완하고 경쟁의 효과를 높일 수 있다.
- 지명 경쟁: 지명 경쟁은 계약 담당자가 계약의 목적에 비추어 특수한 설비, 신용과 실적 등이 있는 자를 지명하여 경쟁 입찰에 참가시키고, 그 낙찰자와 계약을 체결하는 방법이다. 이 방식은 신용, 실적, 경영상태가 우량한 공급자를 지명할 수 있으므로 구매계약 이행에 대한 신뢰성을 확보하고 구매계약에 소요되는 비용과 절차를 간소화할 수 있다는 장점이 있다.
- 수의 계약: 수의 계약은 경쟁 없이 특정 기업을 공급자로 선정하여 계약을 체결하는 방법이다. 구매품목을 제조하는 공급자가 유일한 경우, 구매 금액이 소액인 경우, 구매조건을 이행할 수 있는 능력을 갖춘 경쟁자가 없는 경우, 경쟁 입찰을 할 수 없는 특별한 상황인 경우 등에 한하여 적용할 수 있다.

01

2018년
3회

다음 [보기]에서 괄호(㉠), (㉡) 안에 들어갈 말로 가장 적당한 것은?

> [보 기]
> 구매관리는 구매조직관리, (㉠), (㉡), 구매분석 등의 구매기능에 대한 조정
> 및 통제활동이다.

① ㉠ 구매계획, ㉡ 구매실행

② ㉠ 물품동향, ㉡ 가격조사

③ ㉠ 구매비용, ㉡ 구매성과

④ ㉠ 판매예측, ㉡ 시장조사

해설 구매관리

제품생산에 필요한 원재료 및 상품을 되도록 저렴한 가격으로, 필요한 시기에 적당한 공급자에게
구입하기 위한 체계적인 활동을 말한다. 구매조직관리, 구매계획, 구매실행, 구매분석 등의 구매기
능에 대한 조정 및 통제활동이다.　　　　　　　　　　　　　　　　　　　　　　　　　**답**①

02

2018년
3회

다음은 구매관리에서 경쟁방식에 의한 공급자 선정 방법의 유형에 대한 설명이다. 맞게
짝지어진 것은?

① 지명경쟁방식: 특히 긴급구매에 적합하다.

② 제한경쟁방식: 구매금액이 소액인 경우에도 해당된다.

③ 수의계약방식: 일반경쟁방식과 지명경쟁방식의 중간적 성격을 띤다.

④ 일반경쟁방식: 구매계약에 소요되는 비용과 절차를 간소화할 수 있다.

해설 ② 수의계약방식: 구매금액이 소액인 경우에도 해당된다.

③ 제한경쟁방식: 일반경쟁방식과 지명경쟁방식의 중간적 성격이다.

④ 지명경쟁방식: 구매계약에 소요되는 비용과 절차를 간소화할 수 있다.　　　　　　**답**①

03 다음 가격할인 방식에 대한 설명 중 옳은 것은?

2018년
3회
① 할인기간의 시작일을 거래일로 하지 않고 송장(Invoice)의 하수일을 기준으로 할인하는 방식은 특인기간현금할인 방식이다.

② 거래일자를 늦추어 기입하여 대금지불 일자를 연기하여 현금할인의 기산일을 거래일보다 늦추어 잡게 되는 방식은 선불기일현금할인 방식이다.

③ 판매비 절감 차이가 품목별로 구분하기 어려운 유사한 품목으로 구성된 경우 적용하는 판매총량에 대한 수량할인 방식은 누적 수량할인이다.

④ 판매금액 또는 판매수량의 단계별로 할인율을 다르게 적용하는 방식은 판매금액별할인과 판매수량별할인 방식으로 수량할인 방식의 일종이다.

해설 ① 할인기간의 시작일을 거래일로 하지 않고 송장(Invoice)의 하수일을 기준으로 할인하는 방식은 수취일기준 현금할인 방식이다.

② 거래일자를 늦추어 기입하여 대금지불 일자를 연기, 현금할인의 기산일을 거래일보다 늦추어 잡게되는 방식은 선일부 현금할인 방식이다.

③ 판매비 절감 차이가 품목별로 구분하기 어려운 유사한 품목으로 구성된 경우 적용하는 판매 총량에 대한 수량할인 방식은 총합 할인방식이다.   답 ④

04 구매실무에서 시장조사에 관한 설명으로 가장 적절하지 않은 것은?

2018년
3회
① 시장조사는 구매시장의 정보를 수집하고 분석하는 과정이다.

② 시장조사 방법의 선택은 비용, 시간, 정확성을 고려하여 결정한다.

③ 시장조사는 매출원가 산정, 판매이익 계산, 재무제표 작성이 주 목적이다.

④ 시장조사는 협회·조합·정부기관에서 발간되는 간행물을 통하여 수행할 수도 있다.

해설 시장조사

구매가격, 품질, 조달기간, 구매수량, 공급자, 지불조건 등을 결정하기 위한 정보를 수집하여 합리적 구매계획을 수립하도록 하는 것이 주목적이다.   답 ③

05 다음 중에서 "최적의 제조환경에서 설계도에 따라 가장 이상적으로 제조과정이 진행된 경우에 구성되는 이론적인 원가"를 의미하는 원가의 분류형태는 무엇인가?

2018년
4회
① 표준원가   ② 예정원가

③ 실제원가   ④ 사후원가

해설 표준원가

가장 이상적이고 모범적인 원가로 공정상에서 어떠한 원가손실도 가정하지 않는다.   답 ①

06
2018년
4회

다음의 가격결정 방식 중에서 소비자의 평가나 수요를 바탕으로 가격을 결정하는 구매자 중심적 가격결정 방식에 해당하는 것은?

① 입찰경쟁 방식　　　　　　　　② 지각가치 기준방식

③ 코스트 플러스 방식　　　　　　④ 목표투자이익률 방식

해설　① 입찰경쟁 방식: 경쟁사 중심적 가격결정
　　　③ 코스트 플러스 방식: 비용 중심적 가격결정
　　　④ 목표투자이익률 방식: 비용 중심적 가격결정　　　　　　　　답 ②

07
2018년
4회

다음 중 구매품목에 대한 구매원가분석의 목적으로 가장 적절하지 않은 것은?

① 생산계획 결정　　　　　　　　② 매출원가 산정

③ 판매이익 계산　　　　　　　　④ 재무제표 작성

해설　구매원가
　　　구매예산 편성, 매출원가 산정, 판매이익 계산, 재무제표 작성 등에 중요한 영향을 미친다. 답 ①

08
2018년
4회

사업장별 분산구매 방식과 비교할 때, 본사 집중구매 방식의 장점으로 옳지 않은 것은?

① 구매절차를 통일하기가 용이하다.

② 구매효과 측정 등이 용이하다.

③ 해당 지역과 호의적인 관계를 유지할 수 있다.

④ 대량구매로 가격, 거래조건을 유리하게 정할 수 있다.

해설　해당 지역과 호의적인 관계를 유지할 수 있는 것은 사업장별 분산구매 방식의 장점이다. 집중구매
　　　방식은 긴급수요에 즉각 대처할 수 있고, 지역구매가 많아 수송비가 감소하며, 구매수속이 간단하고
　　　구매기간이 줄어든다.　　　　　　　　　　　　　　　　　　　　　　　　　　답 ③

09
2018년
5회

다음 중에서 전통적인 구매기능과 다르게 최근 강조되고 있는 현대적인 구매기능의 특징을 가장 잘 나타내는 것은?

① 비용관리센터　　　　　　　　② 단기간의 성과중시

③ 총원가에 집중　　　　　　　　④ 요청에 지원하는 업무

해설　• 전통적인 시각의 구매기능: 단기간의 성과중시, 획득비용(가격) 중심, 비용관리센터, 요청에 지원
　　　　하는 업무
　　　• 현대적인 시각의 구매기능: 장기간의 전략적 구매중시, 총원가에 집중, 이익관리센터, 사전 계획
　　　　적인 업무　　　　　　　　　　　　　　　　　　　　　　　　　　　　　　　답 ③

10
2018년
5회

조달방법 의사결정 시 원가절감 측면에서 외주 생산보다 자체 생산이 더 유리한 경우는 무엇인가?

① 기술진부화가 예측되는 경우

② 생산제품 모델변경이 잦은 경우

③ 계절적 수요를 갖는 품목의 경우

④ 시설감가액을 고려한 생산한계비용이 한계수입보다 낮은 경우

해설 기술진부화가 예측되는 경우, 생산제품 모델 변경이 잦은 경우, 계절적 수요를 갖는 품목의 경우는 자체 생산보다 외주 생산이 더 유리한 경우이다. 답 ④

11
2018년
5회

공급자가 입찰가 또는 견적가를 제시할 경우 기초로 사용되는 원가로 가장 적절한 것은?

① 실제원가   ② 예정원가

③ 표준원가   ④ 취득원가

해설 예정원가

과거 제조경험을 고려하고 향후 제조환경을 반영하여 미래 산출될 것으로 기대하는 원가이며, 공급자가 입찰가 또는 견적가를 제시할 경우 기초로 사용되는 원가이다. 답 ②

12
2018년
5회

다음 [보기]에서 설명하고 있는 구매방법의 종류로 가장 적합한 것은?

> [보 기]
> • 생산시기가 일정한 품목이나 상비 저장품목 등에 적합한 방식
> • 계획구매로 조달비용을 절감하고 경제적인 구매가 가능한 방식
> • 미래 수요를 고려하여 시장 상황이 유리할 때 일정한 양을 미리 구매하고 구매청구에 따라 공급하는 방식

① 일괄구매   ② 수시구매

③ 시장(예측)구매   ④ 투기구매

해설 ① 일괄구매: 다품종의 품목을 한꺼번에 구매하는 방식

② 수시구매: 구매청구가 있을 때마다 구매하여 공급하는 방식

④ 투기구매: 가격 인상에 대비하여 이익을 도모할 목적으로 가격이 저렴할 때 미리 구매하는 방식

답 ③

13

다음의 가격 유형 중에서 거래 당사자가 서로 협상하여 직접 가격을 결정하는 것은 무엇인가?

① 시장가격　　　　　　　　　　② 개정가격

③ 협정가격　　　　　　　　　　④ 교섭가격

해설 교섭가격

거래 당사자 간의 교섭을 통해 결정되는 가격이며 판매자와 구매자 모두 가격에 영향을 준다.
- 정가가격: 판매자가 자신의 판단으로 가격 결정
- 협정가격: 판매자 다수가 서로 협의하여 일정한 기준에 의해 가격 결정
- 개정가격: 가격은 명확히 결정되지 않았으나 업계 특수성과 지역성 등으로 판매자가 당시의 환경과 조건에 따라 결정　　　　　　　답 ④

14

[보기]는 원가구성 관련 정보이다. 다음중 [보기]에 주어진 정보를 토대로 산출한 원가로 가장 적합하지 않은 것은?

> [보 기]
> - 직접경비: 1,000원
> - 직접노무비: 2,000원
> - 직접재료비: 3,000원
> - 제조간접비: 2,000원
> - 판매자의 이익: 2,000원
> - 판매 및 일반관리비: 3,000원

① 직접원가는 6,000원이다.

② 제조원가는 8,000원이다.

③ 판매원가(총원가)는 10,000원이다.

④ 매출가(판매가)는 13,000원이다.

해설 ③ 제조원가 8,000원 + 판매비와 일반관리비 3,000원 = 판매원가 11,000원

① 직접재료비 3,000원 + 직접노무비 2,000원 + 직접경비 1,000원 = 직접원가 6,000원

② 직접원가 6,000원 + 제조간접비 2,000원 = 제조원가 8,000원

④ 판매원가 11,000원 + 이익 2,000원 = 매출가(판매가격) 13,000원　　　　　답 ③

15

다음 [보기]에서 주어진 설명과 가장 관련 있는 공급업체 선정방법은?

> **[보 기]**
> - 회사 홈페이지에 구매대상 물품의 규격, 시방서, 구매조건 등의 구매내용을 공지한다.
> - 입찰참여 희망기업은 제약조건 없이 모두 입찰에 참가할 수 있다.
> - 공급업체의 선정은 입찰 참여기업 중에서 구매대상 물품에 대해 최저가격을 제시한 기업으로 한다.

① 수의계약에 의한 방법　　　　　② 일반경쟁방식에 의한 방법

③ 지명경쟁방식에 의한 방법　　　　④ 제한경쟁방식에 의한 방법

해설 일반경쟁방식

불특정 다수의 입찰 희망자를 모두 경쟁입찰에 참여시켜 구매에 가장 유리한 조건을 제시한 공급자를 선정하는 방식이다.　　　　　답 ②

16

다음 [보기]의 품목에 대한 구매방법으로 가장 적합하게 연결된 것은?

> **[보 기]**
> A. 자동차부품 제조기업에서 다양한 종류와 품목으로 소량씩 소요되는 사무용품
> B. 구두 제조기업에서 소요되는 구두 접착제 등의 상비 저장품

① A: 수시구매, B: 일괄구매

② A: 일괄구매, B: 예측구매

③ A: 예측구매, B: 투기구매

④ A: 투기구매, B: 장기계약구매

해설
- A – 일괄구매: 소량 다품종의 품목을 구매해야 하는 경우 품목별로 구매처를 선정하는 데 많은 시간과 노력이 드는 단점을 보완하여, 다품종의 품목을 한꺼번에 구매함으로써 구매시간과 비용을 줄이고 구매절차를 간소화할 수 있는 방식이다. 업무용이나 사무용품 등에 적절하다.
- B – 예측구매(시장구매): 미래 수요를 고려하여 시장상황이 유리할 때 일정한 양을 미리 구매하여 재고로 보유하였다가 생산계획이나 구매 청구에 따라 공급하는 방식이다. 계획구매로 조달비용을 절감하고, 수량할인, 수송비의 감소 등의 경제적인 구매가 가능하다. 생산시기가 일정한 품목 또는 항상 비축이 필요한 상비 저장품목 등에 적합하다.　　　　　답 ②

PART
02

실무 완전 정복

ERP
정보관리사

물류 2급

CHAPTER

01 icube 프로그램 설치

01 ERP icube 설치

icube는 ㈜더존에서 개발한 ERP 프로그램으로서 한국생산성본부(KPC)에서 주관하는 ERP 정보관리사 자격시험의 실무 문제를 해결하는 데 사용한다. icube 프로그램은 KPC와 ㈜더존의 홈페이지에서 다운로드 받을 수 있으며, 설치방법은 다음과 같다.

1 핵심ERP icube 설치폴더 구조

- RequireServer 폴더: 설치 시 필요한 필수 구성요소 폴더
  (.Netframework 2.0, WindowsInstaller 4.5)
- SQLEXPRESS폴더: SQL Server 2008 Express 폴더
- autorun: CD/DVD일때 자동 실행 설정 파일
- CoreCubeSetup: 설치 실행 파일

② 설치 실행

(1) CoreCubeSetup 파일을 실행(더블 클릭)한다.

아래의 화면과 같이 사용자 PC에 저장된 폴더에서 실행하면 된다.

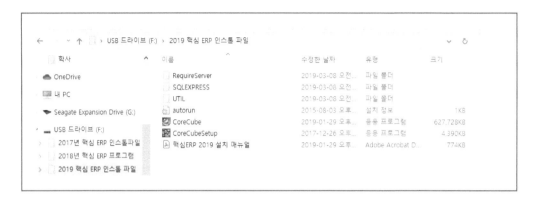

(2) icube 사용권 확인 후 '예(Y)' 버튼을 클릭한다.

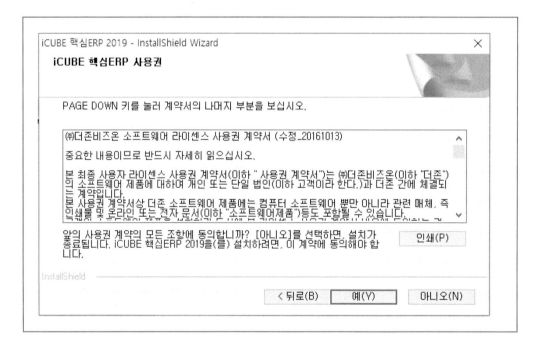

(3) SQL Server 2008 설치파일의 압축이 자동으로 해제되고, SQL Server 2008이 자동으로 설치된다. (이미 SQL Server 2008 엔진이 설치되어 있으면 설치되지 않는다.)

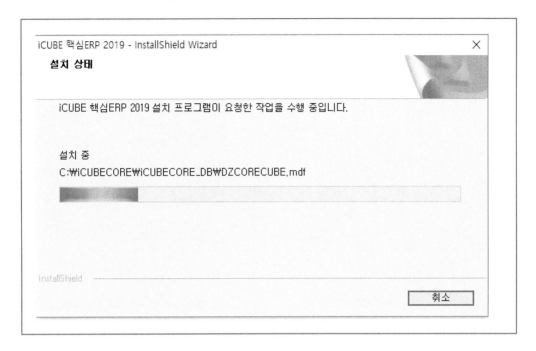

(4) 프로그램 설치가 종료되면 아래의 화면이 나타나며, '완료' 버튼을 클릭한다.

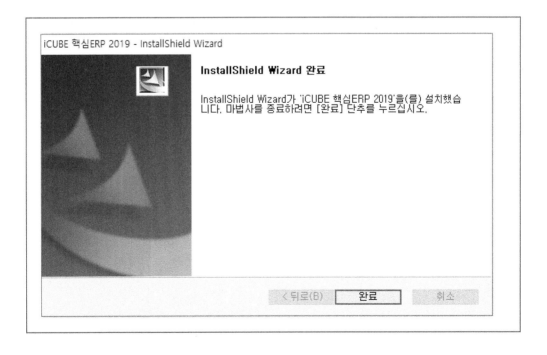

(5) 설치가 정상적으로 완료되면 아래의 로그인 화면이 나타나며, 프로그램 운용을 위한
    Data Base의 복원을 준비한다.

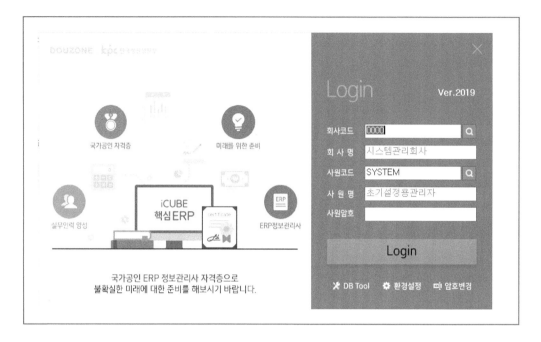

⑫ DB 복원

　icube 프로그램의 로그인 화면의 하단에 있는 'DB Tool'을 클릭하여 DB 파일을 복원함
으로써 정상적인 프로그램 운용이 가능하다. 2019년 정기시험 4회(7/27)의 실무시험에
적용한 DB 파일을 웹하드 홈페이지에서 미리 다운로드 받아 학습자 PC에 저장해 두어야
한다. DB 파일은 두 가지인데, 파일명은 'DZCORECUBE.mdf'와 'DZCORECUBELOG.idf'
이다.

　학습자 PC에 DB 파일의 저장이 완료되었다면 다음의 절차에 따라 복원 작업을 수
행한다.

(1) 로그인 화면 하단 좌측의 DB Tool을 클릭하여 아래의 화면에서 'DB 복원'을 선택한다.

(2) DB 복원 화면에서 '다른백업폴더 복원'을 선택하고 확인을 클릭한 후, DB가 저장된
폴더를 지정하여 확인을 클릭하면 DB 복원이 진행된다.

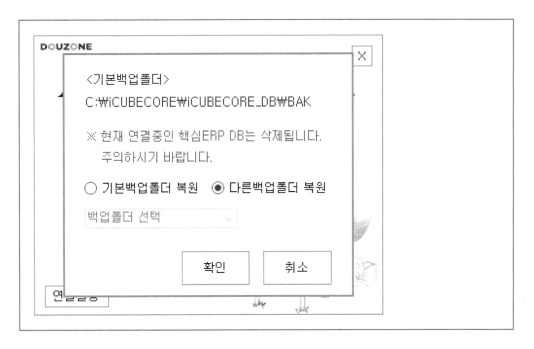

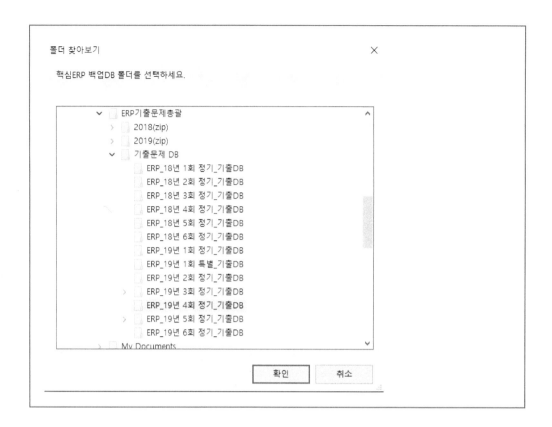

(3) DB 복원이 완료되었으면 확인을 클릭한다.

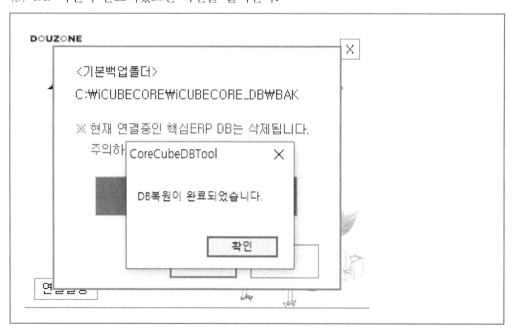

(4) 프로그램 로그인

　icube 프로그램을 다시 실행 후, 회사코드 3005, 회사명 물류2급 회사B, 사원코드 ERP13L02, 사원명 홍길동을 각각 입력하여 로그인을 클릭한다. 사원암호는 입력하지 않아도 무방하다.

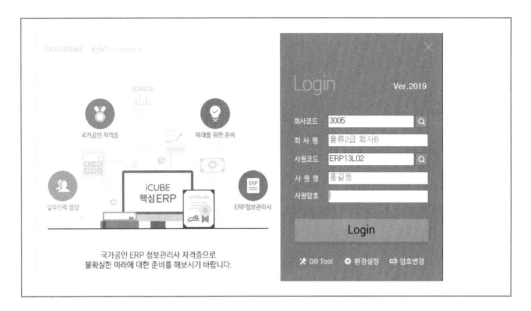

✔ CHECK

　icube 프로그램 설치가 원활하지 않다면 프로그램 설치와 관련된 전문적인 텍스트 및 동영상 파일을 KPC, ㈜더존, 웹하드 홈페이지에서 제공하고 있으므로 검색하여 해결하기 바란다.

시스템관리

01 iCUBE 핵심ERP Login

　본 교재에서는 2019년 7월 27일에 시행된 ERP정보관리사 4차 정기시험의 실무 DB를 적용하여, 각 모듈별 상세 기능을 설명하였다.

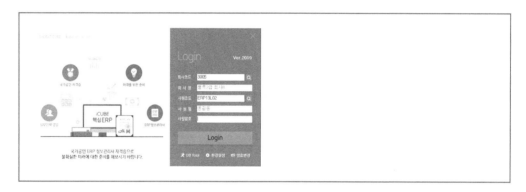

　위의 로그인 화면 하단에 있는 'DB Tool' 기능을 활용하여 해당 DB를 복원한 후, 회사코드 3005, 물류2급 회사B를 선택하고, 사원코드 ERP13L02, 홍길동을 선택하여 로그인하면 아래와 같은 화면이 나타나는데, 사원암호는 입력할 필요가 없다.

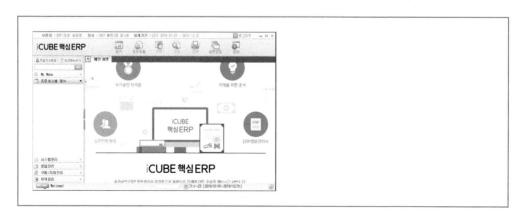

02 회사등록정보

1 회사등록

위치: 시스템관리 ▷ 회사등록정보 ▷ 회사등록

　회사의 사업자등록증을 근거로 회사정보를 등록하는 단계이다. 구축 초기에 등록을 하며, 회사가 등록되면 자동으로 사업장등록에 본사 하나가 등록된다. 두 개 이상의 회사를 관리할 경우나 사업자정보가 변경이 되어 한 회사코드로 관리할 수 없는 경우에는 회사를 추가시키는데, 사업자등록증을 보고 그대로 입력하면 된다.

✔ **CHECK**　유의사항

노란색으로 처리된 데이터 입력 필드(field)는 반드시 입력해야 할 필수사항이며, 모든 프로그램에서 동일하게 적용된다. 사업자등록번호는 세무신고 시 중요한 DATA이므로, 입력 시 사업자등록번호로 쓰일 수 없는 번호가 입력되면 사업자등록번호가 붉은색으로 표시된다. 따라서 입력 시 붉은 색이 되면 다시 확인한 후 재입력하도록 한다.

　아래의 화면에서는 회사명이 '코드 3005', '회사명 물류2급 회사B'로 나타나는데, 2019년 7월 정기 4차 시험의 실무DB를 적용하였기 때문이다.

2 사업장등록

위치: 시스템관리 ▷ 회사등록정보 ▷ 사업장등록

사업장등록은 회사등록에서 입력한 회사의 사업장에 대해서 입력하는 단계이며, 구축 초기 등록을 한다. 회사가 등록되면 자동으로 사업장등록에 본사 하나가 등록된다. 두 개 이상의 사업장을 관리하고자 하는 경우에는 사업장을 추가시킨다. 본사에서 영업관리를 하고 지사에서 공장을 운영하거나, 여러 개의 공장을 운영하는 경우 등에 사용한다.

✔ CHECK   유의사항

사업자등록번호는 세무신고 시 중요한 DATA이므로 입력 시 사업자등록번호로 쓰일 수 없는 번호가 입력되면 사업자등록번호가 붉은색으로 변한다. 따라서 입력 시 붉은 색이 되면 다시 확인한 후 재입력하도록 한다. 회사 하나에는 하나의 본점만 존재할 수 있다. 본점을 이동하는 경우에는 본점이 아닌 사업장의 본점여부에 '1. 여'를 입력하면 기존 본점은 '0. 부'로 본점여부가 수정된다. (본점 사업장에서 본점여부에 '0. 부'를 입력할 수 없다.)

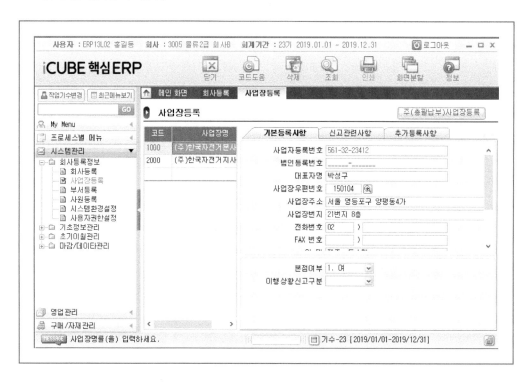

3 부서등록

위치: 시스템관리 ▷ 회사등록정보 ▷ 부서등록

　부서등록은 등록한 회사의 조직 구조를 반영하는 것으로 업무 영역에 따라 아래의 그림과 같이 여러 부서를 등록하여 관리하게 된다. 부문등록 버튼을 누르면 부문등록 화면이 팝업으로 생성되며, 부서등록과 유사하게 추가, 수정, 삭제를 할 수 있다. (부문도 하위단계에 부서가 존재하면 삭제할 수 없다.)

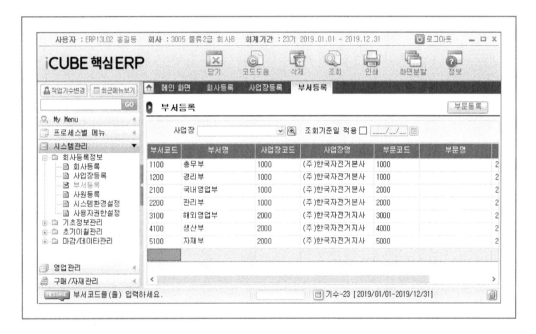

4 사원등록

위치: 시스템관리 ▷ 회사등록정보 ▷ 사원등록

　사원등록은 부문 혹은 부서에 소속된 사원을 등록하는 단계이다. 구축 초기 등록을 한다. 향후 조직변경이나 인원 변동이 있을 경우와 시스템사용권한 변동이 있을 경우에 수정이나 추가를 한다. 조회 버튼을 누르면 아래의 화면이 나타난다.

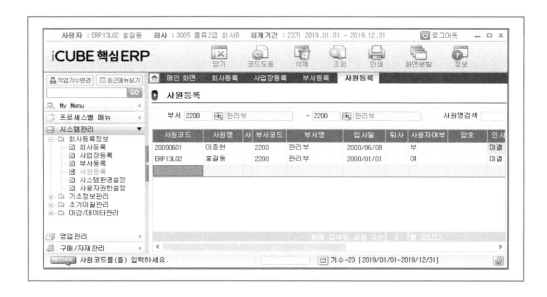

⑤ 시스템환경설정

위치: 시스템관리 ▷ 회사등록정보 ▷ 시스템환경설정

시스템환경을 설정하는 단계이다. 구축 초기에 등록해야 하며, ERP 시스템에서 사용하는 조회구분별 입력 기준을 설정하는 것으로 '조회구분'을 펼치면 공통, 회계, 인사, 물류, 원가 등의 구분이 있다. '조회구분'에서 '4. 물류'를 선택하면 출고 및 입고의뢰 운영여부, 출고전 및 입고전 검사 운영여부, 실적검사 및 외주검사 운영여부 등에 대해 선택범위를 결정할 수 있다.

6 사용자권한설정

위치: 시스템관리 ▷ 회사등록정보 ▷ 사용자권한설정

사용자권한등록을 설정하는 단계이다. 구축 초기에 등록하며, 사원등록에서는 사용자의 입력방식과 사용등급을 설정하였고, 이 단계에서는 사용자의 메뉴사용 권한을 설정한다. '조회구분'과 '구분'은 이전 메뉴와 동일하게 사용된다.

✔ CHECK 작업방법
- 권한설정을 하고자 하는 사원을 선택한다.
- 각 모듈별로 사용 가능한 메뉴를 등록한다. 모듈 선택은 탭으로 할 수 있고, 사용설정을 하고자 하는 메뉴는 중단에서 선택하여 더블클릭을 하면 우측으로 해당 메뉴가 이동되며 등록된다.
- 추가, 삭제, 수정, 권한에 대한 권한을 부여한다.
- 전 메뉴를 등록 시키고 모든 권한을 부여하기 위해서는 [권한설정] 버튼을 누르고, 조회권한을 설정한다.
- 이미 등록된 사용 가능한 메뉴를 삭제하기 위해서는 해당 사용가능 메뉴를 더블클릭하면 된다.
- 전 메뉴에 대한 권한을 삭제하기 위해서는 [권한해제] 버튼을 누른다.

▶▶ 실무예제

아래 [보기]의 조건으로 데이터를 조회한 후 물음에 답하시오.

[보 기]
- 모듈구분: B. 영업관리
- 사원명: 홍길동
- 메뉴그룹: 영업분석

다음 중 홍길동 사원에게 접근권한이 있는 메뉴는 무엇인가?

① 수주마감처리   ② 매출채권 회전율
③ 추정매출원가보고서   ④ 미수채권연령분석표

해설 모듈구분에서 B. 영업관리를 선택하면 홍길동 사원의 권한설정 내역이 조회된다. 사용자권한 설정메뉴의 가장 우측 테이블에서 권한이 부여된 메뉴를 확인할 수 있다. 또는 좌측 메뉴트리에서 보이지 않는 메뉴를 선택해도 옳은 답을 선택할 수 있다.   답 ①

03 기초정보관리

1 일반거래처등록

위치: 시스템관리 ▷ 기초정보관리 ▷ 일반거래처등록

일반거래처등록은 회사에서의 매입과 매출 관련 거래처를 등록하는 단계이며, 판매처, 구매거래처 등을 등록한다.

▶▶ 실무예제

다음 중 거래처명과 일반거래처정보가 다르게 연결된 곳은 어디인가?

① ㈜대흥정공 – 업태: 제조외
② ㈜하나상사 – 대표자성명: 김재영
③ ㈜하진해운 – 거래처약칭: ㈜하진운송
④ ㈜형광램프 – 사업자번호: 104 – 21 – 40013

해설 일반거래처등록을 조회하면 거래처 내역이 조회되며, 우측 창에 해당 거래처 정보를 확인할 수 있다. ③ ㈜하진해운 – 거래처약칭: ㈜하진해운 **답** ③

② 금융거래처등록

위치: 시스템관리 ▷ 기초정보관리 ▷ 금융거래처등록

　　금융거래처를 등록하는 단계이다. 금융기관, 정기예금, 정기적금, 카드사, 신용카드를 등록한다. 기본등록사항은 금융거래처 구분에 따라 세부 항목들이 다르게 표시된다. 금융거래처 구분에 따라 다르게 관리되어야 할 항목들이 기본등록사항에 표시된다. 고정자금등록을 통해 정기적으로 사용되는 자금내역을 등록하여 관리할 수 있다. 고정자금등록은 구분이 금융기관일 때만 활성화된다.

❸ 품목군등록

위치: 시스템관리 ▷ 기초정보관리 ▷ 품목군등록

회사에 관리하고 있는 품목 전체를 그룹별로 구분하여 등록하는 단계이며, 사용자 선택사항이다. 해당 품목군은 기초정보인 품목과 연계 되어 다양한 분석 자료로 활용이 된다. 품목군등록은 사용자 선택사항이다.

❹ 품목등록

위치: 시스템관리 ▷ 기초정보관리 ▷ 품목등록

회사에 관리하고 있는 품목 전체를 등록한다. 영업/구매/무역/생산/원가 관리에 재고 및 판매/구매/원가정보를 산출하는 기초정보로 활용되며, 회계모듈에서도 관리항목으로 등록하여 판매/구매정보로도 활용된다. 모듈을 운영하기 위해서는 필수적으로 입력하여야 하는 중요한 정보이다.

화면 상단의 조회 아이콘을 클릭하고 품명 '유아용자전거세트'을 선택하면 MASTER/SPEC의 입력된 내용을 확인할 수 있다. ORDER/COST, BARCODE 정보는 사용자 선택사항이다.

✔ **CHECK** MASTER/SPEC 주요 필드 설명
- 계정구분: 원자재, 부자재, 제품, 반제품, 상품, 저장품, 비용, 수익으로 구성되어 있다. 회계처리 시 해당 계정을 기준으로 분개된다.
- 조달구분: 품목을 마련하는 조달 기준으로 구매, 생산, Phantom으로 구성되어 있다.
- 재고단위: 입/출고, 재고관리, 생산/외주 시 사용되는 단위
- 관리단위: 영업의 주문, 구매의 발주 시 사용되는 단위
- 환산계수: 재고단위와 관리단위가 다른 경우 동일한 정보로 활용할 수 있게 하는 기초정보이다. 환산계수 = 관리단위/재고단위
- 품목군: 품목의 특성별로 그룹(Group)화하여 관리하는 기초정보이다.
- LOT 여부: 품목의 입출고 시 LOT 관리여부를 설정한다. 입/출고, 생산시점에 따라 품질이 차이가 발생하여 추후에 관리가 필요한 품목들을 관리하는 기능이다.
- SET품목: 한 개 이상의 상품이나 제품들을 재구성하여 판매 단위로 재생성하는 품목을 의미한다.
- 검사여부: 검사 Process 운영 시 검사 품목의 대상여부를 설정하는 항목이다.
- 사용여부: 품목의 사용여부를 설정하는 항목으로서 '부'로 설정하는 경우에는 입력화면, 출력화면의 코드 도움 시 나타나지 않는다.
- Phantom은 공정상 잠시 존재하지만, 구매 및 수불 활동이 없는 품목이다. 즉 실체는 존재하지만 ERP 시스템에는 반영하지 않는 물품을 의미한다.

✔ **CHECK** ORDER/COST 주요 필드 설명
- LEAD TIME: 품목의 조달 시 소요되는 기간을 의미하며, 일(日) 단위로 설정한다. 조달구분이 '구매'인 경우 발주에서 입고까지의 소요되는 일자를 의미하며, 조달구분이 '생산'인 경우 지시에서 생산 완료까지의 소요되는 일자를 의미한다. (회사 기준)
- 안전재고량(Safety Stock): 수요와 공급을 감안한 재고량을 의미한다. (회사 기준)
- 일별생산량(Daily Capacity): 품목 생산 시 일별 가능한 수량을 의미하며. 재고단위 기준의 가능한 수량을 의미한다. (회사 기준)
- 표준원가: 기업이 이상적인 제조 활동을 하는 경우에 소비될 원가로서 품목단가, 거래처별 단가 산정 시 기준이 되는 단가이다.
- 실제원가: 제조작업이 종료되고 제품이 완성된 후에 제조를 위해 발생한 가치의 소비액을 산출한 원가이다. 견적단가, 거래처별 단가 산정 시 기준이 되는 단가이다.

▶▶ 실무예제

다음 중 품목등록 메뉴를 통해 관리할 수 없는 항목은 무엇인가?

① 품목군   ② 최대판매가
③ 안전재고량   ④ LEAD TIME

해설 품목등록을 실행하여 조회하면 우측 창에 있는 해당 품목의 ORDER/COST 탭에서 표준원가, 실제원가 그리고 최저판매가를 확인할 수 있다. ② 최대판매가 정보는 없음   目②

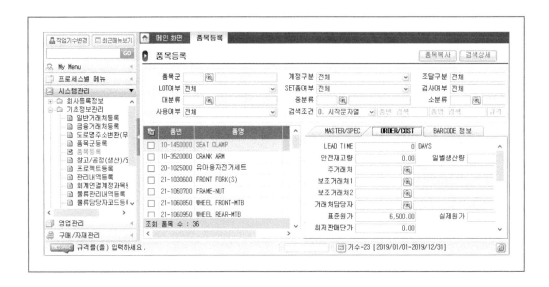

5 창고/공정(생산)/외주공정등록

위치: 시스템관리 ▷ 기초정보관리 ▷ 창고/공정(생산)/외주공정등록

　　사업장별로 관리하는 창고 및 공정 외주에 대한 기준정보를 등록하여 관리하며, 재고수불이 발생하는 창고, 공정(생산, 외주)을 설정한다. 생산, 물류 모듈을 사용하기 위해 반드시 필요한 단계이다.

✅ CHECK　　용어 설명

• 창고코드: 문자/숫자/문자 + 숫자 혼용하여 입력 가능하며 최대 4자리까지 가능하다.
• 입고기본위치: 품목의 입고가 발생할 때 가장 많이 사용되는 창고 및 위치를 설정하여 입고에 관한 데이터를 입력할 때 자동으로 반영하기 위해서 등록하는 필드이다.
• 출고기본위치: 품목의 출고가 발생할 때 가장 많이 사용되는 창고 및 위치를 설정하여 출고에 관한 데이터를 입력할 때 자동으로 반영하기 위해서 등록하는 필드이다.
• 사용여부: 해당 창고의 사용, 미사용 여부를 선택한다.
• 위치코드: 창고에 종속되는 관계로 숫자/문자/숫자 + 문자 4자리로 입력한다.
• 가출고 거래처: 가출고는 샘플이나 선출고 시 매출이 미확정일 경우 일정재고를 자사의 자산관리 하에 거래처, 대리점, 특수매장에 임시 출고를 하고자 할 경우에 사용한다.
• 부적합여부: 품목의 상태에 따라 적합과 부적합으로 구분할 수 있다.
• 가용재고여부: 가용재고란 미래에 발생할 수 있는 거래에 대해서 예상해서 재고값을 설정하는 것으로 가용재고의 여부를 결정하는 필드이다. '여'는 가용재고 산출 시 해당 장소에 대하여 가용재고를 포함하는 것이고 '부'는 가용재고를 포함하지 않는 것이다.

㈜한국자전거본사에서 활용중인 창고와 장소(위치)의 가용재고여부를 연결한 것 중 옳지 않은 것은 무엇인가?

① 상품창고 – 상품장소 – 여　　　　② 상품창고 – 상품적재장소 – 여

③ 부품창고 – 부품장소 – 부　　　　④ 부품창고 – 예비장소 – 부

해설　창고/공정(생산)/외주공정등록을 실행하여 창고/장소 탭에서 조회한다. 조회 내역 중 각 창고명을 클릭하면 하단창에서 해당 창고의 위치명을 확인할 수 있다. ③ 부품창고 – 부품장소 – 여 　　📖③

6 프로젝트등록

위치: 시스템관리 ▷ 기초정보관리 ▷ 프로젝트등록

특정 TF team을 일정기간 운영할 때 프로젝트를 등록하고 수급등록을 하는 단계이다.

7 관리내역등록

위치: 시스템관리 ▷ 기초정보관리 ▷ 관리내역등록

시스템 전반에서 사용하는 코드 관리 단계이다. 예금종류, 거래처등급 등의 관리항목을 등록하며, 회계 모듈에서 주로 사용된다.

✅ CHECK 　버튼 설명

관리항목등록: 출력구분 '회계', '인사'에서 관리항목을 추가하는 버튼이다. 아이콘을 누르면 관리항목
등록 화면이 팝업으로 생성되며, 코드, 항목명, 수정여부, 등록일을 입력하고 [확인] 버튼을 누른다.

8 회계연결계정과목등록

위치: 시스템관리 ▷ 기초정보관리 ▷ 회계연결계정과목등록

　영업관리/자재 구매관리/생산관리/무역관리 모듈에서 매입이나 매출을 마감 처리한
후 회계 전표를 발생시키기 위해 계정과목을 설정하는 단계이다. 회계처리 관련 단계에
서 전표 처리를 하면 '회계연결계정과목'에 등록되어 있는 계정이 대체차변, 대체대변에
생성된다. 각 모듈에서 회계처리된 것은 미결전표로 생성되므로 회계 승인권자가 '전표
승인/해제' 단계에서 승인을 해야 승인전표가 된다.

✅ CHECK 　유의사항

시스템 도입 초기에는 초기설정되어 있지 않다. 각 모듈의 회계처리를 위해서는 반드시 회계연결 계정이
설정되어 있어야 한다.

▶▶ 실무예제

한국자전거본사 '자재관리' 모듈의 전표코드가 'DOMESTIC_구매'에 해당하는 '계정코드'를 찾
으시오.

① 10800　　　　　　　　　　　　② 13800

③ 25100　　　　　　　　　　　　④ 25500

해설　회계연결계정과목등록을 실행한 후 모듈과 전표코드를 각각 입력하여 조회하면 전표명과 계정코드를 확인
할 수 있다.　　　　　　　　　　　　　　　　　　　　　　　　　　　　　　　답 ③

9 물류관리내역등록

위치: 시스템관리 ▷ 기초정보관리 ▷ 물류관리내역등록

물류(영업/구매(자재)/무역)/생산(외주)모듈 운영 시 관리항목의 특성과 업무 분석의 특성에 따라 관련된 코드를 등록한다. 화면 좌측의 코드 및 관리항목명은 시스템에서 제공이 되며, 화면 우측의 관리내역코드 및 관리항목명은 입력이나 수정 가능하다. 사용 여부가 '미사용'인 항목은 다른 단계에서 사용이 불가능하다.

▶▶ 실무예제

한국자전거본사 물류관리를 위한 지역그룹의 '관리항목명'이 아닌 것을 찾으시오.

① 수도권   ② 중부권

③ 경기이남   ④ 제주권

해설 물류관리내역등록을 실행한 후 좌측 창의 지역그룹구분을 클릭하면 우측 창에서 해당 관리항목 내역을 확인할 수 있다. ④ 제주권이 없음   **답** ④

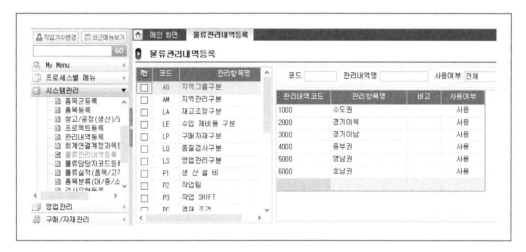

10 물류담당자코드등록

위치: 시스템관리 ▷ 기초정보관리 ▷ 물류담당자코드등록

물류(영업, 구매/자재, 무역)에서 차후 프로세스의 효율적인 관리를 위해서 담당자를 등록한다. '사원등록'에서 등록한 사원은 담당업무가 변화할 수 있기 때문에 담당자로 등록하여 관리하는 것이 효율적이다. 담당자를 그룹화시켜 효율적으로 관리할 수도 있

다. 등록된 담당자코드는 품목이나 거래처별 물류실적담당자등록에서 등록하여 차후 프로세스에서 이용된다.

▶▶ 실무예제

한국자전거본사 '물류담당자코드'와 '사원명'이 일치하지 않는 것을 찾으시오. (단, 기준일자는 2018년 1월 1일)

① 1,000 – 김종욱   ② 2,000 – 이종현

③ 6000 – 최지민   ④ 7,000 – 홍길동

[해설] 물류담당자코드등록을 실행한 후 기준일자를 입력하여 조회하면 담당자코드와 사원명 등을 확인할 수 있다.
④ 7,000 – 심경진   📋 ④

⑪ 물류실적(품목/고객)담당자등록

위치: 시스템관리 ▷ 기초정보관리 ▷ 물류실적(품목/고객)담당자등록

　　물류담당자코드등록 단계에서 등록한 물류담당자를 조회하여 거래처(고객)나 품목별로 담당자코드를 등록한다. 품목별등록에서는 품목별 영업, 구매 자재의 담당자를 설정하고, 거래처별 등록에서는 영업, 구매의 담당자와 지역, 거래처(고객)분류, 기본단가유형을 설정한다. (지역, 거래처 분류, 기본단가유형은 관리내역등록에서 등록된 데이터가 조회된다.) 물류실적(품목/고객)담당자코드는 차후 영업관리 프로세스에 많이 활용된다.

▶▶ 실무예제

다음 중 물류실적(품목/고객)담당자등록에 대한 설명이 바르지 않은 것을 고르시오.

① ㈜대흥정공은 구매/영업은 같은 담당자가 관리한다.

② 이종현은 ㈜제동기어의 구매담당자다.

③ 노희선은 구매담당자로만 지정되어 있다.

④ 정영수가 영업관리를 담당하는 거래처는 없다.

> **해설** 물류실적(품목/고객)담당자등록을 실행 후 거래처 탭에서 조회하면 거래처별 영업, 구매, 외주 담당자 등을 확인할 수 있다. ③ 노희선은 영업과 구매 담당자로 지정되어 있다. 　 답③

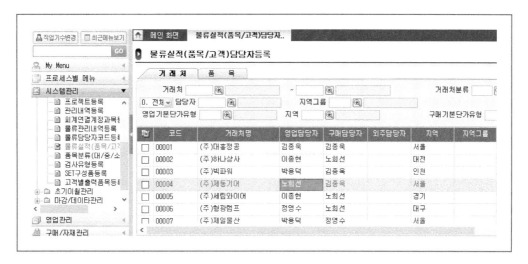

⑫ 품목분류(대/중/소)등록

> 위치: 시스템관리 ▷ 기초정보관리 ▷ 품목분류(대/중/소)등록

　품목의 효율적인 관리를 위해서 그룹화하여 관리하는 품목군과 달리 품목을 특성에 따라 분류화하여 관리하고자 대분류, 중분류, 소분류로 등록할 수 있다. 품목분류(대/중/소)등록 단계에서 품목분류를 등록하면 '품목등록' 단계에서도 동일하게 적용된다.

▶▶ 실무예제

다음 중 '품목군'과 '대분류'가 일치하지 않는 것을 찾으시오.

① FRONT － PIPE 105

② FRAME － PIPE 205

③ WHEEL － PIPE 205

④ WIRING － PIPE 205

> **해설** 품목분류(대/중/소)등록을 실행 후 조회하면 품명별 품목군의 대, 중, 소 분류 내역을 확인할 수 있다.
> ② FRAME – PIPE 105 　 답②

13 검사유형등록

위치: 시스템관리 ▷ 기초정보관리 ▷ 검사유형등록

물류 모듈의 입고검사/출고검사 관련 단계에서 각 품목에 대한 검사내역을 관리하기 위해 등록한다. '검사구분'은 구매, 외주, 공정, 출하 검사가 있으며, 검사유형별 검사유형질문을 등록할 수 있다.

✅ CHECK 유의사항
- 입력할 때 코드, 검사 유형명, 사용여부는 필수 입력 값이다.
- 삭제할 때 먼저 디테일 부분을 먼저 삭제하고 헤더부분을 삭제한다.
- 입력 필수는 빨간색으로 표시된다.

▶▶ 실무예제

검사구분이 '11. 구매검사'일 때 '검사유형명'에 해당되지 않는 것을 찾으시오.

① 부착검사   ② 샘플검사
③ 외관검사   ④ 팔레트검사

해설 검사유형등록을 실행 후 검사구분에서 11. 구매검사를 선택하여 조회하면 검사유형을 확인할 수 있으며, 검사유형을 각각 클릭하면 하단 창에서 해당 검사유형질문도 확인할 수 있다. 📖 ③

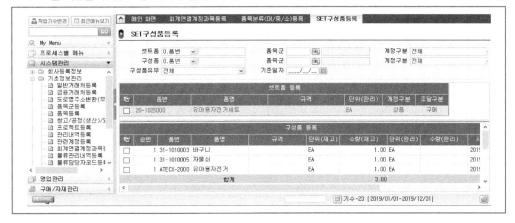

14 SET구성품등록(2018년 신규추가메뉴)

위치: 시스템관리 ▷ 기초정보관리 ▷ SET구성품등록

두 가지 이상의 품목을 SET품으로 구성할 때 SET품(모품목, HEADER), SET구성품(자품목, DETAIL)을 등록한다. '품목등록' 단계에서 'SET품목'에 '1, 여'로 등록된 품목이 조회된다.

✓ CHECK   유의사항
품목등록 시 재고단위와 관리단위가 같지 않은 경우 SET구성품등록 시 주의하여 등록하여야 한다.

▶▶ 실무예제

SET품 모품목이 '유아용자전거세트'인 경우 세트 구성품이 아닌 것을 찾으시오.

① 유아용자전거   ② 바구니
③ 자물쇠   ④ 타이어

해설   SET구성품등록을 실행 후 조회하면 셋트품등록 내역이 나타나며, 하단 창에서 해당 셋트품의 구성품 내역을 확인할 수 있다. ④ 타이어 품목은 없음

🔢 고객별출력품목등록(2018년 신규추가메뉴)

위치: 시스템관리 ▷ 기초정보관리 ▷ 고객별출력품목등록

고객별출력품목등록은 한 품목에 대해서 고객별로 품번, 품명, 규격, 관리단위, 환산계수 등이 회사에서 등록한 정보와 다를 수 있다. 이때 고객마다 요구하는 품번, 품명, 규격, 관리단위를 세금계산서나 거래명세서 등 출력 시 선택하여 고객의 요구에 맞도록 출력하기 위해 등록한다.

🔢 계정과목등록

위치: 시스템관리 ▷ 기초정보관리 ▷ 계정과목등록

기업회계기준에 따라 가장 일반적인 계정과목은 이미 등록되어 있는 상태이므로 회사의 특성에 따라 계정과목을 계정과목코드 체계에 따라 수정하거나 추가하여 사용할 수 있다. 전표입력은 계정과목별로 입력하면 된다.

04 초기이월관리

1 회계초기이월등록

위치: 시스템관리 ▷ 초기이월관리 ▷ 회계초기이월등록

사업장별로 계정과목별, 거래처별 전기분 대차대조표, 손익계산서, 제조원가보고서를 조회, 입력한다. 프로그램을 설치한 당기의 자료는 자동으로 차기로 이월이 되지만, 전기의 자료는 프로그램에 반영되어 있지 않으므로 초기이월관리에서 입력을 해주어야 한다. 입력한 전기분 금액이 당기의 각 장부에 이월금액으로 반영된다. 대차대조표의 경우 차변과 대변항목을 올바르게 입력하였다면 잔액은 '0'이 될 것이고, 손익계산서의 경우 잔액은 '당기 순이익'이 될 것이다. 차기에는 '마감및년도이월' 단계에서 회계이월작업을 할 수 있다.

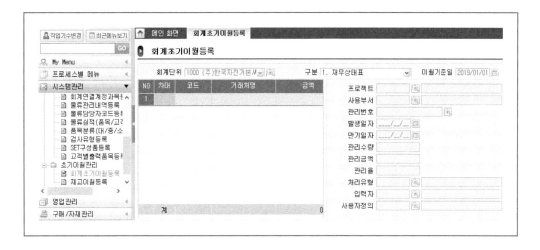

2 재고이월등록

위치: 시스템관리 ▷ 초기이월관리 ▷ 재고이월등록

대상년도 말의 기말재고를 차기의 기초재고로 반영하여 이월시킨다. 재고이월 작업 후에 대상년도 재고를 수정하지 않으면 '자재마감/통제등록' 단계에서 마감등록을 해야 한다.

05 마감/데이타관리

1 영업마감/통제등록

위치: 시스템관리 ▷ 마감/데이타관리 ▷ 영업마감/통제등록

　　영업모듈에서 사업장별 단가정보, 품목코드 도움 정보, 전 단계 적용정보와 사업장 단위의 마감일자 정보 및 입력일자 정보를 통제하기 위해 설정하는 단계이다. 판매단가를 적용하면 견적, 수주등록 시 단가를 자동으로 반영할 수 있다.

✅ CHECK　주요 필드 설명
- 판매단가: 수출관리 모듈에서 품목에 적용할 단가의 유형을 선택한다. 선택하고자 하는 항목(품목 단가, 고객별단가, 고객&품목유형별단가, 품목유형별단가, 직전단가(품목/거래처), 통합단가)에 대해서 설정을 해야 견적(수출)이나 주문등록(수출), 출고(수출) 시 해당 단가 적용이 된다.
- 마감일자: 마감일자 이전의 영업 품목 이동(출고)을 통제한다. 재고평가를 하였을 경우에는 마감일자가 재고평가월의 마지막 일자로 자동 설정되고 사용자가 직접 마감일자를 입력할 수도 있다.

▶▶ 실무예제

㈜한국자전거본사에서는 사용하는 판매단가를 품목단가에서 고객별단가로 변경하려고 한다. 다음 중 판매단가를 설정하는 메뉴는 무엇인가?

① 사용자권한설정　　　　　　　　② 시스템환경설정
③ 영업마감/통제등록　　　　　　　④ 물류관리내역등록

[해설]　영업마감/통제등록에서는 판매단가를 적용 안 함, 품목단가, 고객별단가, 고객&품목유형별단가 등 일곱 가지 중에서 한 가지를 선택할 수 있다.　　　　　　　　　　[답] ③

2 자재마감/통제등록

위치: 시스템관리 ▷ 마감/데이타관리 ▷ 자재마감/통제등록

　　구매/자재관리 혹은 수입모듈에 대한 사업장별 단가정보, 재고평가정보, 사업장이동 평가정보, 품목코드도움정보, 재고일괄집계기능, 재고집계방식정보, 재고(−)통제여부정보, 전 단계 적용정보와 사업장 단위의 마감일자정보 및 입력일자정보를 통제하기 위해 설정한다. 구매단가를 적용하면 발주나 입고처리 시 단가를 자동으로 반영할 수 있다.

✔ CHECK　주요 필드 설명
- 구매단가: 구매/자재관리 – 기초정보관리 모듈에서 품목에 적용할 단가의 유형을 선택한다. 선택하고자 하는 항목(품목단가, 고객별단가, 구매관리단가, 품목유형별 단가, 직전단가(품목/거래처))에 대한 설정을 하여 발주나 입고처리 시 해당 단가가 적용된다.
- 재고평가방법: 총평균법, 이동평균법, 선입선출법 중 회사별 선정된 재고평가 방법을 선택하여 재고평가 시 이용이 된다. 방법을 수시로 변경하여서는 안 되고, 기업에서 방침을 변경하고 신고를 한 후 적용시점에 맞추어 변경을 하여야 한다.
- 마감일자: 마감일자 이전의 발주품목 이동(입고)을 통제한다. 재고평가를 하였을 경우에는 마감일자가 재고평가월의 마지막 일자로 자동 설정되고 사용자가 직접 마감일자를 입력할 수도 있다.
- 입력통제일자: 수불과 관련 없는 메뉴(예 청구등록(수입)/발주등록(수입))에서 입력 통제일자와 같거나 이전일자로 데이터를 등록, 삭제, 변경할 수 없도록 하는 기능이다.
- 일괄 마감 후 입고변경통제: 마감 처리된 내역에 대하여 입고 수량 및 금액에 대한 변경을 통제한다.
- 재고평가방법의 평가설정: 재고평가 방법이 선입선출이거나 후입선출일 경우 영업출고반품 또는 구매입고반품 내역에 대하여 반품된 수량에 대한 단가 설정 시 어떤 단가를 적용할 것인지 설정하는 기능이다. – 영업출고반품과 구매입고반품 모두 출고/입고처리 메뉴의 예외 입/출고 내역을 적용받아 반품을 등록한다.

다음 중 자재마감/통제등록에 대한 설정으로 옳은 것을 고르시오.

① 단가 등록 시 예외입고처리 시 거래처마다 다른 단가를 자동으로 반영할 수 있다.

② 재고평가 이후 재고금액은 수정할 수 있다.

③ 출고처리 시 재고가 없는 품목은 출고할 수 없도록 통제 중이다.

④ 발주등록 시 적용한 구매자재구분이 입고처리에 반영될 수 있도록 설정되어 있다.

> **해설** 구매단가는 품목단가로 거래처와 상관없이 품목마다 동일한 단가를 반영한다. 재고평가방법은 총평균법(평
> 가내역 수정 가능)으로 옳은 설명이다. 재고 통제는 사용하지 않도록 설정되어 있으며, 출고처리 시 재고가
> 없어도 출고가 가능하다. 전단계 적용여부의 관리구분이 체크되어 있지 않으므로 발주의 관리구분은 입고
> 에 자동 적용되지 않음   📖 ①

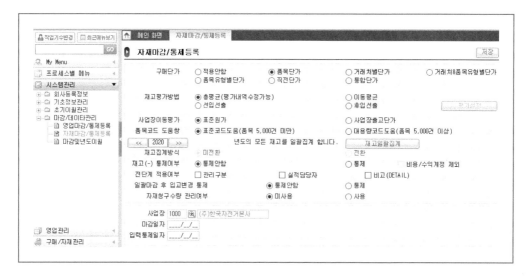

3 마감및년도이월

위치: 시스템관리 ▷ 마감/데이타관리 ▷ 마감및년도이월

회계처리 등 모든 입력작업을 마치고, 결산을 완료한 후에 마감 및 이월 작업을 행
하면, 기존자료의 추가입력 및 수정이 불가능하게 되어 기존의 입력한 자료가 안전하게
보존될 수 있다. 차기회계연도로 회계정보의 이월을 통해, 당기의 재무제표를 다음연도
의 초기이월 데이터로 이월할 수 있다.

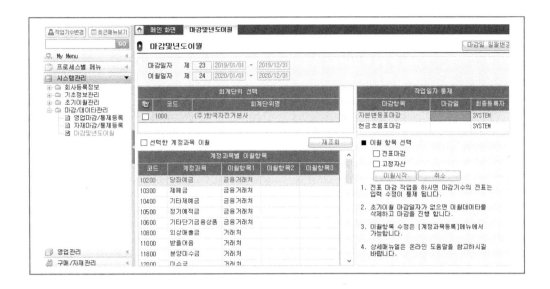

4 사원별단가/창고/공정통제설정

위치: 시스템관리 ▷ 마감/데이타관리 ▷ 사원별단가/창고/공정통제설정

메뉴별로 사원단가통제, 창고/공정통제를 설정한다. [시스템관리] – [회사등록정보] – [시스템환경설정]에서 조회구분 '4. 물류'의 '55. 사원별 창고 및 단가입력 통제' 적용 여부를 '1. 운영함'으로 설정했을 경우에 적용된다.

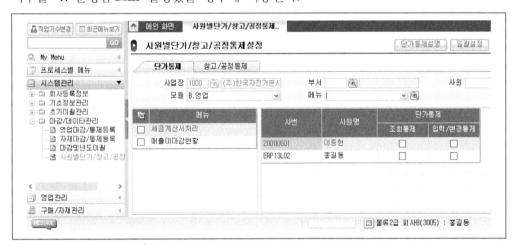

CHAPTER 03 영업관리

01 기초정보관리

1 품목단가등록

위치: 영업관리 ▷ 기초정보관리 ▷ 품목단가등록

품목에 대한 구매단가 및 판매단가를 등록한다. [영업마감/통제등록]에서의 '판매단가'나 [자재마감/통제등록]에서의 '구매단가'가 '품목단가'로 선택되어 있을 때 [품목단가등록]에서 입력한 단가가 반영되므로 용어설명도 숙지하기 바란다.

✔ CHECK   용어 설명
- 환산표준원가: 품목등록에서 등록한(표준원가 × 환산계수)
- 환산계수: 재고단위와 관리단위가 다른 경우 동일한 정보로 활용할 수 있게 하는 기초정보이다.
  (환산계수 = 관리단위 / 재고단위)
- 재고단위: 입/출고, 재고관리, 생산외주 시 사용되는 단위
- 관리단위: 영업의 주문, 구매의 발주 시 사용되는 단위

▶▶ 실무예제

다음 중 표준원가대비 품목별 판매단가를 조회했을 때 판매단가가 제일 낮은 품목은 무엇인가?
(단, 계정구분: 제품)

① 체인   ② 의자

③ 바구니   ④ 자물쇠

해설   품목단가등록을 실행 후 판매단가 탭에서 조회하면 품목별로 표준원가대비 환산표준원가, 구매단가, 판매단가 등을 확인할 수 있다. ④ 자물쇠(5,005)   답④

② 고객별단가등록

위치: 영업관리 ▷ 기초정보관리 ▷ 고객별단가등록

　　품목에 대하여 거래처별로 구매단가 및 판매단가를 관리, 적용하고자 할 경우 등록
한다. 거래처별로 품목에 대한 구매단가 및 판매단가가 차이가 있을 경우 사용하며, [영
업마감/통제등록]에서 '판매단가' 항목이 '고객별단가'로 선택되었을 때와 [자재마감/통
제등록]에서 '구매단가' 항목이 '거래처별단가'로 선택되었을 때 [고객별단가등록]에서
입력한 단가가 반영된다. [영업관리] − [고객별단가등록]은 [구매/자재관리] − [거래처
별단가등록]과 동일한 기능이다.

▶▶ 실무예제

㈜빅파워에서 구매하는 품목별 환산표준원가가 일치하지 않는 것은?

① 유아용자전거 − 120,000　　　　　② 일반자전거 − 190,000

③ 산악자전거 − 210,000　　　　　　④ PS−DARKGREEN − 250,000

해설　거래처에 ㈜대흥정공을 선택 후 조회하면 품목별로 계정, 환산표준원가 등을 확인할 수 있다.
　　　④ PS−DARKGREEN, 단가는 조회 내역에 없음　　　　　　　　　　　　　　　　답 ④

❸ 납품처등록

위치: 영업관리 ▷ 기초정보관리 ▷ 납품처등록

　　등록된 거래처의 주소지와 실제로 납품해야 하는 주소지가 다를 경우에 납품처 정보를 등록한다.

▶▶ 실무예제

다음 중 ㈜영동바이크의 납품처 중 옳지 않은 것을 고르시오.

① 대전지점　　　　　　　　　　② 수원지점
③ 부산지점　　　　　　　　　　④ 분당지점

해설　납품처등록에서 조회하면 고객 내역이 조회되며, 각 고객별로 클릭하면 우측 창에서 해당 납품처와 운반비 등을 확인할 수 있다.　　　　　　　　　　　　　　　　　　　　　　　답 ④

4 채권기초/이월/조정(출고기준)

> 위치: 영업관리 ▷ 기초정보관리 ▷ 채권기초/이월/조정(출고기준)

각 사업장별로 채권에 대한 기초정보 및 조정정보를 등록하고, 차기년도로 채권을 이월시킨다.

✔ CHECK 용어 설명
- 채권기초: 고객별 '기초미수채권'
- 채권이월: 당해연도 기말의 미수채권을 차기년도로 이월할 경우 이월 미수채권을 조회
- 채권조정: 해당 거래처의 실제 미수채권과 장부상의 미수채권이 다를 경우에 채권을 조정

▶▶ 실무예제

㈜한국자전거본사의 고객인 ㈜하나상사의 2018년도 미수채권액을 찾으시오.

① 49,667,750　　　　　　　　② 53,536,870

③ 109,467,280　　　　　　　 ④ 6,065,620

해설 사업장과 해당 연도 2018, 그리고 고객을 입력 후 조회하면 고객별 기초미수채권을 확인할 수 있다.

답 ②

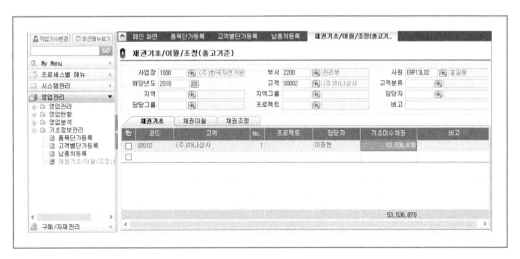

02 영업관리

1 판매계획등록

> 위치: 영업관리 ▷ 영업관리 ▷ 판매계획등록

　품목을 기준으로 사업장별, 계획 연도별로 월별 판매계획과 관련한 계획수량, 예상
단가를 등록한다. 기초계획 탭은 계획 연도의 월별 판매계획 내역을 등록하고, 수정계획
탭은 기초계획에 입력한 내용의 수정계획을 등록한다.

✔ **CHECK**　용어 설명
- 계획수량: 월 단위 판매계획수립 시 판매 예상수량을 등록한다.
- 예상단가: 월 단위 판매계획수립 시 판매 예상단가를 등록한다.

✔ **CHECK**　버튼 설명
- 복사: 똑같은 데이터를 입력할 때 기 등록되어 있는 데이터를 활용하여 데이터를 복사하는 기능
- 단가설정: 단가 변경 시 일괄적으로 단가를 변경하는 기능

✔ **CHECK**　유의사항
- 수정계획반영 항목의 수정계획수량, 수정계획단가, 수정계획금액이 존재하는 품목에 대해서는 기초계획 탭에서 삭제되지 않는다. 삭제 시 수정계획을 먼저 삭제하고 난 후에 기초계획을 삭제하면 된다.
- 복사 버튼을 사용할 때 그 품목의 수정계획까지 반영된다.

2 판매계획등록(고객별상세)/(2018년 신규 추가메뉴)

> 위치: 영업관리 ▷ 영업관리 ▷ 판매계획등록(고객별상세)

　사업장과 계획 연도에 고객별로 판매할 판매계획을 등록한다. 매출예상금액은(수량
× 단가)로 자동 산출되며, 수금예상금액 등을 조회할 수 있다.

▶▶ 실무예제

㈜한국자전거본사의 2019년 7월에 계획된 고객별 매출예상금이 가장 많은 곳은 어디인지 찾으
시오.

① 00001, ㈜대흥정공　　　　　　② 00002, ㈜하나상사
③ 00003, ㈜빅파워　　　　　　　④ 00004, ㈜제동기어

해설　문제의 조건을 입력 후 조회하면 고객 내역을 확인할 수 있다. ② ㈜하나상사 7,470,450　　답 ②

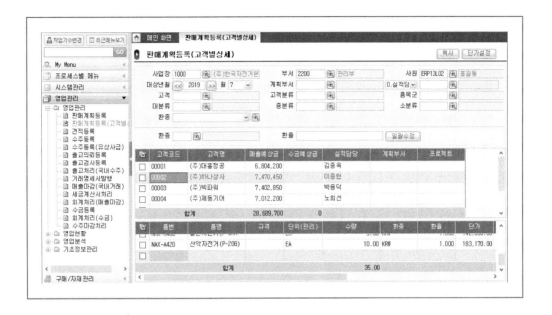

3 견적등록

> 위치: 영업관리 ▷ 영업관리 ▷ 견적등록

　　고객은 필요한 제품을 구매하기 위해 해당 회사에 구매할 제품의 사양이나 단가 등을 요청하게 되는데 이를 견적요청이라 한다. 견적등록은 고객으로부터 견적요청을 받은 품목, 수량, 단가, 구분 등에 판매물품에 대해 견적 내역을 거래처에 제시하는 자료로써 견적 내역을 등록한다. 여기서 입력된 자료는 차후 프로세스인 [수주등록] 시 견적등록 내역을 적용받을 수 있다.

▶▶ 실무예제

㈜한국자전거본사의 2019년 3월 1. 부터 3월 5일까지 견적이 발급된 품목이 아닌 것은 무엇인가?

① ATECK – 3000, 일반자전거

② ATECX – 2000, 유아용자전거

③ NAX – A400, 일반자전거(P – GRAY WHITE)

④ NAX – A420, 산악자전거(P – 20G)

> **해설** 견적기간을 입력 후 조회한다. 조회 내역을 각각 클릭하면 하단 창에서 해당 품목을 확인할 수 있다.
>
> 달 ③

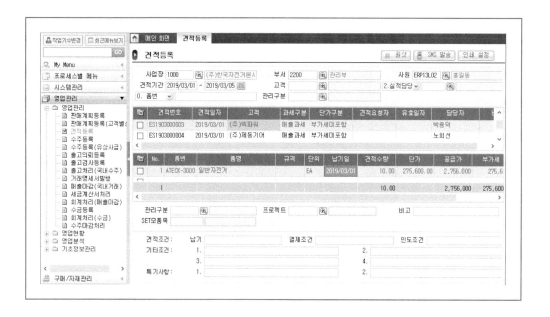

4 수주등록

위치: 영업관리 ▷ 영업관리 ▷ 수주등록

    고객으로부터 수주받은 내역을 등록한다. 우측 상단의 '견적적용 조회' 버튼을 이용하여 견적등록 내역을 적용받아 수주등록을 할 수 있으며, 직접 등록할 수도 있다. 재고확인 버튼을 이용하여 각 품목별 관리단위와 재고단위의 현재고, 가용재고, 입고예정량을 확인할 수 있다.

✅ CHECK
자주 출제되는 내용임

✅ CHECK   버튼 설명
- 견적적용조회: 견적등록된 내역을 조회하는 화면이며, 해당 견적 내역을 선택한 후 화면우측 상단의 [선택적용] 아이콘을 클릭하면 주문등록 화면에 적용이 된다. 견적내역은 미 마감된 견적이며, 견적잔량 > 0인 경우에만 조회된다.
- 재고확인: 하단의 품목을 선택 후 재고 확인 버튼 클릭 시 해당 사업장 기준으로 해당 품목의 수량을 관리/재고단위별로 관리할 수 있다. 해당 품목이 입고된 창고(장소)의 적합여부/가용재고여부에 따라서 재고확인 시의 재고수량이 다르게 조회된다.

㈜한국자전거본사의 2019년 7월 11. 부터 7월 15일까지의 수주등록 내역에서 견적 ES1907000003를 적용받은 수주 건은 무엇인가?

① SO1907000006
② SO1907000007
③ SO1907000008
④ SO1907000009

해설 수주등록 내역에서 주문번호 SO1907000006 ㈜세림와이어를 선택(클릭)하면 주문받은 품번과 품명이 나타나며, ATECK-3000, 일반자전거를 클릭하고 오른쪽 마우스를 눌러 [수주등록] 이력정보를 확인할 수 있다.

답 ①

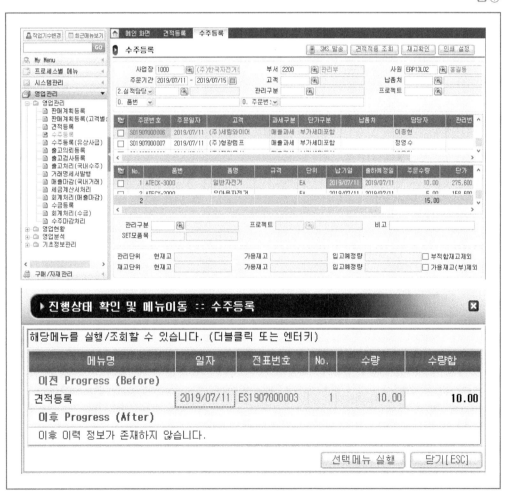

5 수주등록(유상사급)

위치: 영업관리 ▷ 영업관리 ▷ 수주등록(유상사급)

생산관리 모듈의 외주관리 프로세스와 연계된 프로그램으로, 외주생산 지시에 사용될 자재를 외주업체에 [유상]으로 공급할 때 등록하는 기능이다. 외주발주확정(외주처별), 외주발주확정(품목별)에서 청구된 자재 중 구분이 '유상'인 품목을 적용받아 주문내역을 등록한다.

이 데이터는 [영업관리] — [출고처리]와 연동되어 [유상사급] 내역을 적용받는다.

✔ CHECK　버튼 설명
- 요청적용조회: [외주발주확정(외주처별)], [외주발주확정(품목별)]에서 청구된 자재 중 구분이 '유상'인 품목을 적용받아서 주문내역을 등록한다.
- 재고확인: 하단의 품목을 선택 후 재고 확인 버튼 클릭 시 해당 사업장 기준으로 해당 품목의 수량을 관리/재고단위별로 관리할 수 있다. 해당 품목이 입고된 창고(장소)의 적합여부/가용재고여부에 따라서 재고확인 시의 재고수량이 다르게 조회된다.

✔ CHECK　버튼 설명
- 유상사급: 모기업(원청사)이 외주업체(하청업체)에 반제품 또는 완제품에 필요한 원재료 등 필요한 물품을 공급할 때 해당 물품을 유상으로(물품대금을 받고) 공급하고, 외주업체에서 생산된 반제품 또는 완제품을 납품(공급)받을 때 물품대금에 임가공비를 포함하여 대금을 지급하는 것을 말한다.
- 무상사급: 모기업(원청사)이 외주업체(하청업체)에 반제품 또는 완제품에 필요한 원재료 등 필요한 물품을 공급할 때 해당 물품을 무상으로(물품대금을 받지 않고) 공급하고, 외주업체에서 생산된 반제품 또는 완제품을 납품(공급)받을 때 임가공비만 지급하는 것을 말한다.

6 출고의뢰등록

위치: 영업관리 ▷ 영업관리 ▷ 출고의뢰등록

주문받은 품목에 대해 물류창고 담당자에게 출고를 의뢰할 때 사용한다. 단, [시스템환경설정]에서 조회구분 '4. 물류'의 '출고의뢰운영여부'가 '1. 여'로 되어 있어야 사용할 수 있다.

출고의뢰등록에서 입력한 자료는 환경설정 값(의뢰/검사 운영여부)에 따라서 영업관리 모듈의 출고검사등록과 출고처리에서 출고의뢰 내역을 적용받을 수 있다.

수주등록된 내역을 적용받아 출고의뢰등록을 하기 위해서는 '주문적용조회' 버튼을 클릭하여 조회된 주문잔량에 대해 출고의뢰등록을 할 수 있으며, 출고의뢰등록은 사용자 선택사항이다.

✅ **CHECK**

자주 출제되는 내용임

✅ **CHECK**   버튼 설명
- 주문적용조회: 주문등록에 입력된 내용이 조회되는 화면이며, 조회조건에 주문기간 등을 입력한 후 조회한다. 의뢰등록을 하고자 하는 내용을 선택하고 [선택적용] 버튼을 누르면 출고의뢰등록 화면에 내용이 자동으로 반영된다.
- 재고확인: 하단의 품목을 선택 후 재고 확인 버튼 클릭 시 해당 사업장 기준으로 해당 품목의 수량을 관리/재고단위별로 관리할 수 있다. 해당 품목이 입고된 창고(장소)의 적합여부/가용재고여부에 따라서 재고확인 시의 재고수량이 다르게 조회된다.

▶▶ **실무예제**

㈜한국자전거본사의 주문기간 2019년 7월 1. 부터 7월 31일 기간에 주문번호 SO1907000002, ㈜하나상사의 출고의뢰등록 품목이 아닌 것은?

① 프레임   ② 체인
③ 의자   ④ 타이어

해설   사업장과 주문기간을 입력하여 조회한다. 의뢰일자 빈 공간에서 '주문적용 조회' 버튼을 클릭하여 주문기간을 입력한 후, 주문적용(LIST) 탭에서 조회 버튼을 누르면 수주등록에서 등록된 내역이 나타난다. 🔖①

✅ **CHECK**

주문번호 SO1907000001, ㈜하나상사를 선택(☑)하여 선택적용 탭을 클릭하고 의뢰일자와 의뢰창고를 입력하면 출고의뢰등록이 완료되며, 하단창에 ㈜하나상사의 등록된 내역을 확인할 수 있다. 의뢰일자는 주문기간 내의 일자(7/25)를 입력하고, 의뢰창고는 '부품창고'를 입력하면 된다.

7 출고검사등록

위치: 영업관리 ▷ 영업관리 ▷ 출고의뢰등록

고객에게 출고하기 전 검사품목에 대하여 검사유형, 검사내역을 기준으로 출고검사 등록을 한다. 출고검사번호의 순번을 기준으로 하여 검사내역과 불량내역을 등록한다. 단, [시스템환경설정]에서 조회구분 '4. 물류'의 '출고전검사 운영여부'가 '1. 여'로 되어 있어야 사용할 수 있다.

[시스템관리] - [기초정보관리] - [검사유형등록]에 등록된 검사유형을 조회하여 검사내역을 등록할 수 있으며, [수주등록]이나 [출고의뢰등록]에서 검사여부가 '검사'로 설정되어야 출고검사를 등록할 수 있다.

✔ CHECK　　용어 설명
- 출고창고: 검사대상 품목이 출고될 창고로서 이 화면에서 등록한 출고창고는 후 프로세스인 출고처리에 그대로 반영된다. 출고의뢰를 적용받았을 경우에는 출고창고가 자동으로 등록되며 수정되지 않는다. 주문적용을 받아 등록 시에는 출고창고를 직접 등록하여야 한다.
- 검사기간: 검사등록 내역을 등록한 기간 의미
- 검사담당: 시스템관리 > 기초정보관리 > 물류담당자코드에 등록된 항목 선택
- 검사유형: 시스템관리 > 기초정보관리 > 검사유형에 등록되어 있는 항목 중 선택
- 검사구분: 전수검사 또는 샘플검사 중 선택
- 검사내역: 시스템관리 > 기초정보관리 > 검사유형등록에 등록되어 있는 항목 중 선택
- 불량내역: 시스템관리 > 기초정보관리 > 불량유형등록에 등록되어 있는 항목 중 선택
- 시료 수: 샘플링검사에 검사 대상이 되는 시료의 수량을 의미한다.
- 합격여부: 검사 결과에 대한 최종 합격여부를 등록하는 항목이다.
- 합격수량: 검사 결과에 대한 합격에 해당하는 수량을 등록한다.
- 불합격수량: 검사 결과에 대한 불합격에 해당하는 수량을 등록한다.

✔ CHECK　　버튼 설명
출고의뢰 조회: 출고의뢰등록에 입력된 내용이 조회되는 화면이며, 조회조건에 의뢰기간 등을 입력한 후 조회한다. 출고검사등록을 하고자 하는 내용을 선택하고 [선택적용] 버튼을 누르면 출고검사등록 화면에 내용이 입력된다.

8 출고처리(국내수주)

위치: 영업관리 ▷ 영업관리 ▷ 출고처리(국내수주)

고객에게 출고되는 시점에 등록된 출고내역을 등록한다. 출고기간과 출고창고를 입

력하여 조회하며, 재고 수불 관리에 실질적인 영향을 미치며 재고증감 여부가 결정된다.

✔ CHECK
- 예외출고 탭: 기 출고된 건을 처리 할 경우 (반품처리),견적/주문 없이 출고 건을 처리한다.
- 주문출고 탭: 환경설정 값(의뢰/검사 운영여부)에 따라서 영업관리 〉 견적등록, 주문등록, 출고의뢰등록, 출고검사등록 내역을 적용받아 출고처리할 수 있다.
- 유상사급 탭: 주문등록 유상사급에 등록된 데이터에 대해서 적용 받아 출고처리할 수 있다.

✔ CHECK   버튼 설명
- 의뢰적용: 출고의뢰등록에서 등록한 내역을 조회하는 화면으로서, 주문출고 탭에서 [조회] 버튼을 누르면 활성화된다. [의뢰적용] 아이콘을 누르면 의뢰적용 조회화면이 팝업으로 뜬다. 출고로 적용할 출고의뢰내용을 선택한 후 [선택적용] 버튼을 누르면 주문출고 탭에서 출고내용에 자동 반영된다.
- 검사적용: 출고검사등록 메뉴에서 등록된 내역이 조회되는 화면이며, 주문출고 탭에서 [조회] 버튼을 누르면 활성화된다. [검사적용] 아이콘을 누르면 검사적용 조회 화면이 팝업으로 뜬다. 출고로 적용할 출고검사 내역을 선택한 후 [선택적용] 버튼을 누르면 주문 출고 탭에 출고내용이 입력된다.

▶▶ 실무예제

㈜한국자전거본사에서 2019년 3월 1. 부터 3월 31일까지 출고창고가 P100, 제품창고인 경우를 조회한 결과, ㈜대흥정공에 '주문출고'로 납품한 '일반자전거'가 제품장소에서 출고되는 주문단위수량은 총 몇 개인가?

① 100개   ② 140개
③ 160개   ④ 180개

해설
- 문제의 조건을 입력 후 주문출고 탭에서 조회한다. 조회 내역에서 고객별로 클릭하면 하단 창에서 해당 건의 품목들을 확인할 수 있다.
- ④ 출고 건의 일반자전거는 '제품장소(P101)'에서 두 번 출고되었는데, 3/16 100개, 3/21 80개로 총 180개가 출고되었다. 장소는 하단 창의 품목을 선택해야 조회가 가능하다. 또는 출고현황에서도 조회 가능하다.   답 ④

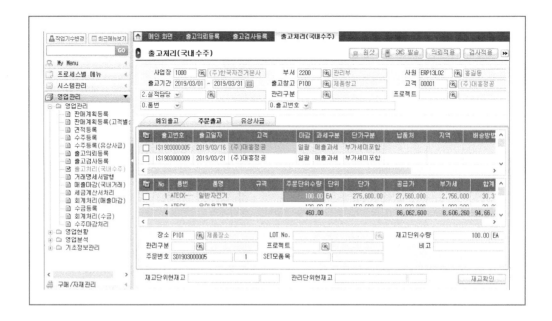

9 거래명세서발행

위치: 영업관리 ▷ 영업관리 ▷ 거래명세서발행

출고처리에 등록된 내역 또는 반품처리된 내역을 기준으로 거래명세서를 발행하고 출력한다. 화면 상단의 '인쇄' 버튼을 이용하여 거래명세서를 출력할 수 있다.

▶▶ 실무예제

다음 중 거래명세서발행 메뉴에 대한 설명으로 옳지 않은 것은?

① 인쇄한 횟수를 출력횟수로 확인할 수 있다.

② 인쇄/E-MAIL 설정 버튼을 통하여 출력 옵션을 선택할 수 있다.

③ 출고 정보를 수정하려면 출고처리(국내수주) 메뉴에서 수정해야 한다.

④ 출고처리(국내수주) 메뉴에서 등록한 출고 건 중 반품이 아닌 출고 내역만 조회된다.

해설 출고기간을 7월로 조회하면 모든 출고 내역이 조회됨   답 ④

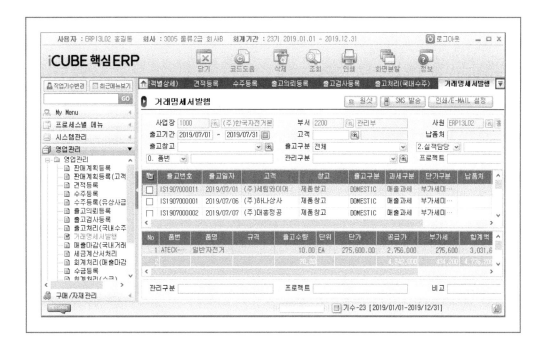

10 매출마감(국내거래)

위치: 영업관리 ▷ 영업관리 ▷ 매출마감(국내거래)

국내 출고처리 혹은 반품 건에 대한 매출마감을 처리한다. 우측 상단의 '출고적용'이나 '출고일괄적용' 버튼을 이용하여 등록된 출고 내역을 적용받아 매출마감을 할 수 있다. 매출마감 정보를 이용하여 회계연결계정에 설정된 항목에 의해 회계전표가 발행되며, 재고평가 시 출고수량 대상이 된다.

매출마감이 되지 않은 내역은 재고 감소에 영향을 주며, 재고평가 대상에서 제외된다. 마감 항목을 선택해서 '계산서처리' 버튼을 이용하여 세금계산서를 발행할 수 있다.

✅ CHECK   용어 설명
- 마감구분: 건별은 출고처리를 함과 동시에 매출마감이 처리되고, 일괄은 출고처리에서 매출마감이 되지 않고 매출마감처리에서 일괄적으로 처리된다. (출고처리에서 건별로 처리하면 매출마감에서는 처리할 필요가 없다.)
- 관리구분: 시스템관리 > 기초정보관리 > 물류/생산 > 물류관리 내역에서 영업관리 내역으로 등록된 내역 선택

✅ CHECK   버튼 설명
- 계산서 처리: 선택된 매출 마감 건에 대해 세금계산서 처리하는 버튼이다.
- 출고적용: 국내 출고처리 등록된 내역이 조회되는 화면이다. 출고적용 화면이 팝업으로 뜨며, 매출마

감으로 적용할 출고내용을 선택한 후 [확인] 버튼을 누르면 출고내용이 입력된다. (마감이 되지 않은 주문출고와 예외출고에 대한 모든 출고내용이 조회된다.)

- 출고일괄적용: 매출로 적용할 출고조건을 입력(출고기간은 필수입력 값)한 후 확인 버튼을 클릭한다. 매출마감에 해당 출고내용이 일괄로 입력된다.

▶▶ 실무예제

㈜한국자전거본사의 마감기간: 2019. 03. 11. ~ 2019. 03. 30., 출고기간: 2019. 03. 11. ~ 2019. 03. 30. 기간 동안에 발생한 출고 품목의 매출 미마감 합계 수량으로 옳은 것은 무엇인가?

① 125EA   ② 128EA

③ 130EA   ④ 133EA

해설   마감기간을 입력 후 조회한다. 조회 내역 제일 아래의 '마감일자' 빈칸에서 출고적용 버튼을 클릭하여 출고기간을 입력 후 '출고적용(LIST)' 탭에서 조회 버튼을 클릭하면 화면 하단에 품목 전체의 미마감수량이 조회된다.   🖺 ④

🈯 세금계산서처리

위치: 영업관리 ▷ 영업관리 ▷ 세금계산서처리

매출마감에서 등록된 매출 건을 기준으로 세금계산서 및 계산서를 발행한다. '마감 적용'이나 '마감일괄적용' 버튼을 이용하여 마감된 내역을 적용받아 처리할 수 있으며, 물품대금을 받은 상태이면 '영수', 아직 미수인 경우에는 '청구'를 선택한다.

✔ CHECK 버튼 설명

• 마감적용: 세금계산서를 처리할 때 매출마감에 등록된 내용을 건별로 조회하고 선택할 때 사용
• 마감일괄적용: 세금계산서를 처리할 때 매출마감에 등록된 내용을 일괄적으로 선택할 때 사용

▶▶ 실무예제

다음 [보기] 중 새로운 출고 건을 등록하고 세금계산서 처리 작업을 하기 위해 반드시 활용되어야하는 메뉴를 모은 것으로 가장 옳은 것은 무엇인가?

[보 기]

가. 출고등록   나. 매출마감   다. 수주등록   라. 세금계산서처리

① 가, 나   ② 나, 라
③ 라   ④ 가, 다, 라

해설 • 매출마감 메뉴에서도 세금계산서 처리가 가능하다.
• 출고등록 없이는 매출마감을 할 수 없다.
• 출고나 매출마감 없이는 세금계산서 처리를 할 수 없다.
• 매출마감 없이는 세금계산서 처리를 할 수 없다.   🔖 ①

12 회계처리(매출마감)

위치: 영업관리 ▷ 영업관리 ▷ 회계처리(매출마감)

전표발행을 위해 매출마감 내역을 기준으로 '전표처리' 버튼을 이용하여 회계처리한다. 영업관리 모듈에서 등록된 자료는 회계관리 모듈에 영향을 주므로 반드시 회계처리

로 이관하는 작업을 실행해야 하며, 이관하기 전에는 회계연결계정과목이 설정되어 있어야 처리가 가능하다.

✔ CHECK 　작업방법
- '매출마감' 탭에서 우측 상단의 '전표처리' 버튼을 클릭하여 전표를 생성할 수 있으며, '전표취소' 버튼을 클릭하여 생성된 전표를 취소할 수 있다.
- '회계전표' 탭을 이용하여 생성된 전표를 조회할 수 있다.
- 생성된 전표의 상태는 '미결'이며, 회계 모듈에서 승인처리를 해야 '승인'으로 된다.

✔ CHECK 　버튼 설명
전표처리: 전표로 발행되지 않은 매출마감 데이터를 회계 모듈로 이관시키기 위한 버튼이다. 부가세 신고 사업장을 선택한 후 [확인] 버튼을 클릭하면 전표가 발행된다. '전표금액 0 제외'를 체크하면 합계액이 '0'인 매출마감 건은 회계전표가 발행되지 않는다.

▶▶ 　실무예제

㈜한국자전거본사의 마감기간: 2019. 07. 01. ~ 2019. 07. 31. 기간에 ㈜하나상사의 매출마감 내역을 전표처리하였을 때, 전표의 대체차변에 들어가는 계정과목으로 옳은 것은 무엇인가?

① 제품매출 1,663,450 　　　　② 부가세예수금 166,000
③ 선수금 2,000,000 　　　　　④ 외상매출금 6,229,795

해설
　1) 사업장, 마감기간, 고객을 입력 후 조회한다.
　2) 조회 내역을 선택(☑)한 후 전표처리 버튼을 클릭하여 전표처리 창에서 확인을 누른다.
　3) 회계전표 탭에서 조회를 하면 아래의 결과가 출력된다. 　　　　📋 ④

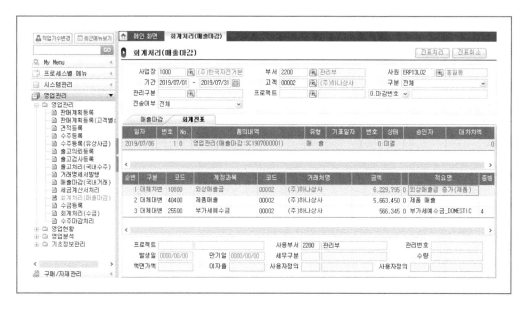

13 수금등록

위치: 영업관리 ▷ 영업관리 ▷ 수금등록

고객별로 수금(정상수금, 선수금)한 내역을 등록하며, 선수금(계약금)에 대한 정리사항을 등록할 수 있다.

✔ CHECK 버튼 설명
- 선수금정리: 디테일에서 선수금 내역을 선택한 후 [선수금정리] 아이콘을 누르면 선수금정리 화면이 팝업으로 뜬다. 정리금액을 입력하고 [확인] 버튼을 누르면 헤드의 정리잔액에 선수금액에서 정리금액을 차감한 금액으로 수정된다. 선수금정리도 회계처리(수금)에서 전표를 발행해야 한다.
- 수금구분: 현금 ~ 잡 손실까지는 수금구분 명을 수정할 수 없고 기타1 ~ 기타4까지에 대한 수금구분 명을 수정 가능하며 회계연결계정과목 설정메뉴와 연동하여 전표가 분개된다.

▶▶ 실무예제

㈜한국자전거본사에서 수금기간: 2019. 07. 01. ~ 2019. 07. 05 기간 동안 등록된 수금내역 중 정리잔액이 가장 적은 거래처는 어디인가?

① 00001, ㈜대흥정공
② 00002, ㈜하나상사
③ 00003, ㈜빅파워
④ 00004, ㈜제동기어

해설
- 수금기간을 입력 후 조회하면 수금등록된 조회내역이 나타난다.
- 각 거래처(고객)별로 클릭하면 하단 창에서 해당 고객의 정상수금 및 선수금 정보를 확인할 수 있다.
④ 00004, ㈜제동기어 – 200,000
目 ④

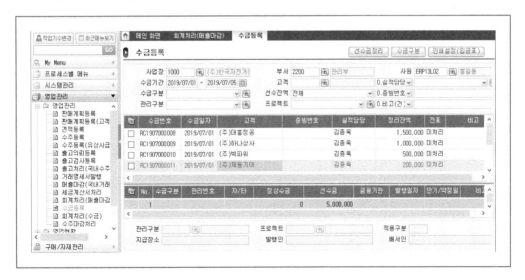

14 회계처리(수금)

위치: 영업관리 ▷ 영업관리 ▷ 회계처리(수금)

수금등록에서 등록한 내역에 대해서 전표생성 및 삭제를 하는 기능이다. '전표처리' 버튼을 이용하여 전표를 생성하고, 생성된 전표는 '회계전표' 탭에서 확인한다. 전표 상태는 '미결'이며, 회계 모듈에서 승인 처리를 해야 '승인'으로 된다. 전표처리 및 취소는 수금, 선수정리 탭에서 작업을 하고 전표조회는 회계전표 탭에서 한다.

✅ CHECK
　자주 출제되는 내용임

✅ CHECK　탭 설명
　• 수금 탭: [수금등록]에서 등록된 수금을 적용받아 전표를 생성 및 삭제할 수 있다.
　• 선수정리 탭: [수금등록]에서 등록된 선수금정리를 적용받아 전표를 생성 및 삭제할 수 있다.
　• 회계전표 탭: 회계전표 탭은 선수금 탭과 선수정리 탭에서 생성한 전표를 조회할 수 있다.

▶▶　**실무예제**

다음 중 회계처리(수금)의 선수정리 탭에서 [보기]의 수금번호에 의해 등록된 선수금 정리내역을 전표처리했을 때 발생하는 전표의 대체대변에 등록되는 계정과목과 적요명을 연결한 것으로 옳은 것은?

[보 기]
• 사업장: 1000, ㈜한국자전거본사
• 기간: 2019. 07. 01. ~ 2019. 07. 31.
• 수금번호: RC1907,000011

---

① 선수금 − 선수금 입금(제예금)　　　② 선수금 − 선수금 입금(현금)
③ 외상매출금 − 외상매출금 선수금 대체　　④ 현금 − 제예금 입금 대체

해설　1) [보기]의 조건을 입력 후 '선수정리' 탭에서 조회를 한다.
　　　2) 수금번호: RC1907000011를 선택(☑)을 한 후 '전표처리' 버튼을 클릭하여 확인을 한다.
　　　3) 회계전표 탭에서 조회를 하면 하단 창에서 전표처리 결과를 확인할 수 있다.　　　답 ③

15 수주마감처리

위치: 영업관리 ▷ 영업관리 ▷ 수주마감처리

수주등록에서 등록한 내역 중 수주 잔량이 남아 있는 상태에서 주문취소 등의 사유로 출고처리(국내수주)를 하지 않고 해당 수주 건을 마감하는 단계이다. 수주마감처리를 하면 출고의뢰, 출고처리, 출고검사 내역에서 제외되며, 수주마감처리는 사용자 선택사항이다.

▶▶ 실무예제

㈜한국자전거본사에서 2019. 03. 01. ~ 2019. 03. 31. 기간 동안 수주마감처리 메뉴에 관한 설명으로 옳은 것은 무엇인가?

① 수주마감처리는 회계처리를 위해 반드시 거쳐야 하는 메뉴이다.
② 품목별로 마감이 불가능하며 동일 주문번호의 수주 건은 통째로 마감처리 해야 한다.
③ 주문번호 SO1903000013의 유아용자전거세트는 '기타사유'로 인해 수주마감되었다.
④ 2019년 3월 한 달간 총 11건의 주문이 마감처리되었다.

해설 기간을 입력 후 조회한다. ① 매출마감 메뉴에 관한 설명이다. ② 품목별로 마감할 수 있다. ③ 마감사유 컬럼을 통해 원인을 알 수 있다. ④ 총 2건 135EA가 마감처리 되었다. (하단 창에 '마감사유'가 있음)

답 ③

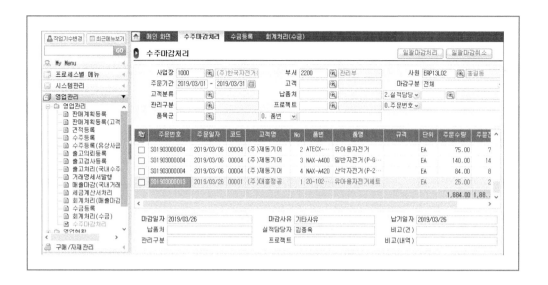

03 영업현황

영업관리 모듈에서 등록한 내역의 현황을 조회할 수 있는 프로그램 모듈이다.

1 판매계획현황

위치: 영업관리 ▷ 영업현황 ▷ 판매계획현황

계획 연도의 품목별, 품목군별, 월별 판매계획에 등록한 내역을 조회한다.

✔ CHECK   용어 설명
- 연초수량: 계획 연도, 월별로 최초로 수립한 품목의 판매수량
- 수정수량: 연초수립 이후 계획변경 등으로 변경된 품목의 판매수량
- 차이수량: 연초수량 – 수정수량의 차이수량

2 판매계획대비출고현황

위치: 영업관리 ▷ 영업현황 ▷ 판매계획대비출고현황

계획 연도의 계획월에 대해서 품목별, 품목군별, 월별로 출고내역을 조회한다.

3 견적현황

위치: 영업관리 ▷ 영업현황 ▷ 견적현황

　　견적등록에서 등록한 견적내역을 조회 조건하에 원하는 항목을 입력한 후 조회 및 출력할 수 있다.

4 견적대비수주현황

위치: 영업관리 ▷ 영업현황 ▷ 견적대비수주현황

　　견적등록한 데이터 중 수주등록이 이루어진 내역을 견적기간별로 조회 및 출력할 수 있다. 견적 내역별로 수주등록이 적용된 내역을 상세하게 조회 및 출력을 한다.

▶▶ 　실무예제

아래 [보기]의 조건으로 데이터를 조회한 후 물음에 답하시오.

[보 기]
- 사업장: 1000, ㈜한국자전거본사
- 견적기간: 2019. 03. 01. ~ 2019. 03. 31.

다음 중 견적을 발급했지만 수주까지 이어지지는 못한 견적 건은 무엇인가?

① ES1903000001, 일반자전거

② ES1903000004, 산악자전거(P – 20G)

③ ES1903000005, 유아용자전거

④ ES1903000007, 일반자전거(P – GRAY WHITE)

해설　　[보기]의 조건을 입력 후 조회한다. 조회 내역을 각각 클릭하면 우측 창에 해당 수주 정보를 확인할 수 있다. 우측 창에 주문번호가 조회되지 않으면 주문등록이 이뤄지지 못한 견적 건이다.　　정답 ②

5 수주현황

> 위치: 영업관리 ▷ 영업현황 ▷ 수주현황

수주등록한 내역을 조회 조건에 따라 원하는 항목을 입력한 후 조회 및 출력할 수 있다.

▶▶ 실무예제

아래 [보기]의 조건으로 데이터를 조회한 후 물음에 답하시오.

> [보 기]
> - 사업장: 1000, ㈜한국자전거본사
> - 견적기간: 2019. 07. 01. ~ 2019. 07. 31.
> - 고객: 00002, ㈜하나상사

다음 중 [보기]의 기간 동안 ㈜하나상사의 주문수량 합으로 옳은 것은?

① 500
② 600
③ 700
④ 800

해설 [보기]의 조건을 입력 후 조회를 하여 ㈜하나상사의 주문수량을 합산한다. 답 ②

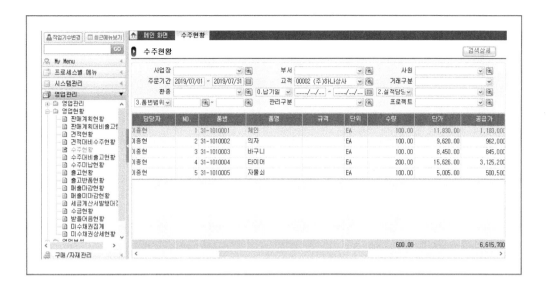

6 수주대비출고현황

위치: 영업관리 ▷ 영업현황 ▷ 수주대비출고현황

수주등록한 내역을 기준으로 출고처리 한 진행내역을 조회 및 출력할 수 있다.

▶▶ 실무예제

아래 [보기]의 조건으로 데이터를 조회한 후 물음에 답하시오.

[보 기]

• 사업장: 1000, ㈜한국자전거본사
• 견적기간: 2019. 07. 01. ~ 2019. 07. 31.
• 고객: 00002, ㈜하나상사

다음 중 ㈜하나상사의 출고품목 중 자물쇠 품목의 반품수량은?

① 5EA   ② 6EA

③ 7EA   ④ 8EA

해설 [보기]의 조건을 입력 후 조회한다. 조회 내역을 각각 클릭하면 우측 창에서 해당 주문 건의 출고수량을 확
     인할 수 있다. 자물쇠 품목은 5개가 반품되었음   답 ①

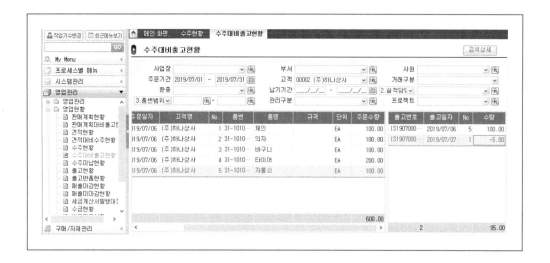

7 수주미납현황

위치: 영업관리 ▷ 영업현황 ▷ 수주미납현황

납기일, 출하예정일을 기준으로 출고처리가 되지 않은 주문내역을 조회조건에 따라 상세하게 조회 및 출력할 수 있다. 기준일자와 납기일을 비교하여 미납일수를 산출할 수도 있다.

▶▶ 실무예제

아래 [보기]의 조건으로 데이터를 조회한 후 물음에 답하시오.

[보 기]
- 사업장: 1000, ㈜한국자전거본사
- 기준일자: 2019. 07. 31.
- 납기일: 2019. 07. 01. ~ 2019. 07. 31.

다음 중 수주미납 수량이 가장 적은 고객과 품목으로 옳은 것은?

① ㈜하나상사 – 자물쇠
② ㈜대흥정공 – 일반자전거
③ ㈜세림와이어 – 유아용자전거
④ ㈜한라상사 – FRAME–티타늄

해설 [보기]의 조건을 입력 후 조회하면 고객 및 품목별 미납수량을 확인할 수 있다. ② ㈜대흥정공 – 일반자전거: 1EA

답 ②

8 출고현황

> 위치: 영업관리 ▷ 영업현황 ▷ 출고현황

출고기간에 대해서 일자별, 고객별, 품목별 등의 출고된 현황을 조회한다.

▶▶ 실무예제

㈜한국자전거본사의 2019년도 7월에 발생된 출고기준의 고객별 당기발생금액의 합계액으로 옳지 않은 것은?

① ㈜대흥정공 4,473,040

② ㈜하나상사 8,249,743

③ ㈜빅파워 83,569,200

④ ㈜세림와이어 9,203,480

해설 [보기]의 조건과 고객을 입력 후 조회하면 해당 고객별 합계금액을 확인할 수 있다. 사업장과 출고기간 그리고 '고객' 항목에 ㈜하나상사를 입력 후 조회하면 화면 하단에 총 합계액이 산출된다. ② ㈜하나상사 8,249,743 합계액은 7,249,743 **달 ②**

위치: 영업관리 ▷ 영업현황 ▷ 출고반품현황

출고처리 된 내역 중 출고수량이 (－)인 품목을 반품기간별로 조회할 수 있다.

▶▶ 실무예제

아래 [보기]의 조건으로 데이터를 조회한 후 물음에 답하시오.

[보 기]

• 사업장: 1000, ㈜한국자전거본사
• 반품기간: 2019. 07. 06. ~ 2019. 07. 10.

㈜한국자전거본사는 출고 건의 반품이 발생하지 않은 날은 언제인가?

① 2019년 7월 7일
② 2019년 7월 8일
③ 2019년 7월 9일
④ 2019년 7월 10일

해설 [보기]의 조건을 입력 후 조회하면 해당 고객별 반품일자와 수량을 확인할 수 있다. 🔲 ④

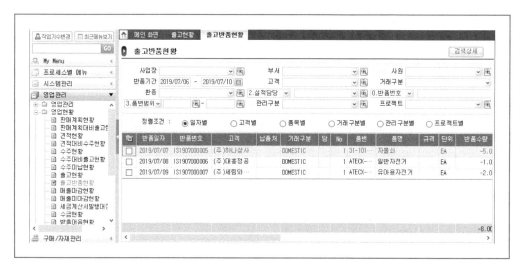

10 매출마감현황

위치: 영업관리 ▷ 영업현황 ▷ 매출마감현황

매출마감에서 등록한 내역을 상세하게 조회 및 출력할 수 있다.

⑪ 매출미마감현황

위치: 영업관리 ▷ 영업현황 ▷ 매출미마감현황

출고처리된 내역을 기준으로 매출마감이 처리되지 않은 내역을 조회 및 출력할 수 있다.

⑫ 세금계산서발행대장

위치: 영업관리 ▷ 영업현황 ▷ 세금계산서발행대장

세금계산서 처리된 내역을 조회 및 출력할 수 있다.

⑬ 수금현황

위치: 영업관리 ▷ 영업현황 ▷ 수금현황

국내 수금처리된 내역을 조회 및 출력할 수 있다.

⑭ 받을어음현황

위치: 영업관리 ▷ 영업현황 ▷ 받을어음현황

수금등록에서 등록된 수금내역 중에서 받을어음에 대한 내역을 조회 및 출력할 수 있다.

⑮ 미수채권집계

위치: 영업관리 ▷ 영업현황 ▷ 미수채권집계

고객별/담당자별/프로젝트별로 조회기간 내의 출고기준 및 마감기준으로 미수채권 상태를 집계하여 조회 및 출력할 수 있다.

▶▶ 실무예제

아래 [보기]의 조건으로 데이터를 조회한 후 물음에 답하시오.

[보 기]

• 사업장: 1000, ㈜한국자전거본사
• 조회기간: 2019. 07. 01. ~ 2019. 07. 31.
• 조회기준: 0. 국내(출고기준)   • 미수기준: 0. 발생기준

㈜한국자전거본사는 출고기준으로 채권을 관리한다. 미수채권 잔액이 가장 많은 거래처는 어디
인가?

① ㈜대흥정공   ② ㈜하나상사
③ ㈜빅파워   ④ ㈜제동기어

해설 [보기]의 조건을 입력 후 조회하면 해당 고객별 반품일자와 수량을 확인할 수 있다. ② ㈜하나상사의 잔액
이 176,020,905으로 제일 많음   답 ②

16 미수채권상세현황

위치: 영업관리 ▷ 영업현황 ▷ 미수채권상세현황

고객별/담당자별/프로젝트별로 조회기간 내의 출고기준 및 마감기준으로 미수채권
상태를 조회 및 출력할 수 있다.

04 영업분석

영업관리 모듈에서 등록한 내역을 분석할 수 있는 프로그램 모듈이다.

1 수주미납집계

> 위치: 영업관리 ▷ 영업분석 ▷ 수주미납집계

수주등록에 등록된 데이터 중 출고되지 않은 주문 미납내역을 고객별/품목별/담당자별/관리구분별/프로젝트별로 집계하여 조회 및 출력할 수 있다.

2 출고실적집계표(월별)

> 위치: 영업관리 ▷ 영업분석 ▷ 출고실적집계표(월별)

출고 처리한 데이터를 기준으로 해당(조회)년도의 월별로 고객별/품목별/담당자별/관리구분/프로젝트별로 매출 내역을 조회 기준에 따라 조회 및 출력할 수 있다.

▶▶ 실무예제

㈜한국자전거본사의 2019년도 고객별 출고실적 중 3월 한 달간 출고된 총 수량은? (단, 조회기준은 수량)

① 3,313   ② 4,218

③ 3,251   ④ 4,278

[해설] 해당 연도와 조회기준을 입력 후 고객 탭에서 조회하면 고객별/월별 출고수량을 확인할 수 있다. [답] ①

③ 매출현황(부서별)

위치: 영업관리 ▷ 영업분석 ▷ 매출현황(부서별)

매출마감에서 등록한 부서별 내역을 상세하게 조회 및 출력할 수 있다.

④ 매출집계표(월별)

위치: 영업관리 ▷ 영업분석 ▷ 매출집계표(월별)

해당 연도에 대한 거래처별/품목별/담당자별/관리구분별/프로젝트별로 월별 매출
실적수량이나 금액을 조회할 수 있다.

⑤ 매출집계표(관리분류별)

위치: 영업관리 ▷ 영업분석 ▷ 매출집계표(관리분류별)

해당 연도에 대한 거래처분류별/지역분류별/지역그룹/담당그룹별로 매출마감을 한
내역을 시스템관리 > 기초정보관리 > 물류실적(품목/고객)담당자등록 메뉴에서 설정한
데이터를 바탕으로 월별 매출 실적 수량이나 금액을 조회할 수 있다.

6 매출순위표(마감기준)

위치: 영업관리 ▷ 영업분석 ▷ 매출순위표(마감기준)

　매출마감 처리 된 내역을 바탕으로 매출기간 내 조회기준(수량, 금액)에 대한 점유율을 산출하여 순위를 산출하여 조회 및 출력 하는 현황이다. 고객별/품목별/담당자별/관리구분별/프로젝트별/부서별로 조회할 수 있다.

▶▶ 실무예제

㈜한국자전거본사의 2019년도 7월 한 달간의 원화금액 기준으로 고객별 매출금액이 제일 많은 거래처로서 옳은 것은?

① ㈜영동바이크 81,326,000　　　　② ㈜하나상사　65,663,450

③ ㈜빅파워　　75,972,000　　　　④ ㈜세림와이어 77,342,000

해설　사업장과 매출기간 그리고 조회기준 '1. 원화금액'을 입력 후 '고객' 탭에서 조회하면 고객별 매출수량 및 금액을 확인할 수 있다.　　　　　　　　　　　　　답 ③

7 매출채권회전율

위치: 영업관리 ▷ 영업분석 ▷ 매출채권 회전율

　조회기간, 조회기준(출고기준, 마감기준)에 따라서 고객별 평균매출채권, 순매출액, 대상일수, 일평균매출액, 회전율, 회수기간을 분석한다.

㈜한국자전거본사의 2019년도 7월 한 달 동안 매출이 발생한 경우에 한해서 출고기준으로 매출채권 회전율이 제일 높은 거래처로 옳은 것은?

① ㈜영동바이크 26.986   ② ㈜하나상사 24.748

③ ㈜빅파워 27.189   ④ ㈜대일전자 25.511

해설 사업장과 조회기간 그리고 조회기준 '0. 출고기준'을 입력 후 조회하면 고객별 매출채권과 회전율을 확인할 수 있다. ④ ㈜대일전자 25.511(회전율이 높을수록 채권회수가 양호함)   📋 ④

8 추정매출원가보고서

위치: 영업관리 ▷ 영업분석 ▷ 추정매출원가보고서

매출기간, 조회기준(매출액, 이익)에 따라서 해당 담당자(품목, 고객, 실적) 각각의 고객별, 품목별, 담당자별, 관리구분별, 프로젝트별, 부서별로 발생한 매출마감된 내역을 근거로 추정이익을 분석한다.

㈜한국자전거본사의 2019년도 7월 한 달간 추정매출원가대비 이익율이 가장 높은 품목은 무엇인가? (단, 조회기준은 이익)

① ATECK－3000, 일반자전거

② ATECX－2000, 유아용자전거

③ 31－1010003, 바구니

④ NAX－A420, 산악자전거

> **해설** 매출기간과 조회기준을 입력 후 품목 탭에서 조회하면 품목별 이익률을 우측 창에서 확인할 수 있다. ③
> 31-1010003, 바구니 82.249   📋 ③

9 미수채권연령분석표

위치: 영업관리 ▷ 영업분석 ▷ 미수채권연령분석표

기준일자, 조회기준(출고기준, 마감기준)에 대해 잔액보유(전체, 잔액보유분) 조건을 기준으로 고객(월), 고객(분기), 담당(월), 담당(분기), 프로젝트(월), 프로젝트(분기)별로 미수채권 금액과 비율을 분석한다.

CHAPTER 04 구매/자재관리

---

01 구매관리

1 주계획작성(MPS)

위치: 구매/자재관리 ▷ 구매관리 ▷ 주계획작성(MPS)

주계획구분인 0. 판매계획, 1. 주문, 2. Simulaton 중 회사에 적합한 주계획(Master Plan)의 기준을 선택한 후 전 단계(판매계획, 주문)내역을 적용하여 등록하거나, 직접 입력하여 등록한다. 계정이 상품, 제품, 반제품인 품목만을 주계획작성에 등록하며, 등록된 정보는 소요량전개(MRP)에 반영된다.

✔ CHECK   용어 설명
- 계획구분: 주계획작성의 기준이 될 구분을 선택한다. 계획구분으로는 0. 판매계획, 1. 주문, 2. Simulaton 중 하나만 선택한다.
- 계획일: 계획품목의 입고계획을 등록한다.
- 단위: 품목등록에서 등록한 재고단위가 표시된다.
- 고객: 계획구분이 1. 주문 또는 0. 판매계획 중 고객별상세로 적용 시 고객이 반영된다.
- 계획수량: 재고단위를 감안한 계획수량을 등록한다.

✔ CHECK   버튼 설명(주문적용)
- 계획구분이 0. 주문인 경우에만 [주문적용] 버튼이 나타난다.
- 옵션에 주문등록(영업(국내), 수출), 주문등록(유통) 중 체크한 주문내역만 조회된다.
- 적용 후 계획수량을 분할하여 계획일을 등록할 수 있으며, 주문잔량이 관리된다.
- 적용 후 계획일을 입력하여야 하며, 계획일은 납기일 또는 생산완료일을 의미한다.

㈜한국자전거본사의 자재부에서는 2019년 3월의 주문잔량을 적용하여 주계획작성(MPS)을 하려고 한다. 품목별 주문잔량의 합을 연결한 것으로 옳은 것은?

① 일반자전거 1,270EA

② 유아용자전거 1,132EA

③ 산악자전거 1,022EA

④ 싸이클 550EA

해설 사업장, 계획기간, 계획구분 '1. 주문'을 각각 입력 후 조회를 한 후, '주문적용' 버튼을 클릭하여 주문기간 과 품명 '산악자전거'를 입력한 후 조회 버튼을 누르면 해당 품명의 주문잔량 합계를 확인할 수 있다.

답 ③

2 소요량전개(MRP)

위치: 구매/자재관리 ▷ 구매관리 ▷ 소요량전개(MRP)

주계획작성에서 등록한 계획 내역 또는 판매계획에서 등록한 계획 내역을 통해서 각 계획품목의 발주예정시기, 소요(납기)일자 및 예정수량을 산출한다. 소요량전개를 할 때 입력하는 날자가 예정발주일보다 이전이면 예정발주일이 자동으로 계산되며, 예정발주일보다 이후이면 입력하는 날자가 예정발주일이다.

✔ CHECK   용어 설명
- 전개구분: 소요량전개의 기준이 될 구분을 선택한다.
    0. 판매계획: 영업관리의 판매계획등록 데이터가 반영됨
    1. 주문전개: 영업관리의 수주등록 데이터가 반영됨
    2. 모의전개(Simulation): 판매계획이나 수주등록 데이터가 아닌 MPS에서 임의로 입력함
    3. 생산계획: 생산관리의 생산계획등록 데이터가 반영됨
- 소요일자: 계획품목이 필요한 납기일을 의미한다.
- 예정발주일: 품목등록에서 등록한 리드타임을 소요일자를 기준으로 감안한 일자를 의미한다.
- 단위: 재고단위를 의미한다.

✔ CHECK   버튼 설명(소요량전개)
- 클릭 시 BOM 등록에서 모품목을 기준으로 자품목이 자동으로 반영된다.
- 반영 시 계획일자의 모품목의 시작일, 종료일이 포함된 경우에만 자품목이 반영된다.

✔ CHECK   버튼 설명(소요량취합)
- 전개로 인하여 산출된 동일한 자품목이 있는 경우 산출된 예정수량이 합산된다.
- 합산 시 예정발주일은 산출된 것 중 제일 빠른 발주일을 기준으로 표시된다.
- 시스템환경설정에서 구매포장단위수량 적용여부를 '여'로 설정했을 경우 조달 구분이 '구매'인 품목에 한하여 구매포장단위수량이 적용된다.

▶▶ 실무예제

다음 중 ㈜한국자전거본사의 2018년 8월 한 달간 주계획작성(주문전개) 내역을 근거로 소요량전개 및 소요량 취합을 수행한 후 품명 HEAD LAMP의 예정발주수량은 몇 개인가? (단, 전개기준은 설정하지 않는다.)

① 360EA   ② 322EA
③ 315EA   ④ 313EA

해설   사업장을 입력 후 조회하면 전개구분 '1. 주문전개' 기준 내역이 나타나며, '소요량전개' 버튼을 클릭하고 또한 '소요량취합' 버튼을 클릭하면 품명별로 소요량이 취합된 것을 확인할 수 있다. 아래의 화면에서 계획기간이 2018년도로 나타난 것은 2018년도 정기시험의 기출문제이기 때문이다.   冒 ②

③ 청구등록

위치: 구매/자재관리 ▷ 구매관리 ▷ 청구등록

수급하고자 하는 품목에 대하여 청구구분에 따라 구매 발주, 생산(외주) 지시를 자재 및 재고 담당에게 청구한다. '소요량적용' 버튼을 이용해서 산출된 품목에 대한 내역을 적용하여 입력할 수도 있으며, 직접 등록하여 청구할 수도 있다.

☑️ **CHECK** 버튼 설명(소요량적용/소요량일괄적용)
- [소요량적용] 버튼을 클릭한다. 조회 조건을 입력한 후 [조회] 버튼을 클릭한다.
- 조회된 내역 중 청구등록에 적용한 내역은 체크박스를 체크하여 [선택적용] 버튼을 클릭한다. 소요수량을 분할하여 적용할 수 있다.
- [소요량일괄적용] 버튼을 이용해서 청구품목 전체의 소요수량을 적용할 수도 있다.
- 소요수량을 분할하여 적용할 경우에는 소요수량에 청구수량을 차감한 잔량(소요수량)이 나타난다.

▶▶ 실무예제

아래 [보기]의 조건으로 데이터를 조회한 후 물음에 답하시오.

[보 기]
- 사업장: 1000, ㈜한국자전거본사
- 요청일자: 2019. 03. 01. ~ 2019. 03. 05.

다음 중 [보기]의 기간 동안 구매 청구된 품목이 아닌 것은 무엇인가?

① WHEEL FRONT – MTB   ② WHEEL REAR – MTB

③ FRAME – 티타늄   ④ FRAME – 알미늄

해설   [보기]의 조건을 입력 후 조회한다. 조회 내역을 클릭하면 해당 청구일자의 구매품목을 하단 창에서 확인할 수 있다. ③ FRAME-티타늄은 청구구분이 생산인 품목이다.   답 ③

4 청구품의등록(2018년 신규 추가메뉴)

위치: 구매/자재관리 ▷ 구매관리 ▷ 청구품의등록

    구매품에 대하여 품의과정을 통해서 승인을 득한 후 구매발주 처리를 한다. 청구적용을 통하여 청구품의를 처리할 수 있지만, 청구작업을 생략하고 직접 청구품의를 입력하여 품의작업을 등록할 수 있다. 단, 시스템환경설정에서 조회구분 4. 물류의 품의등록 운영여부를 운영함으로 선택하여야 하며, 사용자 선택사항이다.

✔ CHECK   버튼 설명

- [청구적용] 버튼은 전 단계인 청구등록에서 등록한 데이터를 조회한다. 조회 조건을 입력한 후 [조회] 버튼을 클릭하여 조회된 청구내역 중 적용하고자 하는 청구요청건을 선택한 후 [선택적용] 버튼을 클릭하면 자동으로 품의등록에 적용된다. 청구등록 내역을 적용 시에는 설정한 구매단가가 등록된 경우 자동으로 단가가 적용되며, 변경도 가능 하다.
- [선택적용] 버튼은 청구등록에 주거래처가 등록되어 있더라도, 청구품의등록 시 주거래처가 아닌 직접 거래처를 입력하여 청구품의를 등록할 수 있는 버튼이다.
- [일괄적용] 버튼은 품의 품목 중에서 품목등록에 주거래처가 등록되어 있는 품목에 대하여 주거래처별로 자동집계되어 청구품의를 작성고자 할 때 처리하는 버튼이다. 청구잔량이 남아 있는 청구내역에 대하여 '마감'처리한 경우에는 조회되지 않는다.

버튼 설명(재고확인)

조회 내역 중 선택 품목의 재고수량을 화면 하단에서 확인할 수 있다.

▶▶ 실무예제

㈜한국자전거본사에서는 구매 물품을 청구등록한 품목들에 대해서 청구품의등록을 하려고 한다. 품의기간과 청구기간은 각각 동일하며(2019. 07. 01. ~ 2019. 07. 31.) 청구적용을 받아 청구품의등록을 할 때 포함되지 않는 품목은 무엇인가?

① WHEEL FRONT – MTB   ② 21 – 1070700, FRAME – 티타늄

③ ATECK – 3000, 일반자전거   ④ ATECX – 2000, 유아용자전거

해설   사업장, 품의기간을 입력하여 조회한 후, '품의일자' 빈 공간에서 '청구적용' 버튼을 클릭하여 청구기간을 입력 후 '청구적용(LIST)' 탭을 조회하면 청구품의등록 처리 대상 품목들을 확인할 수 있으며, 화면 하단 창에서는 주거래처를 확인할 수 있다. 또한, 4가지 품의 품목에 대해 '선택적용' 혹은 '일괄적용' 처리하여 청구품의등록을 완료할 수 있다.   답 ①

⑤ 청구품의승인등록(2018년 신규 추가메뉴)

위치: 구매/자재관리 ▷ 구매관리 ▷ 청구품의승인등록

전 단계에서 등록한 청구품의등록 내역을 조회하여 승인권자가 '승인처리' 또는 '승인취소'를 처리한다. 시스템환경설정에서 품의등록운영 여부를 '여'로 선택한 경우에만 메뉴를 운영할 수 있다.

6 청구품의마감등록(2018년 신규 추가메뉴)

위치: 구매/자재관리 ▷ 구매관리 ▷ 청구품의마감등록

청구품의등록에 등록된 내역 중에서 품의취소 등의 사유로 더 이상 진행되지 않는 내역을 선택하여 등록된 품의를 마감 처리한다. 즉, 청구품의내역의 승인잔량을 마감 혹은 미마감 처리할 수 있는 단계이다.

7 발주등록

위치: 구매/자재관리 ▷ 구매관리 ▷ 발주등록

구매품을 매입하기 위하여 구매처에 발주한 내역을 등록하며, 국내 발주 건에 속한 내역만을 등록한다.

✔ CHECK   용어 설명
- 단위: 품목등록에서 등록한 관리단위를 의미한다.
- 단가유형: 단가유형 필드는 단가유형 중 품목유형별, 거래처&품목유형별, 통합단가 등 단가유형이 필요한 단가를 운영할 경우에만 필드가 나타난다.
- 검사: 시스템환경설정 항목 중 입고검사여부에서 '여'로 선택한 경우에만 필드가 나타난다. 검사구분을 사용자가 변경할 수 있다.

✔ CHECK   버튼 설명
- 청구적용 조회: 청구등록, 청구품의등록에서 등록한 내역 중 청구구분이 '구매'인 내역 중 잔량이 남아있는 내역만 조회된다. 청구잔량이 없거나, 청구잔량이 있더라도 청구품의마감등록에서 '마감'으로 처리한 내역은 조회되지 않는다.
- 청구일괄적용: 청구품목 중 품목등록의 항목에서 주거래처가 등록된 품목에 대해서만 일괄적으로 주거래처를 기준으로 발주 건으로 집계되어 자동으로 발주등록을 할 수 있다. 시스템환경설정의 항목 중 품의등록운영여부에서 '부'인 경우에만 버튼이 활성화가 된다.
- 품의승인적용 조회: 청구품의등록에서 등록한 내역 중 승인잔량이 남아있는 내역만 조회된다. 승인잔량이 없거나, 승인잔량이 있더라도 청구품의마감등록에서 '마감'으로 처리한 품의내역은 조회되지 않는다. 수량은 품의수량 기준이 아니며 승인수량이 적용되는 기준이 된다. 시스템환경설정의 항목 중 품의등록운영여부에서 '여'인 경우에만 버튼이 활성화가 된다.
- 주문적용 조회: 청구등록에서 등록한 내역 중 주문잔량이 남아 있는 내역만 조회된다. 주문잔량이 없거나, 주문잔량이 있더라도 주문내역 중 '마감' 처리한 내역은 조회되지 않는다. 버튼이 나열된 화면에서 ▸▸를 클릭하여 나머지 버튼들을 펼칠 수 있다.
- [주문일괄적용] 버튼은 구매품목 중 품목등록 항목의 주 거래처가 등록되어 있는 품목에 대하여 자동으로 발주를 생성하는 기능이다. 주문잔량이 없거나, 주문잔량이 있더라도 주문내역 중 '마감' 처리한 내역은 해당되지 않는다.
- 재고확인: 조회된 내역 중 선택항목에 대한 현재고량을 조회할 수 있다.

아래 [보기]의 조건으로 데이터를 조회한 후 물음에 답하시오.

[보 기]

• 사업장: 1000, ㈜한국자전거본사
• 발주기간: 2019. 07. 16. ~ 2019. 07. 20.
• 청구기간: 2019. 07. 16. ~ 2019. 07. 20.

다음 청구등록된 품목 중 미발주 청구잔량이 가장 많은 품목은 무엇인가?

① 88 – 1050000, SADDLE

② 21 – 1070700, FRAME – 티타늄

③ ATECK – 3000, 일반자전거

④ ATECX – 2000, 유아용자전거

해설 1) [보기]의 조건을 입력 후 조회한다.
2) 조회내역에서 청구적용 버튼을 클릭하여 청구기간을 입력 후 조회한다.
④ ATECX-2000, 유아용자전거: 18EA   답 ④

✔ CHECK

조회내역의 청구품목 중 가용재고 수량이 제일 적은 품목을 찾는 문제를 푸는 방법
[보기]의 조건을 입력 후 조회를 한다. 조회 내역 하단 창에서 품목을 선택하여 재고확인 버튼을 누르면
제일 하단에서 해당 품목의 가용재고량을 확인한다. 가용재고가 음수(-)인 ② 21-1070700, FRAME-
티타늄이 품목이 -621개로 제일 적음

단	No	품번	품명	규격	단위	납기일	입고예정일	발주수량	단가
☐	1	21-1060850	WHEEL FRONT-MTB		EA	2019/07/20	2019/07/20	50.00	18,2
☐	2	21-1060950	WHEEL REAR-MTB		EA	2019/07/20	2019/07/20	100.00	17,2
☐	3	21-1070700	FRAME-티타늄		EA	2019/07/20	2019/07/20	50.00	14,2
☐	4	21-1080800	FRAME-알미늄		EA	2019/07/20	2019/07/20	100.00	38,2
☐									
			합계					300.00	

관리구분   [🔍]   프로젝트   [🔍]   비고 [ ]

관리단위	현재고	240.00	가용재고	-621.00	입고예정량	969.00	☐ 부적합재고제외
재고단위	현재고	240.00	가용재고	-621.00	입고예정량	969.00	☐ 가용재고(부)제외

8 입고의뢰등록

위치: 구매/자재관리 ▷ 구매관리 ▷ 입고의뢰등록

구매 발주한 내역에 대하여 의뢰창고로 입고를 요청 시 등록한다.

✔ **CHECK** 유의사항
- 사용자권한설정이 되어 있다 하더라도 시스템환경설정 항목 중 입고의뢰운영여부에서 '여'로 선택한 경우에만 메뉴를 사용할 수 있고, 입고의뢰등록을 직접 등록할 수 없다.
- 시스템환경설정 항목 중 입고검사운영여부가 '부'인 경우에는 입고처리가 적용되며, '여'인 경우에는 검사구분에 따라서 '검사'인 경우에는 입고검사에 적용되며, '무검사'인 경우에는 입고처리에 적용된다.

▶▶ **실무예제**

아래 [보기]의 조건으로 데이터를 조회한 후 물음에 답하시오.

[보 기]
- 사업장: 1000, ㈜한국자전거본사
- 의뢰기간: 2019. 07. 01. ~ 2019. 07. 30.
- 발주기간: 2019. 07. 01. ~ 2019. 07. 30. (발주적용조회 버튼에서 입력하는 기간)

다음 중 입고의뢰등록 메뉴의 사용방법에 대한 설명으로 잘못된 것은 무엇인가?

① 입고의뢰 등록 시 의뢰창고는 반드시 입력하지 않아도 된다.

② 입고의뢰 등록 시 의뢰담당자는 반드시 입력해야 한다.

③ 입고의뢰 등록 시 납기일은 반드시 입력해야 한다.

④ 입고의뢰 등록 시 비고는 반드시 입력하지 않아도 된다.

해설 1) [보기]의 조건을 입력 후 조회하여, 발주적용 버튼을 클릭한다.

2) 발주적용조회 창에서 발주기간과 ㈜하나상사를 입력 후 조회한다.

3) 조회 내역 전체를 선택 후, 선택적용 버튼을 클릭한다.

4) 의뢰일자와 의뢰창고(부품창고)를 입력한다.

여기서 ㈜하나상사를 입력한 것은 연습을 위한 것이므로 특별한 의미는 없다.

의뢰창고는 필수 입력 컬럼이다. 실제 등록되어 있는 데이터의 컬럼값을 삭제하거나 입력해 보면서 보기와 비교하여 문제를 풀 수 있다. 📖 ①

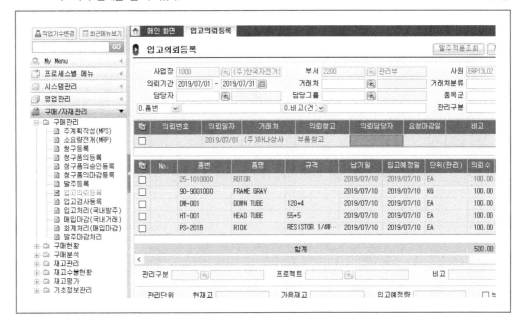

9 입고검사등록

위치: 구매/자재관리 ▷ 구매관리 ▷ 입고의뢰등록

발주한 품목에 대하여 창고로 입고하기 전 검사를 한다. 입고의뢰등록에서 검사구분이 '무검사'가 아닌 '검사'로 설정된 경우에만 조회되어 검사를 진행할 수 있으며 직접 입력하여 등록할 수 없다.

✔ CHECK 유의사항

• 사용자권한설정이 되어 있다 하더라도 시스템환경설정 항목 중 입고검사운영여부에서 '여'로 선택한 경우에만 메뉴를 오픈할 수 있다. 해당 설정항목은 사용 중 변경할 경우 이후 프로세스에 계속해서 영향을 미칠 수 있으므로 절대로 변경하지 않는 것이 중요하다.

• 시스템환경설정 항목 중 입고의뢰운영여부가 '여'인 경우에는 입고의뢰 내역이 적용되며, '부'인 경우에는 발주등록에서 등록한 내역을 적용하여 입고검사를 등록할 수 있다.

아래 [보기]의 조건으로 데이터를 조회한 후 물음에 답하시오.

[보 기]

- 사업장: 1000, ㈜한국자전거본사
- 검사기간: 2019. 07. 16. ~ 2019. 07. 20.

다음 중 입고검사에 대한 설명으로 옳지 않은 것은?

① 검사구분은 전수검사, 샘플검사가 있다.

② 입고의뢰등록의 발주적용조회 버튼을 통해 입고검사등록을 등록한다.

③ ATECK – 3000, 일반자전거는 검사수량 97 중 합격수량은 95이다.

④ 품목등록 검사여부가 1. 검사인 품목은 반드시 입고검사등록 메뉴에 등록해야 한다.

해설 • 검사여부가 '1. 검사'인 품목도 필요에 따라 입고검사등록을 스킵할 수 있다.
　　　• 발주등록 또는 입고의뢰 같은 검사 전 메뉴에서 검사대상을 설정할 수 있다.
　　　조회내역 하단 창의 일반자전거에서 마우스 우클릭하여 부가기능(품목상세정보)을 통해 품목등록 정보를
　　　확인할 수 있다.　　　　　　　　　　　　　　　　　　　　　　　　　　　　　　　 🗐 ④

🔟 입고처리(국내발주)

위치: 구매/자재관리 ▷ 구매관리 ▷ 입고처리(국내발주)

　　발주품목을 입고 시 처리하며, 물품이 창고에 입고되는 시점으로 수량 수불이 증가

되는 시점에 등록한다. 수량에 '−'를 표시 시에는 반품을 의미하며, 예외입고 탭을 통하여 처리한다. 입고적용 탭을 이용하여 입고처리를 하며, 발주입고 탭을 이용해서 해당 품목에 대해 입고처리를 완료할 수 있다.

✔ CHECK
자주 출제되는 내용임

✔ CHECK 용어 설명
- 입고창고: 조회 조건이면서 필수 입력 항목이다. 현재 속한 사업장만 조회가 되며, 사용여부가 '여'인 창고만 조회가 된다.
- 마감: 이후 프로세스인 매입마감과 관련하여 처리하는 방식을 결정하는 구분이다. '건별'은 입력과 동시에 매입마감이 자동으로 처리되며, '일괄'인 경우에는 매입마감에서 사용자의 처리 방법에 따라 마감을 처리할 수 있다. (매입마감에서 입고 처리된 내역을 적용받아 처리한다.)
- 장소: 입고창고에 속하여 입고할 장소를 선택한다. 선택과 동시에 입고장소에 재고가 증가된다.
- LOT No.: 정상 입고 시 품목등록 항목 중 LOT 여부가 '여'인 경우 반드시 LOT번호를 반드시 직접 입력하여야 한다. 반품인 경우에는 코드도움을 통하여 기 입고된 내역을 조회하여 LOT번호를 선택하여야 한다.
- 재고단위수량: 발주단위와 재고단위가 다른 품목에 대하여 입고 시 발주단위에 환산계수를 감안하여 계산을 한 경우에 차이가 난 수량을 재고단위수량을 수정하여 입력할 수 있다.

▶▶ 실무예제

아래 [보기]의 조건으로 데이터를 조회한 후 물음에 답하시오.

[보 기]
- 사업장: 1000, ㈜한국자전거본사
- 입고기간: 2019. 07. 16. ~ 2019. 07. 20.
- 입고창고: P100, 제품창고

다음 중 발주나 입고검사를 적용받지 않고 직접 입력한 입고 건은 무엇인가?

① RV1907000003
② RV1907000004
③ RV1907000005
④ RV1907000006

해설 [보기}의 조건을 입력 후, '발주입고' 탭에서 조회를 하면 3건의 내역 중 ① RV1907000003항목은 없음을 알 수 있다. 하단 창에서 각 품목의 '발주수량' 필드에서 마우스 오른쪽 버튼을 클릭하면, [입고처리(국내발주)] 이력정보를 확인할 수 있다.
입고번호 ① RV1907000003은 조회 내역에 없으나 '예외입고' 탭에서 조회하여 위와 같은 방법으로 확인할 수 있으며, 이력정보에 이전 이력이 없으므로 직접 입력한 건이다. 답 ①

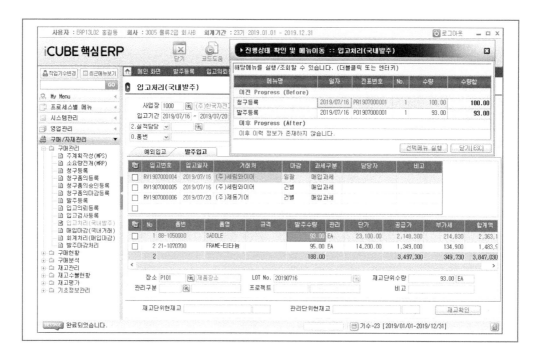

11 매입마감(국내거래)

위치: 구매/자재관리 ▷ 구매관리 ▷ 매입마감(국내거래)

　　입고처리 혹은 입고반품에 대한 내역을 적용하여 매입마감을 처리하는 단계이다. 매입마감 데이터를 기준으로 회계연결계정과 연동하여 미결전표가 발행된다.

✅ CHECK　용어 설명
- 마감구분: 건별은 입고처리를 함과 동시에 매입마감이 처리되고, 일괄은 입고처리에서 매입마감이 되지 않고 매입마감처리에서 일괄적으로 처리된다.
- 과세구분: 과세, 영세, 면세, 기타가 있으며, 이는 회계처리 시 반영되는 중요한 정보로 활용된다.
- 전표: 매입마감 건에 대하여 회계처리여부를 확인할 수 있는 항목이다. (입력항목 아님)

✅ CHECK　버튼 설명
- 입고적용: 입고내역에서 등록한 내역을 조회하는 팝업창이 나타난다. 매입으로 적용할 입고내용을 선택한 후 [확인] 버튼을 누르면 자동으로 매입마감에 반영된다. 입고내역에 대하여 입고 수량을 분할하여 마감처리 가능하며, 공급가액은 수정이 가능하다.
- 입고일괄적용: 입고처리에 등록한 내역을 일괄적으로 매입마감 처리 시 사용하는 화면으로서, 조회조건에 필수항목은 반드시 입력하여야 하며, 마감일자, 입고기간은 매입마감 처리 시 등록되는 항목이다.

✔ **CHECK** 유의사항

- 마감구분이 건별로 지정된 마감 건은 입고처리와 동시에 매입마감이 되므로, 매입마감에서 수정 및 삭제되지 않는다. 수정 및 삭제를 처리하기 위해서는 입고내역을 삭제하고 입고처리를 다시 하여야 한다.
- 매입마감에 등록된 내역은 추후 재고평가 시의 대상이 되는 수량이다. (매입미마감 내역이 존재할 경우 입고현황과 재고평가의 내역과 차이가 발생할 수 있다.) 마감기준으로 채무가 증가하는 시점의 메뉴이다.

▶▶ 실무예제

아래 [보기]의 조건으로 데이터를 조회한 후 물음에 답하시오.

[보 기]

- 사업장: 1000, ㈜한국자전거본사
- 마감기간: 2019. 03. 16. ~ 2019. 03. 20.   • 조건: 거래처일괄
- 마감일자: 2019. 03. 20.   • 과세구분: 전체
- 입고기간: 2019. 03. 16. ~ 2019. 03. 20.

다음 중 매입마감(국내거래) 메뉴에서 입고일괄적용 기능을 통해 매입마감 처리할 때 마감되는 PEDAL(S) 품목의 총 마감수량으로 옳은 것은?

① 110EA ② 100EA

③ 35EA ④ 25EA

해설   [보기]의 조건을 입력 후 조회하여 '마감일자' 빈 공간에서 '입고일괄적용' 버튼을 클릭한다. 입고일괄적용 버튼을 클릭하여 매입마감 처리하면 하단 창에서 총 4건의 입고 건 합계 110EA의 PEDAL(S) 품목이 마감되었음을 확인할 수 있다.   답 ②

12 회계처리(매입마감)

위치: 구매/자재관리 ▷ 구매관리 ▷ 회계처리(매입마감)

매입마감(국내거래) 내역을 기준으로 회계부서에 미결전표를 발행 시 매입전표를 발행한다.

✔ CHECK 버튼 설명
전표처리: 회계처리 조회 내역 중 선택한 항목에 대해 전표처리를 할 수 있다.

✔ CHECK 유의사항
• 전표 처리된 건 중 전표를 취소하고자 할 경우에는 전표승인을 한 전표에 대해서는 취소가 되지 않으며, 승인을 먼저 해제한 후 전표취소를 하여야 한다.
• 전표처리 전에 물류 기초정보 중 회계연결계정과목등록 메뉴에서 국내지급과 관련한 계정이 정확히 설정된 것을 확인한 후 생성하여야 한다.

▶▶ **실무예제**

아래 [보기]의 조건으로 데이터를 조회한 후 물음에 답하시오.

[보 기]

• 사업장: 1000, ㈜한국자전거본사
• 기간: 2019. 07. 16. ~ 2019. 07. 20.
• 거래처: 00005, ㈜세림와이어
• 마감번호: PC1907000002

다음 중 [보기]의 매입마감 건을 전표처리할 때 분개되는 계정과목이 아닌 것은?

① 3,014,400, 부가세대급금
② 30,144,000, 상품
③ 33,158,400, 원재료
④ 33,158,400, 외상매입금

해설 1) [보기]의 조건을 입력 후 조회를 한다.
2) 조회내역에서 조회항목을 선택(☑)하여 '전표처리' 버튼을 클릭한 후 확인을 누른다.
3) 회계전표 탭에서 조회를 하면 하단 창에서 전표생성 내역을 확인 할 수 있다.
③ 33,158,400, 원재료는 조회내역에 없다.　　　　　　　　　　　　　　　　🖹 ③

실무예제

아래 [보기]의 조건으로 데이터를 조회한 후 물음에 답하시오.

[보 기]

- 사업장: 1000, ㈜한국자전거본사
- 기간: 2019. 03. 01. ~ 2019. 03. 31.

구매부서에서는 매입마감이 완료된 마감번호 PC1903000002를 전표처리하고자 한다. 생성된 회계전표의 내역으로 올바르지 않은 것은?

① 거래처는 ㈜영동바이크이다.

② 원재료 구매로 인해 대체대변에 외상매입금이 증가한다.

③ 생성된 전표는 승인상태가 된다.

④ 원재료 매입 금액은 1,892,000원이다.

> **해설** [보기]의 조건으로 입력 조회 후, 매입마감 탭에서 마감번호 PC1903000002를 선택(☑)하고 우측 상단의 전표처리 버튼을 클릭하여 회계전표를 생성한다. '회계전표' 탭을 조회하면 생성된 회계전표 내역을 확인할 수 있다. ③ 생성된 전표는 미결 상태가 된다.　　　📄③

13 발주마감처리

위치: 구매/자재관리 ▷ 구매관리 ▷ 발주마감처리

구매 거래처에 발주한 내역 중 더 이상 회사에서 필요하지 않은 경우에 취소 처리할 수 있다.

✔ CHECK   버튼 설명
- 발주잔량이 남은 것 중 마감(취소)할 내역의 선택박스에 체크한 후 [일괄마감처리] 버튼을 클릭한다.
- 마감일자와 마감사유를 입력한 후 [일괄마감]을 클릭한다.
- 발주 내역을 마감한 후에는 이후 프로세스에 내역정보를 조회할 수 없다.

▶▶ 실무예제

아래 [보기]의 조건으로 데이터를 조회한 후 물음에 답하시오.

[보 기]
- 사업장: 1000, ㈜한국자전거본사
- 발주기간: 2019. 03. 21. ~ 2019. 03. 21.

다음 중 [보기]의 기간에 ㈜영동바이크에 발주된 품목 중 발주가 취소되어 입고시키지 않기로 한 품목은 무엇인가?

① WHEEL FRONT－MTB
② WHEEL REAR－MTB
③ FRAME－알미늄
④ FRAME－티타늄

발주마감된 발주 건을 찾는 문제이다. 사업장과 발주기간을 입력 후, 조회하여 각 품목별 '마감사유'를 하
단 창에서 확인할 수 있다. 발주기간이 3월 21일이므로 24일 발주 건은 대상에서 제외된다. 조회내역과
보기 순서가 바뀌었으므로 혼동하지 않도록 한다.   답 ③

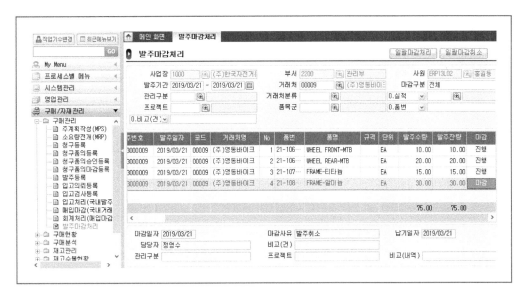

02 구매현황

1 소요량전개현황

위치: 구매/자재관리 ▷ 구매현황

소요량전개 프로그램에서 산출된 내역을 조회 및 출력할 수 있다.

2 청구현황

위치: 구매/자재관리 > 구매현황

청구등록에서 등록한 내역을 조회 및 출력할 수 있다.

▶▶ 실무예제

㈜한국자전거본사의 2019년 7월 청구내역 중 주거래처가 아닌 곳은?

① ㈜빅파워   ② ㈜제동기어

③ ㈜대흥정공   ④ ㈜하나상사

해설   사업장과 청구기간을 입력 후 조회하면 각 품목별 주거래처를 확인할 수 있다.   📖 ③

3 발주현황

위치: 구매/자재관리 ▷ 발주현황

구매 거래처에 발주한 내역을 검색조건(발주일, 거래처, 품목, 거래구분, 관리구분, 프로젝트)을 이용하여 조회 및 출력할 수 있다.

4 발주대비입고현황

위치: 구매/자재관리 ▷ 발주대비입고현황

발주등록한 내역을 기준으로 입고처리로 적용한 상세한 내역에 대하여 조회 및 출력할 수 있다.

▶▶ 실무예제

㈜한국자전거본사의 2019년 7월 발주내역대비 입고내역을 감안할 경우, 거래처 ㈜하나상사에 발주한 수량이 모두 입고되어 추후 발주 시 수량조정이 필요하지 않은 품명은 무엇인가?

① FRAME GRAY   ② DOWN TUBE

③ HEAD TUBE   ④ R10K

해설   발주기간을 입력 후 조회하여 ㈜하나상사의 품목들을 클릭하면 발주수량 대비 입고수량을 확인할 수 있다. 즉, 발주수량과 입고수량이 동일한 품목은 ④ R10K   **답** ④

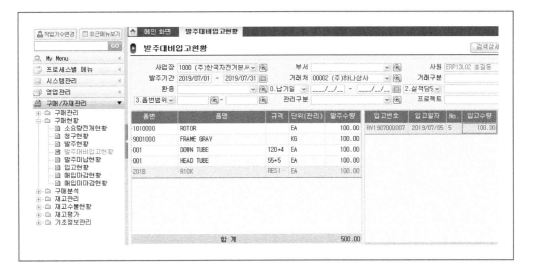

5 발주미납현황

위치: 구매/자재관리 ▷ 발주미납현황

구매 거래처에 발주한 내역 중 기준일자를 기준으로 납기일 또는 입고예정일에 입고처리 되지 않은 현황을 조회 및 출력할 수 있다.

▶▶ 실무예제

아래 [보기]의 조건으로 데이터를 조회한 후 물음에 답하시오.

[보 기]

• 사업장: 1000, ㈜한국자전거본사
• 기준일자: 2019. 07. 10.
• 조회조건: 0. 납기일 2019. 07. 01. ~ 2019. 07. 10.

다음 중 [보기]의 조건을 만족하는 발주 미납수량의 총 합계는 무엇인가?

① 10   ② 20

③ 30   ④ 40

해설 [보기]의 조건을 입력 후 조회하여 미납수량을 합산하면 20개를 확인할 수 있다.   **답** ②

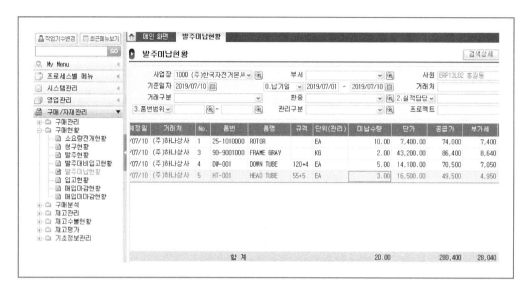

6 입고현황

위치: 구매/자재관리 ▷ 입고현황

입고처리에서 등록한 내역을 검색조건(일자, 거래처, 품목, 거래구분, 관리구분, 프로젝트)에 따라 입고된 현황을 조회 및 출력할 수 있다.

7 매입마감현황

위치: 구매/자재관리 ▷ 매입마감현황

매입마감(국내)에서 등록한 내역을 기준으로 검색조건(일자, 거래처, 품목, 거래구분, 관리구분, 프로젝트)에 따라 매입마감된 현황을 조회 및 출력할 수 있다.

8 매입미마감현황

위치: 구매/자재관리 ▷ 매입미마감현황

입고처리 등록 내역을 기준으로 검색조건(일자, 거래처, 품목, 거래구분, 관리구분, 프로젝트)에 따라 매입마감을 처리하지 않은 내역을 조회 및 출력할 수 있다.

아래 [보기]의 조건으로 데이터를 조회한 후 물음에 답하시오.

[보 기]
• 사업장: 1000, ㈜한국자전거본사
• 입고기간: 2019. 07. 01. ~ 2019. 07. 31.

다음 중 매입미마감 수량이 가장 많은 품목은 무엇인가?

① FRAME GRAY
② SADDLE
③ FRAME－티타늄
④ HEAD TUBE

해설 [보기]의 조건을 입력 후 품목별로 조회하면 매입미마감된 수량을 확인할 수 있다. ③ FRAME－티타늄
95EA   답 ③

03 구매분석

1 발주미납집계

위치: 구매/자재관리 ▷ 구매분석 ▷ 발주미납집계

구매 거래처에 발주한 내역 중 기준일자를 기준으로 납기일 또는 입고예정일과 비

교하여 경과 일수를 산출하여 미입고된 내역을 항목별(거래처, 품목, 담당자, 관리구분, 프로젝트, 부서 등)로 집계하여 조회 및 출력할 수 있다.

▶▶ 실무예제

아래 [보기]의 조건으로 데이터를 조회한 후 물음에 답하시오.

[보 기]

- 사업장: 1000, ㈜한국자전거본사
- 매입기간: 2019. 03. 01. ~ 2019. 03. 31.

다음 중 3월 한 달간 미납수량이 가장 많은 품목은 무엇인가?

① WHEEL FRONT – MTB   ② WHEEL REAR – MTB

③ FRAME – 알미늄   ④ FRAME – 티타늄

해설 [보기]의 조건을 입력 후 품목 탭에서 조회하면 품목별 미납수량을 확인할 수 있다. ③ FRAME-알미늄 50(= 30 + 25)   **답** ③

2 입고집계표(월별)

위치: 구매/자재관리 ▷ 구매분석 ▷ 입고집계표(월별)

　　입고처리한 내역을 기준으로 해당(조회)년도의 월별로 항목별(거래처, 품목, 담당자, 관리구분, 프로젝트, 부서 등) 조회 기준에 따라 집계하여 조회 및 출력할 수 있다.

③ 매입집계표(월별)

위치: 구매/자재관리 ▷ 구매분석 ▷ 매입집계표(월별)

매입마감(국내)한 내역을 기준으로 해당(조회)년도의 월별로 항목별(거래처, 품목, 담당자, 관리구분, 프로젝트, 부서 등) 조회 기준에 따라 집계하여 조회 및 출력할 수 있다.

④ 매입집계표(관리분류별)

위치: 구매/자재관리 ▷ 구매분석 ▷ 매입집계표(관리분류별)

매입마감(국내)한 내역을 기준으로 해당(조회)년도의 월별, 관리분류별(거래처분류, 지역분류, 지역그룹, 담당그룹)로 조회 기준에 따라 집계하여 조회 및 출력할 수 있다.

⑤ 매입순위표(마감기준)

위치: 구매/자재관리 ▷ 구매분석 ▷ 매입순위표(마감기준)

매입마감 등록 내역에 대해 입고기간 내 입고수량 또는 입고금액을 기준으로 매입순위를 조회 및 출력할 수 있다. 거래처분류, 지역분류, 지역그룹, 담당그룹별로 조회 가능하며, 헤더, 디테일별로 점유율도 조회할 수 있다.

▶▶ 실무예제

아래 [보기]의 조건으로 데이터를 조회한 후 물음에 답하시오.

[보 기]
- 사업장: 1000, ㈜한국자전거본사
- 매입기간: 2019. 04. 01. ~ 2019. 04. 30.
- 조회기준: 1. 원화금액

다음 중 매입 마감을 기준으로 4월 한 달간 가장 많은 금액의 매입이 이뤄진 품목은 무엇인가?

① 일반자전거(P − GRAY WHITE) ② 산악자전거(P − 20G)
③ 일반자전거 ④ 유아용자전거

해설 • 매입순위표(마감기준) 메뉴의 품목 탭에서 확인한다.
  • ① 51,290,000원, ② 53,200,000원, ③ 48,336,000원, ④ 40,650,000원 답 ②

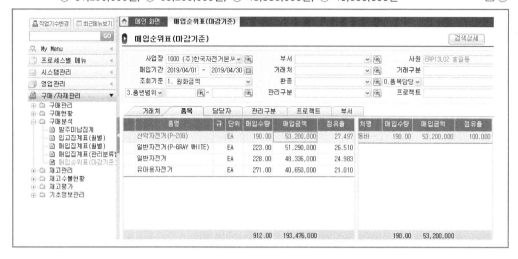

04 재고관리

1 재고이동등록(창고)

위치: 구매/자재관리 ▷ 재고관리 ▷ 재고이동등록(창고)

동일한 사업장에 속한 창고(장소)에서 다른 창고(장소)로 재고를 이동할 때 등록한다. 자재마감/통제등록 단계의 마감일자가 이동일자 이전인 경우에는 신규입력, 수정, 삭제할 수 없다.

창고, 장소 단위의 수량재고는 변동(증감)이 있으나, 금액재고(재고평가)에 해당되는 재고 및 전사/사업장 내의 현재고 수량에는 영향이 없다(창고/장소의 수량에만 증감이 발생되기 때문에 재고평가의 대상이 되지 않는다).

▶▶ 실무예제

아래 [보기]의 조건으로 데이터를 조회한 후 물음에 답하시오.

[보 기]
• 사업장: 1000, ㈜한국자전거본사
• 이동기간: 2019. 07. 01. ~ 2019. 07. 31.

다음 중 재고이동등록(창고) 메뉴를 실행한 결과에 대해 설명한 것 중 옳은 것은?

① 이동번호는 MV1907000005이다.

② 이동일자는 7월 20일이다.

③ 출고창고는 제품창고, 입고창고는 부품창고이다.

④ 출고장소는 제품장소, 입고장소는 폐기장소이다.

해설 [보기]의 조건을 입력 후 조회하면 등록된 재고이동 건을 확인할 수 있다. ④ 출고장소는 제품장소, 입고장
소는 폐기장소이다   답 ④

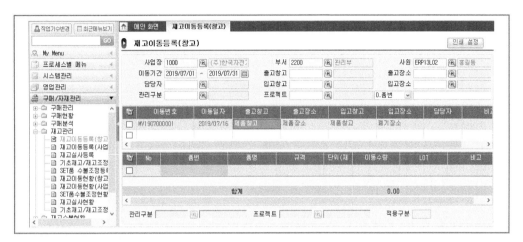

2 재고이동등록(사업장)

위치: 구매/자재관리 ▷ 재고관리 ▷ 재고이동등록(사업장)

다른 사업장에 속한 창고(장소)에서 타 사업장에 속한 창고(장소)로 재고를 이동할
때 등록한다. 자재마감/통제등록 단계의 마감일자가 이동일자 이전인 경우에는 신규입
력, 수정, 삭제할 수 없다.

✔ CHECK 버튼 설명
단가적용: 사업장 이동 데이터를 입력 시 이동 단가를 자동으로 반영하기 위하여 설정하는 [단가설정]
옵션 기능이다.

3 재고실사등록

위치: 구매/자재관리 ▷ 재고관리 ▷ 재고실사등록

전산재고와 실물재고의 차이를 분석하는 단계로서 사업장에 속한 창고, 장소 단위로 실사가 가능하며, 실사구분은 정기, 기타로 구분하여 실사를 할 수 있다.

✅ CHECK 용어 설명
- 전산재고: 일괄전개 또는 재고전개를 이용하여 재고기준일의 재고를 자동으로 반영된다.
- 실사재고: 창고, 장소에 실존하는 품목의 재고를 수동으로 반영한다.
- 차이수량: 전산재고에서 실사재고를 차감한 수량을 의미한다.
- 처리구분: [조정처리]를 이용하여 생산자재출고처리, 외주자재출고처리에 반영된 자재에 대하여 적용한 수량이 있는 경우 처리구분이 '처리'로 변경된다.
- 조정수량: [조정처리]를 이용하여 생산자재출고처리, 외주자재출고처리에 반영된 자재에 대하여 적용한 수량을 의미한다.

✅ CHECK 버튼 설명
- 일괄전개: 창고, 장소를 입력한 후 재고기준을 입력한다. [일괄전개] 버튼을 클릭하면 해당 창고, 장소에 있는 전산재고가 있는 품목과 전산재고수량이 자동으로 반영된다.
- 재고전개: 창고, 장소를 입력한 후 재고기준을 입력한다. 전산재고에는 없으나, 실물재고에 있는 경우에 디테일의 품목을 선택한 후 [재고전개] 버튼을 입력하면 전산재고수량이 자동으로 반영된다.
- 조정처리: 차이수량이 발생한 품목으로 기준으로 처리구분이 '미처리'이면서 차이수량이 '0'보다 크고 조정수량이 '0'보다 작은 품목으로, 실적을 기준으로 자재출고수량이 BOM 필요수량과 대비하여 작은 경우 자동으로 반영하는 기능이다.
- 조정취소: 조정 처리한 데이터를 기준으로 취소할 경우 사용하는 기능이다.

4 기초재고/재고조정등록

위치: 구매/자재관리 ▷ 재고관리 ▷ 기초재고/재고조정등록

재고와 관련하여 조정(증가, 감소)이 필요할 경우 등록하는 단계로서 사업장에 속한 창고, 장소를 등록한 조정품목을 선택하여 조정수량을 등록한다.

✅ CHECK 탭 설명
- [기초조정] 탭은 ICUBE를 처음 도입한 후 기초재고를 등록하는 탭이다.
- [입고조정], [출고조정] 탭은 전산재고와 실물재고가 차이가 발생한 경우 이 둘의 재고를 동일하게 맞추는 작업 시 등록하는 화면이다.

✅ CHECK 용어 설명
- 조정일자: 재고를 증가 또는 감소시키는 일자를 등록한다.
- 창고: 사업장에 속한 창고만 조회가 가능하며, 사용여부가 '여'인 창고만 조회된다.
- 장소: 출고창고에 속한 장소만 조회되며, 사용여부가 '여'인 장소만 조회된다.
- 단가: [기초조정], [입고조정] 탭에서 등록한 단가에 대해서는 재고평가의 입고단가에 자동으로 반영된다.

- 재고실사적용: 재고실사를 통하여 전산재고와 실물재고의 차이를 통하여 분석된 차이수량을 재고조정 정보에 반영코자 할 경우 적용하는 화면이다.
- 단가적용: 재고조정 데이터를 입력 시 조정단가를 자동으로 반영하기 위하여 설정하는 [단가설정] 옵션 기능이다.

▶▶ 실무예제

아래 [보기]의 조건으로 데이터를 조회한 후 물음에 답하시오.

[보 기]

- 사업장: 1000, ㈜한국자전거본사
- 조정기간: 2019. 07. 01. ~ 2019. 07. 05.

다음 중 [보기]의 기간 중 불량으로 손실 처리한 품목은 무엇인가? (불량 손실: 불량으로 판단 된 재고를 조정하여 현재고수량에서 제외함을 의미한다.)

① 10-1450000, SEAT CLAMP   ② 10-352,0000, CRANK ARM

③ 21-1070700, FRAME-티타늄   ④ 81-1002001, BREAK SYSTEM

해설   [보기]의 조건을 입력 후 출고조정 탭에서 조회한다. 조회된 내역을 클릭하여 하단창에 있는 각 품목을 클 릭하면 화면 제일 하단에 있는 비고에 '불량 손실 처리'라고 기재되어 있다. ③ 21-1070700, FRAME- 티타늄: 5EA   🖹 ③

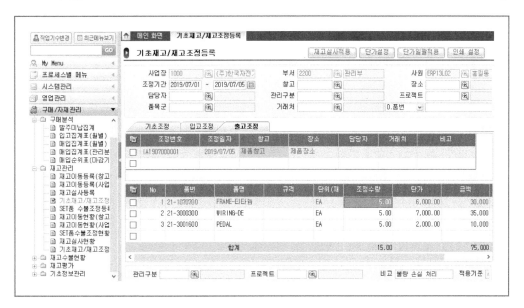

5 SET품 수불조정등록(2018년 신규 추가메뉴)

위치: 구매/자재관리 ▷ 재고관리 ▷ SET품 수불조정등록

상품, 제품, 반제품을 판매할 목적으로 수불이 일어난 SET 모품목과 자품목의 재고를 조정하기 위하여 등록하는 단계이다. 헤더(Header)에 SET 모품목을 입력하고 저장한 뒤, 상단의 [SET 적용] 버튼을 눌러 SET 모품목을 구성하는 자품목들을 적용받아 하단의 디테일(Detail)에 출고조정수량을 입력한다. 헤더의 SET 모품목은 재고가 증가되며, 디테일의 SET 자품목은 재고가 감소된다.

✔ **CHECK** 버튼 설명(SET 적용)
- 헤더의 데이터를 입력한 후 커서의 위치를 디테일 구성품번에 이동한 후 [SET 적용] 버튼을 클릭하면 상단의 화면과 같이 적용도움창이 나타난다.
- SET구성품 등록에서 등록된 내용을 기준으로 SET구성품과 입고수량을 곱하여 산출한 적용수량이 자동으로 산출되며, 산출된 수량을 적용하고자 할 경우 왼쪽에 있는 체크박스를 선택한 후 [확인]을 클릭하면 디테일에 구성품목과 조정수량이 자동으로 반영된다.

▶▶ 실무예제

아래 [보기]의 조건으로 데이터를 조회한 후 물음에 답하시오.

[보 기]
- 사업장: 1000, ㈜한국자전거본사
- 조정기간: 2019. 07. 06. ~ 2019. 07. 10.
- 입고창고: P100, 제품창고   • 입고장소: P101, 제품장소
- 출고창고: M100, 부품창고   • 출고장소: M101, 부품장소

다음 중 [보기] 기간 동안에 SET품 수불조정 내역에 대한 설명으로 옳지 않은 것은?

① ATECX – 2000, 유아용자전거는 SET품목 여부가 '1. 여'이다.

② 20 – 1025000, 유아용자전거세트는 SET품목 여부가 '1. 여'이다.

③ 31 – 1010003, 바구니와 31 – 1010005, 자물쇠는 재고가 10 감소하였다.

④ SET 적용 버튼으로 SET구성품등록 메뉴에 등록된 구성품들을 적용받을 수 있다.

해설 ATECX-2000, 유아용자전거에서 마우스 우측의 부가기능(품목상세정보)을 확인한다.
① ATECX-2000, 유아용자전거는 SET품목 여부가 '1. 여'이다.   🔖 ①

6 재고이동현황(창고)

위치: 구매/자재관리 ▷ 재고관리 ▷ 재고이동현황(창고)

재고이동등록(창고)에서 등록한 내역을 상세하게 조회 및 출력할 수 있다.

7 재고이동현황(사업장)

위치: 구매/자재관리 ▷ 재고관리 ▷ 재고이동현황(사업장)

재고이동등록(사업장)에서 등록한 내역을 상세하게 조회 및 출력할 수 있다.

8 SET품수불조정현황

위치: 구매/자재관리 ▷ 재고관리 ▷ SET품수불조정현황

SET품수불조정등록에서 등록한 내역을 상세하게 조회 및 출력할 수 있다.

▶▶ 실무예제

아래 [보기]의 조건으로 데이터를 조회한 후 물음에 답하시오.

[보 기]
- 사업장: 1000, ㈜한국자전거본사
- 조정기간: 2019. 07. 06. ~ 2019. 07. 10.
- 입고창고: P100, 제품창고
- 출고창고: M100, 부품창고
- 입고장소: P101, 제품장소
- 출고장소: M101, 부품장소

다음 중 [보기] 기간 동안에 SET품 수불조정 내역에서 총 입고조정수량은?

① 30
② 40
③ 50
④ 60

해설 [보기]의 조건을 입력 후 조회하면 품명과 조정수량을 확인할 수 있다. 🖺①

⑨ 재고실사현황

위치: 구매/자재관리 ▷ 재고관리 ▷ 재고실사현황

재고실사등록에서 등록한 내역을 상세하게 조회 및 출력할 수 있다.

⑩ 기초재고/재고조정현황

위치: 구매/자재관리 ▷ 재고관리 ▷ 기초재고/재고조정현황

기초재고/재고조정등록에서 등록한 내역을 상세하게 조회 및 출력할 수 있다.

▶▶ 실무예제

아래 [보기]의 조건으로 데이터를 조회한 후 물음에 답하시오.

[보 기]

• 사업장: 1000, ㈜한국자전거본사
• 조정기간: 2019. 07. 01. ~ 2019. 07. 31.

다음 중 [보기]의 기간 동안에 불량손실처리된 품목이 아닌 것은?

① FRAME – 티타늄   ② HEAD LAMP
③ WIRING – DE   ④ PEDAL

해설 [보기]의 조건을 입력 후 조회하면 품목별 비고(내역)을 확인할 수 있다.   답 ②

05 재고수불현황

1 재고현황(전사/사업장)

위치: 구매/자재관리 ▷ 재고수불현황 ▷ 현재고현황(전사/사업장)

해당 연도를 기준으로 전사(전사업장), 사업장을 기준으로 재고상태를 조회 및 출력한다.

▶▶ **실무예제**

아래 [보기]의 조건으로 데이터를 조회한 후 물음에 답하시오.

[보 기]

• 사업장: 1000, ㈜한국자전거본사
• 해당 연도: 2019
• 계정: 2. 제품

㈜한국자전거본사 박과장은 제품의 재고수량을 파악하고 있다. 다음 중 가용재고량이 부족하여 수급해야 할 품목으로 옳은 것은? (품목의 안전재고량만을 가감하여 가용재고량을 결정한다.)

① 31 – 1010001, 체인
② 31 – 1010002, 의자
③ 31 – 1010003, 바구니
④ 31 – 1010004, 타이어

해설 [보기]의 조건으로 입력 후 조회하면 '바구니'의 가용재고량 항목 필드에 – 7.00을 확인할 수 있다.

답 ③

2 재고수불현황(일자별)

위치: 구매/자재관리 ▷ 재고수불현황 ▷ 재고수불현황(일자별)

    사업장, 해당 연도, 누계기간 기준으로 조회하고자 하는 수불기간에 대해 재고의 입출고와 관련한 내역을 조회 및 출력하며, 수불기간은 누계기간 이후의 일자여야 한다.

3 재고수불현황(유형별)

위치: 구매/자재관리 ▷ 재고수불현황 ▷ 재고수불현황(유형별)

    사업장, 해당 연도를 기준으로 조회하고자 하는 수불기간에 대해 수불유형별로 재고 입출고와 관련한 내역을 조회 및 출력한다.

▶▶ **실무예제**

아래 [보기]의 조건으로 데이터를 조회한 후 물음에 답하시오.

[보 기]
• 사업장: 1000, ㈜한국자전거본사
• 수불기간: 2019. 04. 01. ~ 2019. 04. 30.
• 품목: 31-1010004, 타이어

다음 중 재고수불현황(유형별) 메뉴에서 4월 한 달간 타이어 품목을 대상으로 발생한 모든 유형의 재고수불 내역을 조회했을 때 파악할 수 있는 재고의 순증감을 바르게 설명한 것은 무엇인가?

① 140 증가   ② 60 감소
③ 100 감소   ④ 340 증가

해설   [보기]의 조건을 입력 후 '유형별상세' 탭에서 조회하면, 품목 '타이어'의 4월 1일 기준 재고수량이 626EA 이며, 4월 26일은 566EA이므로 4월 한 달간 재고량이 60EA 감소되었음을 확인할 수 있다.   정답 ②

4 재고수불상세현황(일자별)

위치: 구매/자재관리 ▷ 재고수불현황 ▷ 재고수불상세현황(일자별)

　　사업장, 누계기간을 기준으로 수불기간에 대해 유형별, 유형별상세 탭으로 재고 입
출고와 관련한 내역을 조회 및 출력할 수 있다.

5 과다재고명세서(2018년 신규 추가메뉴)

위치: 구매/자재관리 ▷ 재고수불현황 ▷ 과다재고명세서

　　재고평가등록에서 평가한 내역 중 사업장, 마감기간을 선택하면 평균사용량에 평가
배수를 대비하여 과다수량이 산출되며, 출고단가를 곱하여 과다재고금액을 상세하게 조
회 및 출력할 수 있다.

6 부동재고명세서(사업장)/(2018년 신규 추가메뉴)

위치: 구매/자재관리 ▷ 재고수불현황 ▷ 부동재고명세서(사업장)

　　기준일자를 기준으로 사업장의 기준으로 기준일자의 수불기간에 대해 사업장에 속
한 품목의 부동일수를 상세하게 조회 및 출력할 수 있다.

7 부동재고명세서(창고/장소)/(2018년 신규추가메뉴)

위치: 구매/자재관리 ▷ 재고수불현황 ▷ 부동재고명세서(창고/장소)

기준일자를 기준으로 사업장의 창고, 장소에 속한 품목의 부동일수를 상세하게 조회 및 출력할 수 있다.

▶▶ 실무예제

아래 [보기]의 조건으로 데이터를 조회한 후 물음에 답하시오.

[보 기]
- 사업장: 1000, ㈜한국자전거본사
- 기준일자: 2019. 03. 31.
- 수불기간: 2019. 03. 01. ~ 2019. 03. 31.

다음 중 ㈜한국자전거본사의 제품창고/제품장소에 있는 재고품목의 부동일을 확인하고 싶다. 조달구분이 구매인 품목 중에서 부동일이 제일 긴 품목과 부동일이 일치하는 것은?

① 유아용자전거 − 7일
② 일반자전거 − 10일
③ 산악자전거 − 10일
④ 일반자전거(P − 20G) − 7일

해설   [보기]의 조건을 입력 후 '장소' 탭에서 '제품창고'를 선택하여 조회하면 품목별 부동일을 확인할 수 있다.

답 ②

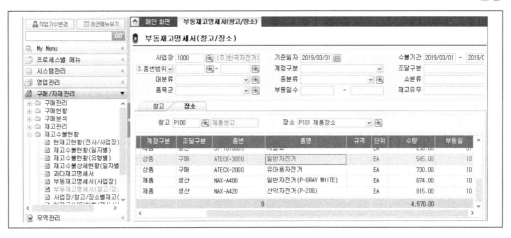

8 사업장/창고/장소별재고(금액)현황(2018년 신규추가메뉴)

위치: 구매/자재관리 ▷ 재고수불현황 ▷ 사업장/창고/장소별재고(금액)현황

사업장/창고/장소별로 품목군 대, 중, 소 분류별 재고를 수량 또는 금액기준으로 확인할 수 있다. 조회하고자 하는 사업장, 창고, 장소별로 재고상태와 [단가옵션]을 적용하여 해당하는 재고의 집계기준으로 입출고 및 재고를 [단가옵션]과 적용하여 조회 및 출력한다.

✔ CHECK   버튼 설명
- OPTION: 품목별 원가금액을 구하는 단가설정옵션 창이다. 조달 구분에 따라 구매품과 생산품으로 나뉘어 원가금액을 산정
- 표준원가(품목등록): 품목등록의 표준원가를 단가로 사용
- 실제원가(품목등록): 품목등록의 실제원가를 단가로 사용
- 재고평가평균단가: 지정한 월의 재고평가 내역 중 출고단가를 단가로 사용
- 생산표준원가: 표준원가등록에서 지정한 월의 표준원가를 단가로 사용
- 생산품 단가 적용 안 함: 단가 적용하지 않음(단가 0으로 적용됨)

▶▶ 실무예제

㈜한국자전거본사의 2019년 8월 기준 조달구분이 '구매'인 품목들의 재고 합계 금액으로 옳은 것은?

① 1,475,753,000　　　　　　　　　② 2,475,753,000

③ 3,475,753,000　　　　　　　　　④ 4,485,753,000

해설　㈜한국자전거본사, 일자, 조달구분의 '구매'를 입력하고 '상세 탭에서 '금액'을 선택하여 조회하면 구매품목 전체의 재고 금액 합계 ④ 4,485,753,000를 확인할 수 있다.　　📖 ④

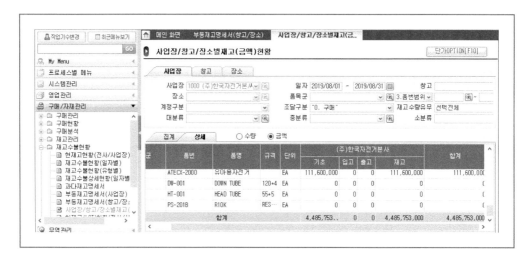

9 현재고(LOT)현황(전사/사업장)/(2018년 신규추가메뉴)

위치: 구매/자재관리 ▷ 재고수불현황 ▷ 현재고(LOT)현황(전사/사업장)

해당 연도를 기준으로 전사, 사업장별 LOT품목의 재고상태를 조회 및 출력한다.

▶▶ 실무예제

아래 [보기]의 조건으로 데이터를 조회한 후 물음에 답하시오.

[보 기]
• 사업장: 1000, ㈜한국자전거본사
• 해당 연도: 2019년
• 품번: 88-1050000. SADDLE

다음 중 ㈜한국자전거본사 전사업장에서의 SADDLE의 현재고수량으로 옳은 것은?

① 73   ② 83
③ 93   ④ 103

해설   [보기]의 조건을 입력 후 '전사' 탭에서 조회하면 재고수량 93EA를 확인할 수 있다.   답 ③

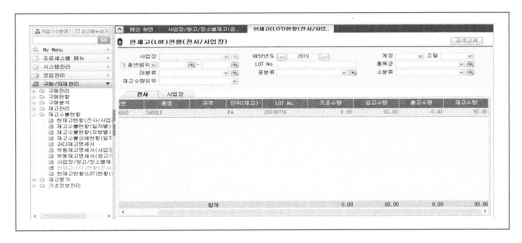

10 현재고(LOT)현황(창고/장소)/(2018년 신규추가메뉴)

위치: 구매/자재관리 ▷ 재고수불현황 ▷ 현재고(LOT)현황(창고/장소)

해당 연도를 기준으로 사업장에 속한 (창고/장소별) 기준으로 LOT품목의 재고상태를 조회 및 출력한다.

06 재고평가

1 생산품표준원가등록

위치: 구매/자재관리 ▷ 재고평가 ▷ 생산품표준원가등록

조달구분이 생산인 제품, 반제품에 대하여 사업장을 기준으로 년도의 월별로 표준원가를 등록하는 단계로서, 재고평가 시 생산품의 입고단가에 반영된다. 사업장 간의 재고 이동 시에도 입고 사업장의 매입원가로 적용할 수 있다.

✔ CHECK 버튼 설명(일괄전개)
- 품목 중 제품, 반제품 중 품목, 품목군, 계정을 이용하여 [적용] 버튼을 클릭하면 범위에 속한 품목이 자동으로 전개된다.
- 표준원가에 금액을 입력 시에는 품목이 전개되기 때문에 자동으로 반영된다.

▶▶ 실무예제

㈜한국자전거본사의 2018년 3월의 생산품표준원가 내역에서 각 품목별 표준원가를 바르게 나타낸 것은 무엇인가?

① 전장품 ASS'Y 16,000
② BREAK SYSTEM 50,000
③ PRESS FRAME－W 40,300
④ 산악자전거(P－20G) 209,000

해설 문제의 조건을 입력 후 조회하면 산악자전거(P-20G) 209,000를 확인할 수 있다. 🖹 ④

② 재고평가작업

위치: 구매/자재관리 ▷ 재고평가 ▷ 재고평가작업

사업장, 기수, 월, 조달을 기준으로 재고에 대하여 입출고 시 금액에 대한 수불을 평가할 때 자동으로 출고단가, 재고수량, 재고금액을 산출할 수 있다.

✔ **CHECK** 버튼 설명

- 재고평가
  - 재고를 평가할 기수와 시작년월, 종료년월에 해당되는 헤더의 체크 박스를 선택한 후 [재고평가] 버튼을 입력하면 자동으로 평가 금액이 산출된다.
  - 기등록된 재고평가 데이터에서 [재고평가] 버튼을 다시 누르면 '재고평가'가 다시 산출되므로 신중해서 [재고평가] 버튼을 클릭한다.
- 수불내역: 재고평가작업에서 평가한 내역 중 사업장, 마감기간을 선택하면 평가한 품목에 대하여 수불일자, 수불구분(유형)별로 내역을 상세하게 조회 및 출력할 수 있다.

▶▶ 실무예제

㈜한국자전거본사의 2019년 1. 부터 3월까지 구매품의 재고평가를 실행하여 품목별 기초금액이 올바른 것은 무엇인가?

① 체인, 966,000

② WHEEL REAR−MTB, 2,885,000

③ 일반자전거, 156,300,000

④ 유아용자전거, 180,000,000

해설
- '구매품' 탭에서 조회를 한 후, 시작년월과 종료년월을 입력하여 enter key를 누른다.
- '재고평가' 버튼을 클릭하여 평가를 실시한 후, 조회하면 구매품목들의 기초금액을 확인할 수 있다.

目 ④

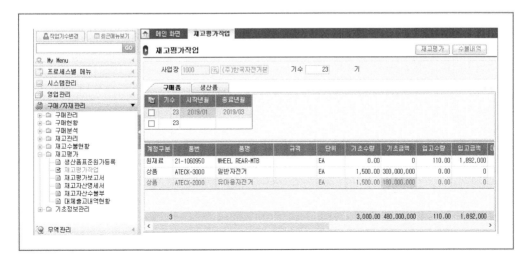

❸ 재고평가보고서

위치: 구매/자재관리 ▷ 재고평가 ▷ 재고평가보고서

재고평가작업에서 평가한 내역을 사업장, 마감기간을 선택하여 상세하게 조회 및 출력할 수 있다. 재고평가작업 실행 후의 재고평가 자료를 반영한다.

❹ 재고자산명세서

위치: 구매/자재관리 ▷ 재고평가 ▷ 재고자산명세서

재고평가작업에서 평가한 내역 중 사업장, 마감기간을 선택하면 기말재고수량, 기말재고금액을 상세하게 조회 및 출력할 수 있다.

❺ 재고자산수불부

위치: 구매/자재관리 ▷ 재고평가 ▷ 재고자산수불부

재고평가작업에서 평가한 내역 중 사업장, 마감기간을 선택하면 평가한 품목에 대하여 수불일자, 수불구분(유형)별로 내역을 상세하게 조회 및 출력할 수 있다.

❻ 대체출고내역현황

위치: 구매/자재관리 ▷ 재고평가 ▷ 대체출고내역현황

재고평가작업에서 평가한 내역 중 대체출고로 처리된 내역을 조회할 수 있다.
사업장, 마감기간을 선택하면 평가한 품목에 대하여 품목등록에서 설정한 해당 품목의 계정구분에 따라 정상출고처리가 아닌 출고 내역이 조회된다.

07 기초정보관리

1 품목단가등록

위치: 구매/자재관리 ▷ 기초정보관리 ▷ 품목단가등록

품목에 대한 구매단가 및 판매단가를 등록하는 단계로서, 모든 거래처(고객)에 동일하고 유일한 단가만을 사용할 경우에 활용한다. 영업마감/통제등록, 자재마감/통제등록에서 단가적용의 '품목단가'를 선택 시 입력한 금액이 영업, 구매/자재 모듈에 반영된다.

✔ CHECK   용어 설명
- 환산표준원가: 품목등록세서를 등록한 표준원가 × 환산계수
- 환산계수: 재고단위와 관리단위가 다른 경우 동일한 정보로 활용할 수 있게 하는 기초정보이다. (환산계수 = 관리단위/재고단위)
- 재고단위: 입/출고, 재고관리, 생산외주 시 사용되는 단위
- 관리단위: 영업의 주문, 구매의 발주 시 사용되는 단위

✔ CHECK   버튼 설명
일괄수정: 품번 전개나 품목군 전개된 품목 중 체크박스에 선택된 품목에 한해서 설정한 단가대비(표준원가대비, 구매단가대비, 최저판매가대비)의 마진율을 곱하여 일괄적으로 단가를 등록할 때 사용하는 버튼이다.

▶▶ 실무예제

아래 [보기]의 조건으로 데이터를 조회한 후 물음에 답하시오.

[보 기]
- 조달구분: 0. 구매계정
- 구분: 5. 상품

[보기]의 조건으로 품목별 판매단가를 조회한 것 중 옳지 않은 것은?

① BATTERY TS-50: 27,950   ② 일반자전거: 475,600
③ 유아용자전거: 158,600   ④ PS-DARKGREEN: 10,244

[해설]   [보기]의 조건을 입력한 후 판매단가 탭에서 조회하면 일반자전거는 275,600이다.   답 ②

2 거래처별단가등록

위치: 구매/자재관리 ▷ 기초정보관리 ▷ 거래처별단가등록

　　품목에 대하여 거래처별, 환종별로 구매단가 및 판매단가를 관리, 적용하고자 할 경우 등록하는 단계로서 거래처별로 품목에 대한 구매단가 및 판매단가가 차이가 있을 경우에 사용한다. 영업마감/통제등록, 자재마감/통제등록에서 단가적용의 '고객(거래처)별 단가' 선택 시 입력한 금액이 반영된다.

✔ CHECK　용어 설명
  • 환산표준원가: 품목등록에서 등록한 표준원가 × 환산계수
  • 구매단가: 원재료, 부재료 상품 등을 구입할 때 발생하는 비용을 직접 입력한다.

▶▶ 실무예제

아래 [보기]의 조건으로 데이터를 조회한 후 물음에 답하시오.

[보 기]

  • 거래처: ㈜제동기어
  • 단가수정대상: 판매단가
  • 단가수정기준: 표준원가
  • 할증율: 20%

다음 중 [보기]의 조건에 따라 일괄수정 후, NAX-A420, 산악자전거(P-20G) 품목의 판매단가는?

① 168,000
② 120,000

③ 150,700
④ 150,400

해설 거래처를 입력 후 판매단가 탭에서 [보기]의 조건을 입력하여 조회한다. 품목: NAX-A420, 산악자전거 (P-20G)을 선택 후 일괄수정 버튼을 클릭하여 확인하면 선택된 품목의 판매단가를 확인할 수 있다.

답 ①

최신기출 완전 정복

물류 2급

01 ERP 시스템이 갖는 특징을 기능적 특징과 기술적 특징으로 구분할 수 있는데 그 중에서 기술적 특징에 해당되는 것은 다음 중 무엇인가?

① 객체지향기술 사용

② 투명경영의 수단으로 활용

③ 경영정보제공 및 경영조기경비체계를 구축

④ 표준을 지향하는 선진화된 최고의 실용성을 수용

02 다음 중 ERP 도입의 예상효과로 적절하지 않은 것은 무엇인가?

① 고객서비스 개선   ② 표준화, 단순화, 코드화

③ 통합 업무 시스템 구축   ④ 사이클 타임(Cycle Time) 증가

03 다음 중 기업에서 ERP 시스템을 도입할 때의 고려사항으로 가장 적절한 것은 무엇인가?

① 시스템 도입 TFT는 IT분야의 전문가들로만 구성해야 한다.

② 구축방법론에 의해 체계적으로 프로젝트를 진행해야 한다.

③ 단기적이고 가시적인 성과만을 고려하여 ERP 패키지를 도입한다.

④ 업종과는 무관하게 유사한 매출규모를 가진 기업에서 사용하는 패키지를 선정한다.

04 ERP 도입을 고려할 때 선택기준으로 적절하지 않은 것은?

① 자사에 맞는 패키지를 선정한다.

② 경영진이 확고한 의지를 가지고 진행한다.

③ 현업 중심의 프로젝트를 진행한다.

④ 업무 효율성 향상이 중요하므로 수익성 개선은 고려하지 않는다.

05 수요예측에 대한 설명으로 가장 올바르지 않은 것은?

① 안정수요가 있는 기존의 상품의 예측이 신상품의 예측보다는 훨씬 적중률이 높아진다.

② 수요예측 시 오차의 발생 확률은 예측하는 기간의 길이에 비례하여 높아진다.

③ 예측치는 언제나 정확하지 않으므로 평균 기대치와 예측오차를 포함해야 예측의 정확도를 높일 수 있다.

④ 일반적으로 영속성이 있는 상품이나 서비스 등은 영속성이 없는 상품이나 서비스의 경우보다 지속적으로 정확한 예측을 하기가 용이하다.

06 시계열 분석과정에 포함된 변동요인에 관한 설명으로 옳지 않은 것은?

① 경향변동은 추세적으로 나타나는 장기적 변동

② 불규칙변동은 우발적으로 발생하는 불규칙적인 변동

③ 계절변동은 수요의 계절변화에 따른 중·장기적인 변동

④ 순환변동은 1년 이상의 기간에 걸쳐 발생하는 일정한 주기의 변동

07 다음 중에서 장기 판매계획수립에 포함할 내용으로 가장 적절하지 않은 것은?

① 신시장 개척 계획　　　　　　② 신제품 개발 계획

③ 제품별 가격 계획　　　　　　④ 판매경로 강화 계획

08 다음 [보기]의 자료를 이용하여 해당 제품의 목표매출액을 계획하려고 한다. 손익분기점(BEP)에서의 매출액은 얼마인가?

[보 기]
- 연간 고정비: 200만원
- 제품단위당 변동비: 5만원/개
- 제품단위당 판매가: 10만원/개

① 300만원　　　　　　② 400만원

③ 500만원　　　　　　④ 600만원

09 다음 중 거래처나 고객을 일정한 기준에 따라 등급을 부여하고 기준에 따라 중점관리 대상이 되는 고객을 선정하는 고객 중점화 전략에서 주로 적용되는 분석방법으로 가장 적절하지 않은 것은?

① 파레토 분석   ② ARIMA 분석

③ 매트릭스 분석   ④ 거래처 포트폴리오 분석

10 [보기]에 주어진 정보를 참고하여 거래처의 매출액 예측에 의한 방법으로 거래처의 여신 한도액을 계산하면 얼마인가?

> [보 기]
> - 거래처의 매입원가율: 50%
> - 거래처의 예상매출액: 100만원
> - 거래처에 대한 여신기간: 30일
> - 거래처에 대한 우리 회사의 수주점유율: 20%

① 200만원   ② 300만원

③ 600만원   ④ 900만원

11 공급망 관리의 필요성에 대한 설명으로 가장 옳지 않은 것은?

① 리드타임의 단축   ② 정보 공유와 통합

③ 불확실성의 최소화   ④ 거래 비용의 최대화

12 다음의 공급망 관리 경쟁능력의 차원 4요소 중, '유연성'의 경쟁능력요소에 대한 설명으로 적절한 것은?

① 신속한 제품 배달 능력

② 설계 변화에 효율적으로 대응할 수 있는 능력

③ 고객이 원하는 때에 제품을 정확하게 인도할 수 있는 능력

④ 경쟁사보다 빠르게 신제품을 개발할 수 있는 능력

13 제조업체(공급자)가 유통업체(구매자)의 재고를 직접 관리하는 공급망 관리 정보시스템
유형은?

① QR(Quick Response) 시스템

② CD(Cross Docking) 시스템

③ CMI(Co − Managed Inventory) 시스템

④ VMI(Vendor Managed Inventory) 시스템

14 다음 중 공급망 거점 설계의 고려 비용으로, 물류거점수에 비례하여 증가하는 경향이 있
는 것끼리 묶인 것은?

① 운송비용, 판매비용　　　　　② 변동운영비용, 운송비용

③ 반품비용, 변동운영비용　　　④ 재고비용, 고정투자비용

15 재고자산평가 방법이 나머지와 다른 평가방법은?

① 개별법　　　　　　　　　　② 저가법

③ 총평균법　　　　　　　　　④ 선입선출법

16 화물운송수단 중에서 이용 화물의 제한으로 유류·기체·분말 등에 주로 활용되며, 교통
혼잡도 완화 및 환경문제가 거의 발생되지 않는 친환경적 운송수단은?

① 철도 운송　　　　　　　　② 해상 운송

③ 파이프라인 운송　　　　　④ 화물 자동차 운송

17 구매관리 업무영역 및 기능을 구매전략, 구매실무, 구매분석으로 구분할 때, 다음 중 적
절하게 연결되지 않은 것은?

① 구매전략 − 구매방법 결정

② 구매분석 − 구매활동의 감사

③ 구매실무 − 공급자 선정 및 평가

④ 구매전략 − 시장조사 및 제품가격 결정

18 다음 중 가격유형과 그 예시로 가장 적절하게 묶인 것은?

① 협정가격 – 출근할 때 지불한 택시비
② 정가가격 – 재래시장에서 구매한 한우값
③ 개정가격 – 집 인테리어를 위해 지불한 공사비
④ 시중가격 – 기업홍보를 위해 지불한 광고료

19 [보기]에서 주어진 판매방안과 가격할인 방식이 적절하게 연결된 것은?

[보 기]
• A : 통닭 1마리당 쿠폰을 1장씩 발급하며, 3개월 안에 쿠폰을 20장 모을 경우 통닭 1마리를 무료로 주는 통닭집
• B : 구매금액이 10만원 이상일 경우 5% 할인, 30만원 이상일 경우 7% 할인을 적용하는 인터넷 쇼핑몰

① A: 비누적 수량할인 방식,   B: 총합적 할인 방식
② A: 누적 수량할인 방식,   B: 판매금액별 할인 방식
③ A: 판매수량별 할인 방식,   B: 총합적 할인 방식
④ A: 품목별 할인 방식,   B: 누적 수량할인 방식

20 구매방침 중에서 본사 집중구매의 장점으로 가장 거리가 먼 것은?

① 구매비용이 줄어든다.
② 긴급수요의 경우에 유리하다.
③ 구매절차를 통일하기 용이하다.
④ 구매가격조사, 공급자조사, 구매효과 측정 등이 수월해진다.

01 아래 [보기]의 조건으로 데이터를 조회한 후 물음에 답하시오.

[보 기]

조달구분: 0. 구매

다음 중 [보기]의 조건에 해당하는 품목과 주거래처를 연결한 것으로 옳지 않은 것은?

① 21－3001600, PEDAL － 00001, ㈜대흥정공

② 25 － 1010000, ROTOR － 00002, ㈜하나상사

③ 88 － 1050000, SADDLE － 00004, ㈜제동기어

④ ATECK－3000, 일반자전거 － 00002, ㈜하나상사

02 아래 [보기]의 조건으로 데이터를 조회한 후 물음에 답하시오.

[보 기]

메뉴명: 물류관리내역등록

다음 중 [보기]의 메뉴에서 관리하는 구매단가유형에 대하여 옳지 않은 것은?

① PU10, 정상가　　　　② PU30, 소매가
③ PU50, 조정가　　　　④ PU60, 특판가

03 아래 [보기]의 조건으로 데이터를 조회한 후 물음에 답하시오.

[보 기]

기준일자: 2019/11/23

다음 중 [보기]의 조건에 해당하는 물류담당자 중 사원코드가 매핑되어 있지 않은 담당자코드와 담당자코드명으로 옳은 것은?

① 1,000, 김종욱　　　　② 2,000, 이종현
③ 3000, 박용덕　　　　④ 4000, 정영수

04 아래 [보기]의 조건으로 데이터를 조회한 후 물음에 답하시오.

> **[보 기]**
> • 사업장: 1000, ㈜한국자전거본사
> • 대상년월: 2019년 11월

㈜한국자전거본사는 고객별로 판매계획을 입력하여 관리하고 있다. 다음 중 [보기]의 조건으로 입력된 판매계획 내역 중 매출예상금액 총합이 가장 큰 고객으로 옳은 것은?

① 00001, ㈜대흥정공   ② 00004, ㈜제동기어
③ 00002, ㈜하나상사   ④ 00006, ㈜형광램프

05 아래 [보기]의 조건으로 데이터를 조회한 후 물음에 답하시오.

> **[보 기]**
> • 사업장: 1000, ㈜한국자전거본사
> • 견적기간: 2019/11/01 ~ 2019/11/05

다음 중 [보기]의 조건으로 입력된 견적내역 중 합계액의 합이 가장 큰 견적번호로 옳은 것은?

① ES1911000001   ② ES1911000002
③ ES1911000003   ④ ES1911000004

06 아래 [보기]의 조건으로 데이터를 조회한 후 물음에 답하시오.

> **[보 기]**
> • 사업장: 1000, ㈜한국자전거본사
> • 주문기간: 2019/11/01 ~ 2019/11/08

다음 중 [보기]의 조건으로 입력된 주문내역 중 ATECK-3000, 일반자전거의 주문수량이 가장 많은 주문번호로 옳은 것은?

① SO1911000001   ② SO1911000002
③ SO1911000004   ④ SO1911000006

07 아래 [보기]의 조건으로 데이터를 조회한 후 물음에 답하시오.

[보 기]
- 사업장: 1000, ㈜한국자전거본사
- 출고기간: 2019/11/11 ~ 2019/11/15
- 출고창고: P100, 제품창고
- 0. 주문일: 2019/11/11 ~ 2019/11/15

㈜한국자전거본사의 홍길동 사원은 출고처리 시 주문적용 기능을 이용하여 출고처리를 입력한다. 다음 중 주문적용 조회 시 주문단위잔량이 가장 많이 남아 있는 품목으로 옳은 것은?

① 31 − 1010002, 의자
② 31 − 1010001, 체인
③ 31 − 1010005, 자물쇠
④ 31 − 1010004, 타이어

08 아래 [보기]의 조건으로 데이터를 조회한 후 물음에 답하시오.

[보 기]
- 메뉴 조회조건
  - 사업장: 1000, ㈜ 한국자전거본사
  - 마감기간: 2019/10/01 ~ 2019/10/31
- 적용 창 조회조건
  - 조건: 고객일괄 체크함
  - 마감일자: 2019/10/31
  - 과세구분: 전체
  - 출고기간: 2019/10/01 ~ 2019/10/31
  - 적용 후 조회 체크함

㈜한국자전거본사는 매월 말일 출고일괄적용 기능을 이용하여 매출마감(국내거래)을 입력한다. 다음 [보기]의 조건으로 매출마감(국내거래)을 입력하였을 때 합계액의 합이 가장 큰 고객으로 옳은 것은?

① ㈜빅파워
② ㈜대흥정공
③ ㈜하나상사
④ ㈜형광램프

09 아래 [보기]의 조건으로 데이터를 조회한 후 물음에 답하시오.

> **[보 기]**
> - 사업장: 1000, ㈜한국자전거본사
> - 수금기간: 2019/11/17 ~ 2019/11/23

다음 중 [보기]의 기간에 입력된 수금내역에 대한 설명으로 옳은 것은?

① 수금번호 RC1911000001은 선수금으로 수금되었다.
② 수금번호 RC1911000002은 정상수금으로 수금되었다.
③ 수금번호 RC1911000003은 수금구분이 제예금으로 정상수금되었다.
④ 수금번호 RC1911000004은 수금구분이 제예금으로 정상수금되었다.

10 아래 [보기]의 조건으로 데이터를 조회한 후 물음에 답하시오.

> **[보 기]**
> - 사업장: 1000, ㈜한국자전거본사
> - 주문기간: 2019/10/01 ~ 2019/10/11

다음 [보기]의 조건에 해당하는 수주마감처리 내역 중 마감사유가 '고객변심'으로 마감처리된 주문번호로 옳은 것은?

① SO1910000002
② SO1910000003
③ SO1910000004
④ SO1910000005

11 아래 [보기]의 조건으로 데이터를 조회한 후 물음에 답하시오.

> **[보 기]**
> - 사업장: 1000, ㈜한국자전거본사
> - 조회기간: 2019/10/01 ~ 2019/10/31
> - 조회기준: 0. 국내(출고기준)
> - 미수기준: 0. 발생기준

다음 [보기]의 조건에 해당하는 고객별 채권에 대하여 잔액이 가장 많이 남아 있는 고객으로 옳은 것은?

① 00003, ㈜빅파워
② 00001, ㈜대흥정공
③ 00004, ㈜제동기어
④ 00002, ㈜하나상사

12 아래 [보기]의 조건으로 데이터를 조회한 후 물음에 답하시오.

[보 기]
- 사업장: 1000, ㈜한국자전거본사
- 요청일자: 2019/10/01 ~ 2019/10/07
- 청구구분: 0. 구매

다음 [보기]의 기간 동안 청구 등록된 품목에 대하여 주거래처로 사용되지 않은 거래처로 옳은 것은?

① ㈜빅파워
② ㈜대흥정공
③ ㈜형광램프
④ ㈜세림와이어

13 아래 [보기]의 조건으로 데이터를 조회한 후 물음에 답하시오.

[보 기]
- 사업장: 1000, ㈜한국자전거본사
- 발주기간: 2019/11/01 ~ 2019/11/09

다음 중 [보기]의 기간 동안 입력된 발주내역 중 청구적용을 받아 입력하지 않고 발주등록 메뉴에서 직접 입력한 발주번호로 옳은 것은?

① PO1911000001
② PO1911000002
③ PO1911000003
④ PO1911000004

14 아래 [보기]의 조건으로 데이터를 조회한 후 물음에 답하시오.

> **[보 기]**
> • 사업장: 1000, ㈜한국자전거본사
> • 입고기간: 2019/11/10 ~ 2019/11/16
> • 입고창고: M100, 부품창고

다음 [보기]의 조건으로 발주입고처리된 내역 중 입고처리와 동시에 매입마감까지 자동으로 처리된 입고번호로 옳은 것은?

① RV1911000001 ② RV1911000002
③ RV1911000003 ④ RV1911000004

15 아래 [보기]의 조건으로 데이터를 조회한 후 물음에 답하시오.

> **[보 기]**
> • 사업장: 1000, ㈜한국자전거본사
> • 마감기간: 2019/10/01 ~ 2019/10/31
> • 입고기간: 2019/10/01 ~ 2019/10/31

㈜한국자전거본사는 매입마감(국내거래) 입력 시 입고적용 기능을 이용하여 매입마감을 입력하고 있다. 다음 중 미마감수량이 가장 많이 남아 있는 품목으로 옳은 것은?

① 21 – 3001600, PEDAL ② 21 – 9000200, HEAD LAMP
③ 10 – 352,0000, CRANK ARM ④ 21 – 1060850, WHEEL FRONT – MTB

16 아래 [보기]의 조건으로 데이터를 조회한 후 물음에 답하시오.

> **[보 기]**
> • 사업장: 1000, ㈜한국자전거본사
> • 조정기간: 2019/11/07 ~ 2019/11/07
> • 입고창고: P100, 제품창고 • 입고장소: P101, 제품장소
> • 출고창고: M100, 부품창고 • 출고장소: M101, 부품장소
> • 조정번호: SE1910000001

다음 [보기]의 조건으로 입력된 SET 모품목 20 − 1025000, 유아용자전거세트에 대하여 SET 적용 기능을 이용하여 SET 구성품 조회 시 조회되지 않는 품목으로 옳은 것은?

① 31 − 1010003, 바구니

② 31 − 1010005, 자물쇠

③ 31 − 1010004, 타이어

④ ATECX − 2000, 유아용자전거

17 아래 [보기]의 조건으로 데이터를 조회한 후 물음에 답하시오.

[보 기]

• 사업장: 1000, ㈜한국자전거본사
• 실사기간: 2019/10/01 ~ 2019/10/01

㈜한국자전거본사는 2019년 10월 01일 부품창고, 부품장소에 있는 원재료에 대하여 정기 재고실사를 진행하였다. 다음 중 전산재고와 실사재고에 대한 차이수량이 가장 많이 발생한 품목으로 옳은 것은?

① 21 − 3001500, PEDAL(S)

② 21 − 1070700, FRAME − 티타늄

③ 21 − 1030600, FRONT FORK(S)

④ 21 − 1060850, WHEEL FRONT − MTB

18 아래 [보기]의 조건으로 데이터를 조회한 후 물음에 답하시오.

[보 기]

• 사업장: 1000, ㈜한국자전거본사
• 매입기간: 2019/10/01 ~ 2019/10/31
• 조회기준: 1. 원화금액

다음 중 [보기]의 매입기간 동안 발생한 거래처에 대하여 매입금액이 가장 많이 발생한 1순위 거래처로 옳은 것은?

① 00008, YK PEDAL

② 00007, ㈜제일물산

③ 00002, ㈜하나상사

④ 00006, ㈜형광램프

19 아래 [보기]의 조건으로 데이터를 조회한 후 물음에 답하시오.

> [보 기]
> - 사업장: 1000, ㈜한국자전거본사
> - 수불기간: 2019/10/01 ~ 2019/10/31
> - 수불유형: 2. 구매
> - 입출고유형: 1. 입고

㈜한국자전거본사는 [보기]의 조건으로 발생된 재고수불 유형에 대하여 입고수량의 합을 파악하려고 한다. 다음 중 입고수량의 합으로 옳은 것은?

① 120   ② 130

③ 140   ④ 150

20 아래 [보기]의 조건으로 데이터를 조회한 후 물음에 답하시오.

> [보 기]
> - 사업장: 1000, ㈜한국자전거본사
> - 마감기간: 2019/07 ~ 2019/09

다음 중 [보기]의 조건으로 조회되는 재고자산명세서에 대한 설명으로 옳지 않은 것은?

① 품목 31 - 1010002, 의자의 조달구분은 생산이다.

② 재고단가가 가장 작은 품목은 31 - 1010005, 자물쇠이다.

③ 재고금액이 가장 작은 품목은 31 - 1010003, 바구니이다.

④ 품목 NAX - A420, 산악자전거(P - 20G)의 재고수량이 가장 많다.

01 다음 중 ERP 구축 절차를 바르게 나타낸 것은 무엇인가?

① 분석 → 설계 → 구현 → 구축
② 설계 → 분석 → 구축 → 구현
③ 설계 → 구현 → 분석 → 구축
④ 분석 → 설계 → 구축 → 구현

02 다음 중 ERP 도입 효과로 가장 적합하지 않은 것은 무엇인가?

① 불필요한 재고를 없애고 물류비용을 절감할 수 있다.
② 업무의 정확도가 증대되고 업무 프로세스가 단축된다.
③ 의사결정의 신속성으로 정보공유의 시간적 한계가 있다.
④ 업무시간을 단축할 수 있고 필요인력과 필요자원을 절약할 수 있다.

03 ERP 시스템 구축 절차 중 구현 단계에서 수행할 내용으로 가장 적절하지 않은 것은 무엇인가?

① 시스템 평가   ② 시험가동(Prototyping)
③ 커스터마이징(Customizing)   ④ 데이터 전환(Data ConVersion)

04 다음 중 ERP를 도입할 때의 선택기준으로 적절하지 않은 것은 무엇인가?

① 경영진의 확고한 의지가 있어야 한다.
② 경험 있는 유능한 컨설턴트를 활용해야 한다.
③ 전사적으로 전 임직원의 참여를 유도해야 한다.
④ 다른 기업에서 가장 많이 사용하는 패키지를 선택하는 것이 좋다.

05 ㈜생산성은 자전거를 판매하고 있으며, 2월에 총 90대의 자전거를 판매하였다. 1월과 2월의 판매예측치가 75대와 80대인 경우, 3월의 판매예측치는 얼마인가? (지수평활법을 이용하고, 평활상수는 0.1이다)

① 81대   ② 83대
③ 85대   ④ 87대

06 가격결정에 영향을 주는 여러 요인 중 소비자 구매능력, 가격탄력성, 품질, 제품 이미지 및 용도 등은 어느 요인에 해당하는가?

① 마케팅 요인   ② 경쟁환경 요인
③ 고객수요 요인   ④ 법, 규제, 세금 요인

07 다음 [보기]의 내용만을 참조하여 산출한 결과 일자별 거래처에 납품 가능한 약속 가능 재고수량을 제시한 것으로 가장 옳은 것은?

[보 기]
• 생산리드타임: 6일
  7/1: 현재고량 50개
  7/1: 거래처로부터 수주등록 수량 100개
  7/3: 가용 재고량 40개
  7/4: 생산계획에 따라 생산에 착수한 수량 60개
  7/5: 가용 재고량 40개
  7/10: 생산계획에 따라 생산에 착수한 수량 50개

① 7/1 － 100개   ② 7/3 － 60개
③ 7/5 － 100개   ④ 7/10 － 100개

08 다음 중 영업관리의 업무영역 및 기능에 해당하는 것은?

① 수요의 예측   ② 대용품 조사
③ 자재의 청구   ④ 공급업체 선정

09 다음 중에서 매출채권 회전율에 대한 설명으로 가장 적절한 것은?

① 매출채권 회전율이 높아지면 수익감소의 원인이 된다.

② 매출채권 회전율이 높아지면 대손발생의 위험이 증가한다.

③ 매출채권 회전율이 높아지면 매출채권 회수기간이 길어진다.

④ 매출채권 회전율이 높아지면 자금의 유동성이 커진다.

10 월말 마감의 차월 회수방법으로 회수율을 계산하고자 한다. [보기]에 주어진 정보를 바탕으로 8월의 회수율을 산출하면 얼마인가?

> [보 기]
> • 8월 매출액: 1억원
> • 8월 회수액: 2억원
> • 6월말 외상매출금 잔액: 3억원

① 10%   ② 20%

③ 30%   ④ 50%

11 공급망 운영참고(SCOR) 모델에서 분류하는 공급망 운영의 5개 프로세스 중에서 [보기]가 설명하는 프로세스는 무엇인가?

> [보 기]
> 주문을 입력하고, 고객 정보를 관리하며, 주문 발송과 제품의 포장, 보관, 발송, 창고관리 등의 활동을 말한다.

① 사용(Use)   ② 생산(Make)

③ 조달(Source)   ④ 배송(Deliver)

12 현재 보유재고 450, 안전재고 100, 주문 리드타임 2주, 최소 구매량이 200인 A지점의 유통소요계획을 수립하려고 한다. 수요예측치가 매주 110일 경우, [보기]에 근거하여 2주 차에 발주해야 할 주문량을 계산하면 얼마인가?

[보 기]					
주차	이전기간	1	2	3	4
수요예측		110	110	110	110
수송중재고					
기말재고수준	450				
예정입고량					
주문량			(?)		

※ 안전재고: 100, 주문 리드타임: 2주, 최소 구매량: 200

① 90
② 110
③ 200
④ 300

13 최근 환율의 영향으로 A기업의 원자재 매입단가는 지속적으로 상승하고 있다. A기업의 재고자산을 평가할 때, 매출총이익이 크게 계산되는 평가방법부터 순서대로 나열한 것은?

① 선입선출법 > 이동평균법 > 총평균법 > 후입선출법
② 선입선출법 > 후입선출법 > 이동평균법 > 총평균법
③ 후입선출법 > 선입선출법 > 총평균법 > 이동평균법
④ 후입선출법 > 총평균법 > 이동평균법 > 선입선출법

14 화물운송수단의 특성에 관한 설명으로 가장 적합하지 않은 것은?

① 철도운송은 차량운송에 비해 사고발생률이 낮고 운임이 저렴하다.
② 항공운송은 긴급화물이나 고가의 소형화물의 운송에 적합하다.
③ 선박운송은 대량이나 중량 화물의 장거리 운송에 적합하다.
④ 화물차량운송은 중량의 제한없이 신속한 운송에 적합하다.

15 효율적인 운송경로를 선정하기 위한 고려사항으로 적절하지 않은 것은?

① 운송수단 유형 ② 운송화물의 특성
③ 운송차량의 적재율 ④ 운송경로 이용 경험

16 다음 중 구매관리 업무영역 및 기능에 해당하지 않은 것은?

① 납기관리 ② 수주관리
③ 시장조사 ④ 공급자 선정

17 다음 중 현금할인 방식에 대한 설명으로 올바르지 않은 것은?

① 특인기간 현금할인(Extra Dating): 특별기간 동안 현금할인기간을 추가로 적용하는 방식
② 구매당월락 현금할인(EOM): 구매당월을 할인기간에 산입하지 않고 익월부터 시작하게 되는 방식
③ 선일부 현금할인(Advanced Dating): 현금할인 만기일 이전에 선불되는 기일에 비례하여 이자율을 차감해주는 방식
④ 수취일기준 현금할인(ROG): 할인기간의 시작일을 거래일로 하지 않고 송장(Invoice)의 하수일을 기준으로 할인하는 방식

18 원가구성 요소에 대한 설명으로 올바르지 않은 것은?

① 일반적으로 원가의 3요소는 재료비, 노무비, 경비로 구성된다.
② 판매원가는 판매가격에서 판매 및 일반관리비와 이익을 차감한 금액이다.
③ 고정비는 생산량이 증감하더라도 원가에는 아무 변동이 없는 비용이다.
④ 변동비는 조업도가 변동함에 따라 제조원가가 비례적으로 변동하는 원가이다.

19 공급자를 선정하기 위한 경쟁방식 중에서 입찰 참가 대상의 제한범위가 가장 포괄적인 경쟁방식은?

① 수의계약방식 ② 일반경쟁방식
③ 제한경쟁방식 ④ 지명경쟁방식

20 다음 중 구매방법에 대한 설명으로 적절하지 않은 것은?

① 일괄구매: 구매절차를 간소화하는 데 적합하다.
② 시장구매: 생산시기가 일정한 품목 등에 적합하다.
③ 투기구매: 소량 다품종의 품목을 구매할 때 적합하다.
④ 수시구매: 일시적인 수요품목을 구매할 때 적합하다.

01 아래 [보기]의 조건으로 데이터를 조회한 후 물음에 답하시오.

> [보 기]
>
> 내용: 새로 개설된 보통예금 통장으로 수금등록하려 한다.

다음 [보기]의 내용에 따라 새로운 보통예금 통장 정보를 ERP에 등록하려고 한다. 그에 대한 옳은 설명은 무엇인가?

① [회계처리(수금)] 메뉴에 새로운 통장 정보를 등록한다.
② [금융거래처등록] 메뉴에 새로운 통장 정보를 등록한다.
③ [물류관리내역등록] 메뉴에서 새로운 통장 정보를 등록한다.
④ [수금등록] 메뉴에서 관리번호란에 새로운 통장 정보를 직접 기재하여 등록한다.

02 다음 [보기]의 품목 대분류 중 더 이상 사용하지 않는 분류는 무엇인가?

① 10, BA
② 20, FG
③ 30, EP
④ 40, NU

03 ㈜한국자전거본사에서 창고/장소의 속성 중 입고기본위치와 출고기본위치가 다른 창고는 어디인가?

① M100, 부품창고
② M400, 상품창고
③ P100, 제품창고
④ X100, 반제품창고

04 아래 [보기]의 조건으로 데이터를 조회한 후 물음에 답하시오.

> [보 기]
>
> • 사업장: 1000, ㈜한국자전거본사
> • 견적기간: 2019. 09. 01. ~ 2019. 09. 05.

다음 중 견적 합계액이 가장 많은 견적번호를 고르시오.

① ES1909000001
② ES1909000002
③ ES1909000003
④ ES1909000004

05 아래 [보기]의 조건으로 데이터를 조회한 후 물음에 답하시오.

[보 기]

• 사업장: 1000, ㈜한국자전거본사
• 주문기간: 2019. 09. 01. ~ 2019. 09. 05.

다음 [보기] 기간의 주문번호 중 입력방법이 다른 하나는 무엇인가?

① SO1909000001
② SO1909000002
③ SO1909000003
④ SO1909000004

06 아래 [보기]의 조건으로 데이터를 조회한 후 물음에 답하시오.

[보 기]

• 사업장: 1000, ㈜한국자전거본사
• 출고기간: 2019. 09. 06. ~ 2019. 09. 10.
• 출고창고: P100, 제품창고
• 조회기준: 0. 주문일: 2019. 09. 01. ~ 2019. 09. 05.

[보기] 기간 중 주문대비 미출고 수량이 가장 적은 품목은 무엇인가?

① 31 – 1010001, 체인
② 31 – 1010002, 의자
③ 31 – 1010003, 바구니
④ 31 – 1010004, 타이어

07 다음 중 [거래명세서발행] 메뉴에 대한 설명으로 바르게 설명한 것은?

① 출고반품된 내역은 거래명세서로 출력할 수 없다.

② 매출마감된 출고내역만 거래명세서로 출력할 수 있다.

③ 필요한 경우 비고내역을 [거래명세서발행] 메뉴에서 직접 수정할 수 있다.

④ [인쇄/E-MAIL 설정]으로 같은 품목인 경우 합산하여 거래명세서를 출력하게 설정할 수 있다.

08 아래 [보기]의 조건으로 데이터를 조회한 후 물음에 답하시오.

[보 기]
• 사업장: 1000, ㈜한국자전거본사
• 마감기간: 2019. 09. 11. ~ 2019. 09. 15.

다음 중 [매출마감(국내거래)] 메뉴에 대한 설명으로 옳지 않은 것은 무엇인가?

① 마감번호 SC1909000001은 [출고적용] 버튼으로 매출마감 등록하였다.

② 마감번호 SC1909000002는 [매출마감(국내거래)] 메뉴에서 계산서 처리가 가능하다.

③ 마감번호 SC1909000003은 출고일자와 마감일자는 서로 다르게 입력하였다.

④ 마감번호 SC1909000004는 계산서가 등록되어 있으므로 마감수량을 수정할 수 없다.

09 아래 [보기]의 조건으로 데이터를 조회한 후 물음에 답하시오.

[보 기]
• 사업장: 1000, ㈜한국자전거본사
• 마감기간: 2019. 09. 01. ~ 2019. 09. 05.

다음 중 [보기]의 기간에 등록된 수금내역 중 매출 전에 미리 계약금을 지급받은 거래건이 존재하는 거래처로 옳은 것은?

① ㈜대흥정공   ② ㈜하나상사
③ ㈜빅파워   ④ ㈜제동기어

10 아래 [보기]의 조건으로 데이터를 조회한 후 물음에 답하시오.

> **[보 기]**
> • 사업장: 1000, ㈜한국자전거본사
> • 검사기간: 2019. 09. 16. ~ 2019. 09. 20.

다음 중 출고검사에 대한 설명 중 옳지 않은 것은?

① 출고창고는 제품창고이다.

② 수주번호의 SO1909000005를 적용받은 검사 건이다.

③ 품목 [45 – 78050, BATTERY TS – 50]은 조립불량으로 인한 불합격수량이 2이다.

④ 품목 [40 – 2525000, LEAD FRAME] 인한 출고처리 적용가능수량은 100이다.

11 아래 [보기]의 조건으로 데이터를 조회한 후 물음에 답하시오.

> **[보 기]**
> • 사업장: 1000, ㈜한국자전거본사
> • 조회기간: 2019. 09. 01. ~ 2019. 09. 30.
> • 조회기준: 0. 국내(출고기준)
> • 미수기준: 0. 발생기준

㈜한국자전거본사는 출고기준으로 미수채권을 관리한다. 다음 [보기]의 거래처 중 미수채권잔액이 가장 많은 거래처는 어디인가?

① 00001, ㈜대흥정공   ② 00002, ㈜하나상사

③ 00003, ㈜빅파워   ④ 00004, ㈜제동기어

12 아래 [보기]의 조건으로 데이터를 조회한 후 물음에 답하시오.

> **[보 기]**
> • 사업장: 1000, ㈜한국자전거본사
> • 요청일자: 2019. 09. 01. ~ 2019. 09. 05.

[보기] 기간의 청구 내역에 등록된 주거래처와 품목등록에 등록된 주거래처가 서로 다른 품목을 고르시오.

① 21 – 1030600, FRONT FORK(S)

② 21 – 1060700, FRAME – NUT

③ 21 – 1060850, WHEEL FRONT – MTB

④ 21 – 1060950, WHEEL REAR – MTB

13 아래 [보기]의 조건으로 데이터를 조회한 후 물음에 답하시오.

> **[보 기]**
> • 사업장: 1000, ㈜한국자전거본사
> • 의뢰기간: 2019. 09. 01. ~ 2019. 09. 10.
> • 발주기간: 2019. 09. 01. ~ 2019. 09. 10.

[입고의뢰등록] 메뉴에서 [발주적용조회] 기능을 활용하여 입고의뢰를 등록하려고 한다. 거래처 ㈜빅파워에 대한 의뢰 건 중 발주잔량이 가장 많은 품목은 무엇인가?

① 21 – 1060700, FRAME – NUT   ② 21 – 1030600, FRONT FORK(S)

③ ATECK – 3000, 일반자전거   ④ NAX – A420, 산악자전거

14 아래 [보기]의 조건으로 데이터를 조회한 후 물음에 답하시오.

> **[보 기]**
> • 사업장: 1000, ㈜한국자전거본사
> • 입고기간: 2019. 09. 11. ~ 2019. 09. 15.
> • 입고창고: M100, 부품창고

2019년 09월 11일에 입고의뢰된 [의뢰번호 SR1909000002]를 [입고처리(국내발주)]에서 [의뢰적용] 기능을 활용하여 등록하려고 한다. 하지만 적용 내역으로 입고의뢰내역이 조회되지 않는다. 그 이유에 대하여 가장 올바르게 설명한 것은?

① 입고창고를 [M400, 상품창고]로 설정한 후 조회해야 한다.

② 거래처 조회조건을 [00004, ㈜제동기어]로 설정한 후 조회해야 한다.

③ 2019년 09월 15일에 ㈜제동기어로 예외입고된 내역을 삭제해야 한다.

④ 입고예정일이 2019년 09월 15일이므로 입고기간을 2019년 09월 15일로 조회해야 한다.

15 아래 [보기]의 조건으로 데이터를 조회한 후 물음에 답하시오.

> **[보 기]**
> • 사업장: 1000, ㈜한국자전거본사
> • 입고기간: 2019. 09. 21. ~ 2019. 09. 30.

다음 [보기]의 입고내역 중 매입미마감 공급가가 가장 적은 거래처는 어디인가?

① 00001, ㈜대흥정공   ② 00002, ㈜하나상사

③ 00003, ㈜빅파워   ④ 00004, ㈜제동기어

16 아래 [보기]의 조건으로 데이터를 조회한 후 물음에 답하시오.

> **[보 기]**
> • 사업장: 1000, ㈜한국자전거본사
> • 조정기간: 2019. 09. 21. ~ 2019. 09. 30.

다음 조정기간 동안 상품장소에 가장 많은 수량의 입고조정된 품목은 무엇인가?

① 56-2500100, ASS'Y KEY SWITCH LEADFRAME

② 56-2600100, ASS'Y KEY SWITCH LEADFRAME LH

③ 57-5002500, ASS'Y MOTOR LEADFRAME(LH)

④ 57-5003500, ASS'Y MOTOR LEADFRAME(RH)

17 다음은 [현재고현황(전사/사업장)] 메뉴의 전사 탭에 대한 설명이다. 잘못 설명한 것을 고르시오.

① [입고처리(국내발주)]에 입력한 수량은 입고수량에 반영된다.

② [매출마감(국내거래)]에 입력된 수량은 출고수량에 반영된다.

③ [재고이동등록(창고)]에 입력된 수량은 재고수량에 영향이 없다.

④ [기초재고/재고조정등록] 메뉴의 기초조정 탭에 입력한 수량은 기초수량에 반영된다.

18 아래 [보기]의 조건으로 데이터를 조회한 후 물음에 답하시오.

[보 기]
• 사업장: 1000, ㈜한국자전거본사
• 기간: 2019. 09. 21. ~ 2019. 09. 30.

매입마감번호 PC1909000005를 회계전표처리하였을 때 분개되는 계정과목이 아닌 것은 무엇인가?

① 10100, 현금
② 14900, 원재료
③ 25100, 외상매입금
④ 13500, 부가세대급금

19 아래 [보기]의 조건으로 데이터를 조회한 후 물음에 답하시오.

[보 기]
• 사업장: 1000, ㈜한국자전거본사
• 발주기간: 2019. 09. 21. ~ 2019. 09. 30.

[보기] 기간의 발주내역 중 입력방법이 다른 발주번호를 고르시오.

① PC1909000005
② PC1909000006
③ PC1909000007
④ PC1909000008

20 아래 [보기]의 조건으로 데이터를 조회한 후 물음에 답하시오.

> [보 기]
> • 사업장: 1000, ㈜한국자전거본사
> • 이동기간: 2019. 09. 26. ~ 2019. 09. 30.

한국자전거 본사는 사업장 내에서 물품 보관 장소를 옮기는 업무를 ERP로 등록한다.
[보기] 기간 중 [M101, 부품장소]로 가장 많이 옮겨진 품목을 고르시오.

① 21 – 3000300, WIRING – DE
② 21 – 3001600, PEDAL
③ 21 – 3065700, GEAR REAR C
④ 21 – 9000200, HEAD LAMP

01 다음 [보기]의 내용은 ERP 구축절차 중 어느 단계에 해당하는가?

> [보 기]
> TO-BE 프로세스 도출, 패키지 설치, 추가개발 및 수정보완 문제 논의

① 설계 단계   ② 구현 단계
③ 분석 단계   ④ 구축 단계

02 다음은 ERP 도입 의의를 설명한 것이다. 가장 적절하지 않은 설명은 다음 중 무엇인가?

① 기업의 프로세스를 재검토하여 비즈니스 프로세스를 변혁시킨다.
② 공급사슬의 단축, 리드타임의 감소, 재고비용의 절감 등을 이룩한다.
③ 기업의 입장에서 ERP 도입을 통해 업무 프로세스를 개선함으로써 업무의 비효율을 줄일 수 있다.
④ 전반적인 업무 프로세스를 각각 개별 체계로 구분하여 분산 관리하기 위해 ERP를 도입한다.

03 ERP 구축 시 고려해야 할 사항이 아닌 것은 다음 중 무엇인가?

① 전사적 참여 유도
② 커스터마이징의 최소화
③ 의사결정권을 가진 경영진의 확고한 의지
④ IT 업체 중심의 프로젝트 진행

04 다음 중 클라우드 ERP의 특징 혹은 효과에 대하여 설명한 것이라 볼 수 없는 것은 무엇인가?

① 안정적이고 효율적인 데이터관리
② IT자원관리의 효율화와 관리비용의 절감
③ 원격근무 환경 구현을 통한 스마트워크 환경 정착
④ 폐쇄적인 정보접근성을 통한 데이터 분석기능

05 다음 중 여러 전문가들의 의견을 수집한 다음 해당 의견들을 정리하여 다시 전문가들에게 배부한 후 의견의 합의가 이루어질 때까지 반복적으로 서로 논평하게 하여 수요를 예측하는 방법은?

① 시장조사법　　　　　　　　　② 패널동의법
③ 중역평가법　　　　　　　　　④ 델파이분석법

06 다음 중 판매계획수립 과정을 일반적인 업무 순서에 따라 적절하게 나열한 것은?

① 수요예측 → 시장조사 → 판매할당 → 판매예측 → 목표매출액 설정
② 판매할당 → 수요예측 → 시장조사 → 목표매출액 설정 → 판매예측
③ 목표매출액 설정 → 시장조사 → 수요예측 → 판매할당 → 판매예측
④ 시장조사 → 수요예측 → 판매예측 → 목표매출액 설정 → 판매할당

07 교차비율에 대한 설명 중 옳지 않은 것은?

① 교차비율은 상품회전율과 비례 관계이다.
② 교차비율이 높아질수록 이익이 낮아진다.
③ 교차비율은 평균재고액과 반비례 관계이다.
④ 교차비율이 높은 상품일수록 높은 목표판매액을 할당한다.

08 다음 중 가격결정에 영향을 미치는 외부적 요인이 아닌 것은?

① 제품특성　　　　　　　　　　② 고객 수요
③ 유통채널　　　　　　　　　　④ 각종 규제

09 다음 중 고객(거래처) 중점 선정 방법에 대한 설명이 잘못된 것은?

① ABC 분석은 파레토의 원리에 근거하여 중요한 고객이나 거래처를 집중적으로 관리한다.
② ABC 분석은 기업 경쟁력, 판매능력, 성장 가능성 등의 다양한 요인들을 고려하지 못한다.
③ 매트릭스 분석은 서로 다른 2개의 요인을 고려하여 우량 고객이나 거래처를 선정한다.
④ 거래처 포트폴리오 분석은 단일 요인에 근거하여 고객을 분류한다.

10 다음 중 외상매출채권의 회수율이 감소할 때에 발생할 수 있는 결과로 가장 적절한 것은?

① 수익 감소   ② 매출액 감소

③ 대손발생 위험 감소   ④ 외상매출채권 회수기간 단축

11 다음 중 주문피킹, 입출고, 재고관리 등의 자동화를 통하여 신속·정확한 고객대응력과 재고 삭감, 미출고·오출고 예방을 목적으로하는 공급망 관리 정보시스템은?

① 신속대응시스템(QR: Quick Response)

② 크로스도킹 시스템(CD: Cross Docking)

③ 창고관리시스템(WMS: WareHouse Management System)

④ 효율적소비자대응시스템(ECR: Efficient Consumer Response)

12 [보기]의 내용에 해당하는 물류거점 운영 방식은?

> [보 기]
> • 물류거점이 화물에 대한 '환적'기능만을 제공한다는 특징이 있다.
> • 물류거점에 재고를 보유하지 않고 24시간 이내 직송하는 방식이다.
> • 화물의 보관 기능보다는 원활한 흐름에 중점을 둔다.

① 직배송 방식

② 통합물류센터 운영 방식

③ 지역물류센터 운영 방식

④ 크로스도킹 운영 방식

13 다음 중 안전재고에 대한 설명으로 적절하지 않은 것은?

① 조달기간은 일정하나, 수요가 불확실한 경우를 위한 재고이다.

② 예상 외의 소비나 재고부족 상황에 대비하는 재고이다.

③ 품절 및 미납주문을 예방하기 위한 재고이다.

④ 납기준수와 고객서비스 향상을 위한 재고이다.

14 재고자산의 매입단가가 지속적으로 하락하는 환경에서 재고자산을 평가할 때, 매출총이익이 가장 크게 계산되는 평가방법부터 순서대로 나열한 것으로 가장 올바른 것은?

① 선입선출법 > 이동평균법 > 총평균법 > 후입선출법

② 선입선출법 > 후입선출법 > 이동평균법 > 총평균법

③ 후입선출법 > 선입선출법 > 총평균법 > 이동평균법

④ 후입선출법 > 총평균법 > 이동평균법 > 선입선출법

15 [그림]과 같이 권역별 또는 품목별로 소비자 밀착형 물류거점을 운영하여 소비자에 대한 물류서비스 만족도 향상을 목적으로하는 운송경로 유형으로 적합한 것은?

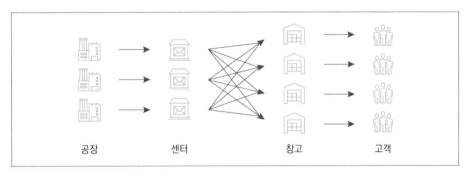

① 공장직송방식   ② 복수거점방식
③ 다단계거점방식   ④ 중앙집중거점방식

16 창고관리 시 보관을 위한 기본원칙으로 옳은 것은?

① 파손이나 감모가 쉬운 품목은 선입선출의 원칙에 따라 보관하는 것이 바람직하다.

② 창고 보관 효율을 위해 통로 한쪽으로만 물품을 보관하는 것이 바람직하다.

③ 무겁고 대형의 물품은 출입구에서 먼 장소, 그리고 아래쪽에 보관하는 것이 바람직하다.

④ 모든 물품은 보관의 표준화를 위하여 랙에 보관하는 것이 바람직하다.

17 다음 중에서 동일업계 판매자들이 서로 의논하여 결정하는 판매가격을 말하며, 공공요금 성격의 가격유형으로 옳은 것은?

① 시중가격   ② 협정가격
③ 정가가격   ④ 개정가격

18 다음 중 구매품목에 대한 시장조사에 대한 설명으로 옳지 않은 것은?

① 구매시장의 정보를 수집하고 분석하는 과정이다.

② 공급자 선정 및 구매계약 과정에서 적극적인 구매활동을 가능하게 하는 매우 중요한 기능이다.

③ 간접조사는 자재의 시세와 변동에 대하여 판매시장 현장에서 확인하는 조사활동이다.

④ 간접조사는 직접조사에 비하여 조사시간이 적게 소요된다.

19 [보기]에 해당하는 가격결정 방식으로 옳은 것은?

> [보 기]
> • 소비자가 상품에 대해 생각하고 느끼는 중요도를 토대로 가격을 결정하는 방식
> • 비용중심적 가격결정 방식보다 높은 가격을 책정해도 소비자가 쉽게 수용하는 특성을 반영한다.

① 코스트 플러스방식   ② 손익분기점분석 방식
③ 지각가치 기준방식   ④ 입찰경쟁 방식

20 특수한 기술, 계약기구, 생산설비, 풍부한 자산과 신용, 경험과 실적 등에서 필요한 자격을 갖춘 대상자 모두에게 입찰 기회를 부여하는 공급자 선정방식은 무엇인가?

① 일반경쟁방식   ② 지명경쟁방식
③ 제한경쟁방식   ④ 수의계약방식

01 다음 중 품목등록 메뉴를 통해 관리할 수 없는 항목은 무엇인가?

① 품목군　　　　　　　　② 최대판매가
③ 안전재고량　　　　　　④ LEAD TIME

02 다음 중 거래처명과 일반거래처정보가 다르게 연결된 곳은 어디인가?

① ㈜대흥정공 − 업태: 제조외
② ㈜하나상사 − 대표자성명: 김재영
③ ㈜하진해운 − 거래처약칭: ㈜하진해운
④ ㈜형광램프 − 사업자번호: 104 − 21 − 40013

03 ㈜한국자전거본사에서는 사용하는 매출단가를 품목단가에서 고객별단가로 변경하려고 한다. 다음 중 매출단가를 설정하는 메뉴는 무엇인가?

① 사용자권한설정　　　　② 시스템환경설정
③ 영업마감/통제등록　　　④ 물류관리내역등록

04 아래 [보기]의 조건으로 데이터를 조회한 후 물음에 답하시오.

> [보 기]
> • 사업장: 1000, ㈜한국자전거본사
> • 견적기간: 2019. 07. 01. ~ 2019. 07. 05.

다음 중 [보기]의 기간 중 합계액이 가장 큰 품목은 어느 것인가?

① ATECK − 3000, 일반자전거
② 31 − 1010002, 의자
③ 31 − 1010003, 바구니
④ 31 − 1010004, 타이어

05 아래 [보기]의 조건으로 데이터를 조회한 후 물음에 답하시오.

[보 기]
- 사업장: 1000, ㈜한국자전거본사
- 주문기간: 2019. 07. 11. ~ 2019. 07. 15.

다음 주문번호 중 견적 ES1907000003를 적용받은 수주 건은 무엇인가?

① SO1907000006   ② SO1907000007
③ SO1907000008   ④ SO1907000009

06 아래 [보기]의 조건으로 데이터를 조회한 후 물음에 답하시오.

[보 기]
- 사업장: 1000, ㈜한국자전거본사
- 대상년월: 2019년 7월

㈜한국자전거본사는 고객별로 판매계획을 작성한다. 다음 중 매출예상금이 가장 많은 곳은 어디인가?

① 00001, ㈜대흥정공   ② 00002, ㈜하나상사
③ 00003, ㈜빅파워   ④ 00004, ㈜제동기어

07 아래 [보기]의 조건으로 데이터를 조회한 후 물음에 답하시오.

[보 기]
- 사업장: 1000, ㈜한국자전거본사
- 반품기간: 2019. 07. 06. ~ 2019. 07. 10.

㈜한국자전거본사는 출고 건의 반품이 발생하지 않은 날은 언제인가?

① 2019년 7월 7일   ② 2019년 7월 8일
③ 2019년 7월 9일   ④ 2019년 7월 10일

08 다음 중 거래명세서발행 메뉴에 대한 설명으로 옳지 않은 것은?

① 인쇄한 횟수를 출력횟수로 확인할 수 있다.

② 인쇄/E−MAIL 설정 버튼을 통하여 출력 옵션을 선택할 수 있다.

③ 출고 정보를 수정하려면 출고처리(국내수주) 메뉴에서 수정해야 한다.

④ 출고처리(국내수주) 메뉴에서 등록한 출고 건 중 반품이 아닌 출고 내역만 조회된다.

09 아래 [보기]의 조건으로 데이터를 조회한 후 물음에 답하시오.

[보 기]
- 사업장: 1000, ㈜한국자전거본사
- 마감기간: 2019. 07. 21. ~ 2019. 07. 25.

다음 중 매출마감(국내거래) 메뉴에 대한 설명으로 옳지 않은 것은 무엇인가?

① 마감일자는 출고일자와 다른 날짜로 지정할 수 있다.

② 계산서처리 버튼을 통해 세금계산서를 등록할 수 있다.

③ 필요에 따라 출고적용을 받지 않고 직접 입력할 수 있다.

④ 출고처리(국내수주)에서 마감구분 건별로 입력하면 자동으로 매출마감 정보가 등록된다.

10 아래 [보기]의 조건으로 데이터를 조회한 후 물음에 답하시오.

[보 기]
- 사업장: 1000, ㈜한국자전거본사
- 수금기간: 2019. 07. 01. ~ 2019. 07. 05.

다음 중 [보기]의 기간에 등록된 수금내역 중 선수금 정리 잔액이 가장 적은 거래처는 어디인가?

① 00001, ㈜대흥정공   ② 00002, ㈜하나상사
③ 00003, ㈜빅파워   ④ 00004, ㈜제동기어

11   아래 [보기]의 조건으로 데이터를 조회한 후 물음에 답하시오.

> [보 기]
> • 사업장: 1000, ㈜한국자전거본사
> • 조회기간: 2019. 07. 01. ~ 2019. 07. 31.
> • 조회기준: 0. 국내(출고기준)
> • 미수기준: 0. 발생기준

㈜한국자전거본사는 출고기준으로 채권을 관리한다. 미수채권 잔액이 가장 많은 거래처는 어디인가?

① ㈜대흥정공   ② ㈜하나상사
③ ㈜빅파워   ④ ㈜제동기어

12   아래 [보기]의 조건으로 데이터를 조회한 후 물음에 답하시오.

> [보 기]
> • 사업장: 1000, ㈜한국자전거본사
> • 발주기간: 2019. 07. 16. ~ 2019. 07. 20.
> • 청구기간: 2019. 07. 16. ~ 2019. 07. 20.

다음 청구등록된 품목 중 미발주 청구잔량이 가장 많은 품목은 무엇인가?

① 88 - 1050000, SADDLE

② 21 - 1070700, FRAME - 티타늄

③ ATECK - 3000, 일반자전거

④ ATECX - 2000, 유아용자전거

13   아래 [보기]의 조건으로 데이터를 조회한 후 물음에 답하시오.

> [보 기]
> • 사업장: 1000, ㈜한국자전거본사
> • 검사기간: 2019. 07. 16. ~ 2019. 07. 20.

다음 중 입고검사에 대한 설명으로 옳지 않은 것은?

① 검사구분은 전수검사, 샘플검사가 있다.

② 발주적용 버튼을 통해 입고검사등록을 등록한다.

③ ATECK-3000, 일반자전거는 검사수량 97 중 합격수량은 95이다.

④ 품목등록 검사여부가 1. 검사인 품목은 반드시 입고검사등록 메뉴에 등록해야 한다.

14 아래 [보기]의 조건으로 데이터를 조회한 후 물음에 답하시오.

[보 기]
• 사업장: 1000, ㈜한국자전거본사
• 입고기간: 2019. 07. 16. ~ 2019. 07. 20.
• 입고창고: P100, 제품창고

다음 중 발주나 입고검사로 적용받지 않고 직접 입력한 입고 건은 무엇인가?

① RV1907000003   ② RV1907000004
③ RV1907000005   ④ RV1907000006

15 아래 [보기]의 조건으로 데이터를 조회한 후 물음에 답하시오.

[보 기]
• 사업장: 1000, ㈜한국자전거본사
• 조정기간: 2019. 07. 01. ~ 2019. 07. 05.

다음 중 [보기]의 기간 중 불량으로 손실 처리한 품목은 무엇인가? (불량 손실: 불량으로 판단된 재고를 조정하여 현재고수량에서 제외함을 의미한다.)

① 10-1450000, SEAT CLAMP

② 10-352,0000, CRANK ARM

③ 21-1070700, FRAME-티타늄

④ 81-1002001, BREAK SYSTEM

16 아래 [보기]의 조건으로 데이터를 조회한 후 물음에 답하시오.

> [보 기]
> • 사업장: 1000, ㈜한국자전거본사
> • 기준일자: 2019. 07. 10.
> • 조회조건: 0. 납기일 2019. 07. 01. ~ 2019. 07. 10.

다음 중 [보기]의 조건을 만족하는 발주 미납수량의 총 합계는 무엇인가?

① 10   ② 20

③ 30   ④ 40

17 아래 [보기]의 조건으로 데이터를 조회한 후 물음에 답하시오.

> [보 기]
> • 사업장: 1000, ㈜한국자전거본사
> • 마감기간: 2019. 07. 01. ~ 2019. 07. 05.
> • 입고기간: 2019. 07. 01. ~ 2019. 07. 05.

다음 중 [보기]의 입고내역 중 품목 25 – 1010000, ROTOR의 매입미마감 수량은 얼마인가?

① 40   ② 48

③ 50   ④ 90

18 아래 [보기]의 조건으로 데이터를 조회한 후 물음에 답하시오.

> [보 기]
> • 사업장: 1000, ㈜한국자전거본사
> • 조정기간: 2019. 07. 06. ~ 2019. 07. 10.
> • 입고창고: P100, 제품창고
> • 입고장소: P101, 제품장소
> • 출고창고: M100, 부품창고
> • 출고장소: M101, 부품장소

다음 중 [보기] 기간 동안에 SET품 수불조정 내역에 대한 설명으로 옳지 않은 것은?

① ATECX－2000, 유아용자전거는 SET품목 여부가 '1. 여'이다.

② 20 － 1025000, 유아용자전거세트는 SET품목 여부가 '1. 여'이다.

③ 31－1010003, 바구니와 31－1010005, 자물쇠는 재고가 10 감소하였다.

④ SET 적용 버튼으로 SET구성품등록 메뉴에 등록된 구성품들을 적용받을 수 있다.

19 아래 [보기]의 조건으로 데이터를 조회한 후 물음에 답하시오.

[보 기]
• 사업장: 1000, ㈜한국자전거본사
• 기간: 2019. 07. 16. ~ 2019. 07. 20
•거래처: 00005, ㈜세림와이어
• 마감번호: PC1907000002

다음 중 [보기]의 매입마감 건을 전표처리할 때 분개되는 계정과목이 아닌 것은?

① 13500, 부가세대급금   ② 14600, 상품

③ 14900, 원재료   ④ 25100, 외상매입금

20 아래 [보기]의 조건으로 데이터를 조회한 후 물음에 답하시오.

[보 기]
• 사업장: 1000, ㈜한국자전거본사
• 해당 연도: 2019
• 계정: 2. 제품

㈜한국자전거본사 박과장은 제품의 재고수량을 파악하고 있다. 다음 중 가용재고량이 부족하여 수급해야 할 품목으로 옳은 것은? (품목의 안전재고량만을 가감하여 가용재고량을 결정한다.)

① 31－1010001, 체인

② 31－1010002, 의자

③ 31－1010003, 바구니

④ 31－1010004, 타이어

01 다음 중 성공적인 ERP 구축의 지침으로 가장 적합하지 않은 것은 무엇인가?

① 현재의 업무 방식만을 고수해서는 안 된다.

② IT 중심으로만 프로젝트를 추진해서는 안 된다.

③ 기업업무 프로세스의 개선을 위해 추진해서는 안 된다.

④ 기존업무에 대한 고정관념에서 ERP 시스템을 보면 안 된다.

02 ERP의 특징 중 기술적 특징에 해당하지 않는 것은 무엇인가?

① 4세대 언어(4GL) 활용

② 다국적, 다통화, 다언어 지원

③ 관계형 데이터베이스(RDBMS) 채택

④ 객체지향기술(Object Oriented Technology) 사용

03 다음 중 e-Business 지원 시스템을 구성하는 단위 시스템에 해당되지 않는 것은 무엇인가?

① 성과측정관리(BSC)   ② EC(전자상거래) 시스템

③ 의사결정지원시스템(DSS)   ④ 고객관계관리(CRM) 시스템

04 [보기]의 괄호 안에 들어갈 용어로 가장 적절한 것은 무엇인가?

> [보 기]
>
> ERP 시스템 내의 데이터 분석 솔루션인 (   )은(는) 구조화된 데이터 (Structured Data)와 비구조화된 데이터(Unstructured Data)를 동시에 이용하여 과거 데이터에 대한 분석뿐만 아니라 이를 통한 새로운 통찰력 제안과 미래 사업을 위한 시나리오를 제공한다.

① 리포트(Report)

② SQL(Structured Query Language)

③ 비즈니스 애널리틱스

④ 대시보드(DashBoard)와 스코어카드(Scorecard)

05 다음 중 어느 특정지역에서 무작위로 추출된 소비자들에 대한 실태조사 결과를 이용하여 수요를 추정하는 방법으로 가장 적합한 것은?

① 델파이법　　　　　　　　　② 패널동의법
③ 시장조사법　　　　　　　　　④ 판매원평가법

06 중기 판매계획수립에 포함되는 활동 내역으로 옳은 것은?

① 신제품 개발 계획
② 제품 품질개선 계획
③ 판매경로 강화 계획
④ 제품별 판매촉진 실행방안 계획

07 기업의 해당 상품 및 서비스별로 목표판매액을 구체화하는 방법의 한 요인인 교차비율에 관한 설명으로 옳지 않은 것은?

① 재고회전율과 교차비율은 비례한다.
② 한계이익과 교차비율은 반비례한다.
③ 매출총이익율과 교차비율은 비례한다.
④ 평균재고액과 교차비율은 반비례한다.

08 원가가산에 의한 가격결정방식(Cost-Plus Pricing)으로 상품의 가격을 결정하고자 한다. 상품의 가격 구성요인이 [보기]와 같은 경우에 소매가격은 얼마인가?

[보 기]
• 제조원가: 5만원
• 소매매입 원가: 5만원
• 소매업자 이익: 5만원
• 소매업자 영업비용: 5만원

① 10만원　　　　　　　　　② 15만원
③ 20만원　　　　　　　　　④ 25만원

09 [보기]가 설명하고 있는 고객중점화 전략은 다음 중 무엇인가?

> [보 기]
> • 파레토의 원리에 따라 중요한 거래처를 선정한다.
> • 과거의 판매 실적을 이용하여 우량고객으로 판단한다.
> • 기업 경쟁력, 판매능력 등의 다양한 요인들을 고려하지 못한다.

① 거래처 포트폴리오 분석　　　　② 매트릭스분석
③ ABC 분석　　　　　　　　　　④ 이원표 분석

10 [그림]은 회사의 자금조달기간을 이용하여 회사의 총 여신 한도액을 설정하기 위한 계산식의 일부이다. 괄호 안에 공통적으로 들어갈 용어는?

> [그 림]
> • 매출채권 회수기간 $= \dfrac{\text{매출채권잔액}}{(\qquad)} \times 365$
>
> • 재고 회전기간 $= \dfrac{\text{상품재고잔액}}{(\qquad)} \times 365$

① 매출액　　　　　　　　　　　② 매출채권한도액
③ 매입채무지급액　　　　　　　④ 매출채권회수액

11 다음 중 공급망의 경쟁능력을 결정하는 4요소에 대한 설명으로 가장 적합하지 않은 것은?

① 적은 자원으로 제품·서비스를 창출할 수 있는 '비용' 능력
② 경쟁사보다 빠르게 새로운 제품을 개발해내는 '시간' 능력
③ 고객욕구를 만족시켜 부가적인 이익을 창출해내는 '수익' 능력
④ 설계 변화와 수요의 환경 변화에 효율적으로 대응할 수 있는 '유연성' 능력

12 재고 보유 목적에 따른 재고 유형에 대한 설명으로 [보기]의 두 괄호 안에 들어갈 용어로 옳은 것은?

> [보 기]
> • (㉠)는 비용절감을 위하여 경제적 주문량(생산량) 또는 로트 사이즈(Lot Size)로 구매(생산)하게 되어 당장 필요한 수량을 초과하는 잔량에 의해 발생하는 재고로서 다음의 구매시점까지 계속 보유하는 재고이다.
> • (㉡)는 계절적인 수요 급등, 가격 급등, 파업으로 인한 생산중단 등이 예상될 때, 향후 발생할 수요를 대비하여 미리 생산하여 보관하는 재고이다.

① ㉠ - 비축재고, ㉡ - 안전재고
② ㉠ - 비축재고, ㉡ - 순환재고
③ ㉠ - 순환재고, ㉡ - 비축재고
④ ㉠ - 순환재고, ㉡ - 수송재고

13 [보기]에서 설명하는 공급망 재고보충 기법은?

> [보 기]
> 다단계 유통체계를 갖는 공급망에서 고객·거래처의 수요에 따라 필요한 수량을 필요한 시기에 공급하는 방법

① 공급자관리재고(VMI: Vendor Managed Inventory)
② 공동재고관리(CMI: Collaborative Managed Inventory)
③ 유통소요계획(DRP: Distribution Requirements Planning)
④ 지속적보충프로그램(CRP: Continuous Replenishment Program)

14 재고자산의 가격이 지속적으로 상승하는 경제환경 하에서 매출원가가 가장 크게 나타나는 재고자산평가방법은?

① 총평균법
② 선입선출법
③ 이동평균법
④ 후입선출법

15 [보기]에서 공통적으로 설명하는 운송수단은?

> [보 기]
> • 중·장거리 대량 운송에 적합하고 운임이 저렴함
> • 기상·기후의 영향을 적게 받음
> • 사고 발생률이 낮아 안정적인 운송수단임
> • 고객별 자유로운 운송 요구에 적용이 곤란

① 선박 운송   ② 철도 운송
③ 항공 운송   ④ 화물차량 운송

16 보관의 기본 원칙 중에서 [보기]의 내용을 의미하는 원칙은 무엇인가?

> [보 기]
> 입출고 빈도가 높은 화물은 출입구에 가까운 장소에 보관하고, 낮은 경우에는 먼 장소에 보관하여 작업 동선을 줄이고 작업 효율을 높일 수 있다.

① 통로 대면의 원칙   ② 높이 쌓기의 원칙
③ 회전 대응의 원칙   ④ 네트워크 보관의 원칙

17 최근에 전략적 구매를 중시함으로써 구매관리의 기능이 변화하고 있다. 다음 [보기] 중 과거에 비해 현대적 시각에 해당하는 구매기능으로 올바르게 짝지은 것은 무엇인가?

> [보 기]
> A. 총원가에 집중
> B. 단기간의 성과 중시
> C. 요청에 지원하는 업무
> D. 사전계획적인 업무
> E. 장기간에의 전략적 구매 중시

① A, B, C   ② A, D, E
③ B, C, D   ④ C, D, E

18 신입사원 K군이 구매한 물품 및 서비스 내역은 [보기]와 같다. A ~ D에 대해 결정할 가격 유형 중에서 정가가격으로 적절한 것은 무엇인가?

> **[보 기]**
>
> A: 사무실 장식을 위해 구매한 꽃값
> B: 자기계발을 위해 구매한 도서비
> C: 미용실에서 지불한 이발료
> D: 귀가하며 지불한 교통비

① A   ② B
③ C   ④ D

19 [보기]는 공급자 선정방법에 대한 설명이다. 다음 중 [보기]의 괄호 안에 공통적으로 들어갈 적절한 용어는?

> **[보 기]**
>
> • (   ) 경쟁방식은 적합한 자격을 갖춘 공급자를 지정하여 입찰에 참가하도록 함으로써 구매계약 이행에 대한 신뢰성을 확보할 수 있다.
> • (   ) 경쟁방식과 일반경쟁방식의 중간적 성격으로서 두 방식의 단점을 보완하고 경쟁의 장점을 유지하는 방식으로 제한경쟁방식이 있다.

① 평점   ② 수의
③ 지명   ④ 직접

20 다음 중 실제원가에 대한 설명으로 옳은 것은?

① 공급자가 작성하는 입찰서나 견적서의 가격에 적용되는 원가
② 표준원가와 비교·분석되어 원가개선 활동의 평가요소로 활용되는 원가
③ 과거의 제조 경험을 고려하고 향후 제조환경을 반영하여 미래 산출될 것으로 기대하는 원가
④ 최적의 제조환경에서 설계도에 따라 제조과정이 진행되는 경우에 구성되는 이론적 원가

01 아래 [보기]의 조건으로 데이터를 조회한 후 물음에 답하시오.

> **[보 기]**
>
> 업무지시: 국민은행에 새로 개설한 당좌계좌를 ERP에 등록하시오.

다음 중 [보기]의 지시사항을 이행하기 위해 활용해야 하는 메뉴는 무엇인가?

① 일반거래처등록　　　　　② 금융거래처등록

③ 품목등록　　　　　　　　④ 관리내역등록

02 아래 [보기]의 조건으로 데이터를 조회한 후 물음에 답하시오.

> **[보 기]**
>
> 사업장: 1000, ㈜한국자전거본사

다음 중 입고기본위치와 출고기본위치가 다르게 설정된 창고는 무엇인가?

① 부품창고　　　　　　　　② 상품창고

③ 제품창고　　　　　　　　④ 반제품창고

03 아래 [보기]의 조건으로 데이터를 조회한 후 물음에 답하시오.

> **[보 기]**
>
> 기준일자: 2019. 05. 25.

다음 중 [보기]의 일자를 기준으로 유효하지 않은 물류담당자는 누구인가?

① 김종욱　　　　　　　　　② 이종현

③ 박용덕　　　　　　　　　④ 정영수

04 아래 [보기]의 조건으로 데이터를 조회한 후 물음에 답하시오.

> [보 기]
> • 조달구분: 0. 구매
> • 계정구분: 5. 상품

[보기]의 조건으로 품목별 판매단가를 조회한 것 중 옳지 않은 것은?

① ASSY KEY SWITCH LEADFRAME: 11,375

② ASSY KEY SWITCH LEADFRAME LH: 10,350

③ ASSY MOTOR LEADFRAME(LH): 12,753

④ ASSY MOTOR LEADFRAME(RH): 11,310

05 아래 [보기]의 조건으로 데이터를 조회한 후 물음에 답하시오.

> [보 기]
> 고객명: ㈜하나상사

㈜하나상사에 등록된 납품처 중 운반비가 가장 저렴하게 책정되어 있는 납품처는 어디인가?

① 분당지점　　　　　　　　② 대전지점

③ 대구지점　　　　　　　　④ 일산지점

06 아래 [보기]의 조건으로 데이터를 조회한 후 물음에 답하시오.

> [보 기]
> • 사업장: 1000, ㈜한국자전거본사
> • 주문기간: 2019. 05. 01. ~ 2019. 05. 05.

다음 중 견적을 통하지 않고 주문을 등록한 거래처로 옳은 것은?

① ㈜대흥정공　　　　　　　② ㈜세림와이어

③ ㈜빅파워　　　　　　　　④ ㈜제동기어

07 아래 [보기]의 조건으로 데이터를 조회한 후 물음에 답하시오.

[보 기]
- 사업장: 1000, ㈜한국자전거본사
- 출고기간: 2019. 05. 06. ~ 2019. 05. 10.
- 출고창고: P100. 제품창고
- 업무지시: ㈜대흥정공에 기출고되었던 산악자전거 중 1EA가 반품되었다.

다음 중 [보기]의 업무지시에 의해 등록된 출고 건은 무엇인가?

① IS1905000005　　　　　② IS1905000006
③ IS1905000007　　　　　④ IS1905000008

08 아래 [보기]의 조건으로 데이터를 조회한 후 물음에 답하시오.

[보 기]
- 사업장: 1000, ㈜한국자전거본사
- 기간: 2019. 05. 11. ~ 2019. 05. 15.

전표처리 시 생성되는 전표의 부가세예수금 금액이 큰 순서대로 매출마감 번호를 나열한 것으로 옳은 것은?

① SC1905000004 − SC1905000002 − SC1905000003 − SC1905000001
② SC1905000004 − SC1905000002 − SC1905000001 − SC1905000003
③ SC1905000004 − SC1905000003 − SC1905000002 − SC1905000001
④ SC1905000004 − SC1905000003 − SC1905000001 − SC1905000002

09 아래 [보기]의 조건으로 데이터를 조회한 후 물음에 답하시오.

[보 기]
- 사업장: 1000, ㈜한국자전거본사
- 반품기간: 2019. 06. 01. ~ 2019. 06. 30.

다음 중 6월 한 달간 가장 많은 수량이 출고반품된 품목은 무엇인가?

① 일반자전거　　　　　　　　　② 유아용자전거
③ 싸이클　　　　　　　　　　　④ 산악자전거

10　아래 [보기]의 조건으로 데이터를 조회한 후 물음에 답하시오.

> [보 기]
> • 사업장: 1000, ㈜한국자전거본사
> • 출고기간: 2019. 06. 01. ~ 2019. 06. 25.

[보기]의 기간에 출고된 품목 중 매출미마감 수량이 가장 적게 남아 있는 품목은 무엇인가?

① 일반자전거　　　　　　　　　② 유아용자전거
③ 싸이클　　　　　　　　　　　④ 산악자전거

11　아래 [보기]의 조건으로 데이터를 조회한 후 물음에 답하시오.

> [보 기]
> • 사업장: 1000, ㈜한국자전거본사
> • 조회기간: 2019. 06. 01. ~ 2019. 06. 30.
> • 조회기준: 0. 국내(출고기준)
> • 미수기준: 0. 발생기준

다음 중 6월 기준 당기발생 미수채권금액이 큰 순서대로 거래처를 옳게 나열한 것은?

① ㈜제동기어 － ㈜빅파워 － ㈜하나상사 － ㈜대흥정공
② ㈜제동기어 － ㈜하나상사 － ㈜빅파워 － ㈜대흥정공
③ ㈜대흥정공 － ㈜하나상사 － ㈜빅파워 － ㈜제동기어
④ ㈜대흥정공 － ㈜빅파워 － ㈜하나상사 － ㈜제동기어

12 아래 [보기]의 조건으로 데이터를 조회한 후 물음에 답하시오.

[보 기]

• 사업장: 1000, ㈜한국자전거본사
• 계획기간: 2019. 05. 01. ~ 2019. 05. 05.
• 계획구분: 0. 판매계획

다음 중 [보기]의 기간에 주계획작성된 품목 중 가장 많은 계획수량이 등록된 품목은 무엇인가?

① 일반자전거   ② 유아용자전거
③ 싸이클   ④ 산악자전거

13 아래 [보기]의 조건으로 데이터를 조회한 후 물음에 답하시오.

[보 기]

• 사업장: 1000, ㈜한국자전거본사
• 발주기간: 2019. 05. 01. ~ 2019. 05. 05.

[보기]의 기간 동안 원재료인 FRAME-알미늄을 구매하기 위해 발주등록하였다. 발주등록된 거래처로 옳은 것은?

① ㈜제일물산   ② YK PEDAL
③ ㈜세림와이어   ④ ㈜형광램프

14 아래 [보기]의 조건으로 데이터를 조회한 후 물음에 답하시오.

[보 기]

• 사업장: 1000, ㈜한국자전거본사
• 의뢰기간: 2019. 05. 06. ~ 2019. 05. 10.

다음 중 입고의뢰등록 메뉴의 사용방법에 대한 설명으로 잘못된 것은 무엇인가?

① 입고의뢰 등록 시 의뢰창고는 반드시 입력하지 않아도 된다.

② 입고의뢰 등록 시 의뢰담당자는 반드시 입력해야 한다.

③ 입고의뢰 등록 시 납기일은 반드시 입력해야 한다.

④ 입고의뢰 등록 시 비고는 반드시 입력하지 않아도 된다.

15 아래 [보기]의 조건으로 데이터를 조회한 후 물음에 답하시오.

[보 기]
- 사업장: 1000, ㈜한국자전거본사
- 입고기간: 2019. 05. 11. ~ 2019. 05. 15.
- 입고창고: M100. 부품창고

다음 중 발주와 입고의뢰 프로세스를 거치지 않고 입고처리(국내발주) 메뉴에서 직접 입고처리된 입고 건은 무엇인가?

① RV1905000005

② RV1905000006

③ RV1905000007

④ RV1905000008

16 아래 [보기]의 조건으로 데이터를 조회한 후 물음에 답하시오.

[보 기]
- 매입마감 내역을 근거로 회계전표를 생성하는 메뉴이다.
- 본 메뉴에서 회계전표를 생성하기 위해서는 먼저 회계연결계정과목등록 메뉴의 회계연결계정이 설정되어 있어야 한다.

다음은 어떤 메뉴에 대한 설명인가?

① 입고처리(국내발주)

② 매입마감(국내거래)

③ 회계처리(매입마감)

④ 발주마감처리

17 아래 [보기]의 조건으로 데이터를 조회한 후 물음에 답하시오.

> [보 기]
> • 사업장: 1000, ㈜한국자전거본사
> • 이동기간: 2019. 05. 01. ~ 2019. 05. 05.

다음 중 [보기]의 기간에 발생한 재고이동등록(창고)에 수불에 의해 변동된 제품창고/제품장소 내 산악자전거 품목의 재고 증감 수량으로 옳은 것은?

① 120 증가   ② 100 감소
③ 20 증가   ④ 20 감소

18 아래 [보기]의 조건으로 데이터를 조회한 후 물음에 답하시오.

> [보 기]
> • 사업장: 1000, ㈜한국자전거본사
> • 주문기간: 2019. 05. 06. ~ 2019. 05. 10.
> • 입고창고: P100. 제품창고   • 입고장소: P101. 제품장소
> • 출고창고: P100. 제품창고   • 출고장소: P101. 제품장소

다음 중 SET품수불조정등록 메뉴에서 가족하이킹세트 120EA를 입고조정하기 위해 출고되는 바구니의 수량으로 알맞은 것은?

① 240   ② 480
③ 960   ④ 1200

19 아래 [보기]의 조건으로 데이터를 조회한 후 물음에 답하시오.

> [보 기]
> • 사업장: 1000, ㈜한국자전거본사
> • 입고기간: 2019. 05. 16. ~ 2019. 05. 20.

다음 중 매입미마감 수량이 가장 많은 품목은 무엇인가?

① WHEEL FRONT – MTB   ② WHEEL REAR – MTB
③ FRAME – 티타늄   ④ FRAME – 알미늄

20 아래 [보기]의 조건으로 데이터를 조회한 후 물음에 답하시오.

> [보 기]
> • 사업장: 1000, ㈜한국자전거본사
> • 해당 연도: 2019년
> • 품목: 21-3001500. PEDAL(S)

다음 중 ㈜한국자전거본사 사업장에서의 PEDAL(S)의 현재고수량으로 옳은 것은?

① 1,200   ② 1,531

③ 2,131   ④ 2,531

01 다음 중 ERP에 대한 설명으로 가장 적절하지 않은 것은 무엇인가?

① 경영혁신환경을 뒷받침하는 새로운 경영업무 시스템 중 하나이다.

② 기업의 전반적인 업무과정이 컴퓨터로 연결되어 실시간 관리를 가능하게 한다.

③ 기업 내 각 영역의 업무프로세스를 지원하고 단위별 업무처리의 강화를 추구하는 시스템이다.

④ 전통적 정보시스템과 비교하여 보다 완벽한 형태의 통합적인 정보인프라구축을 가능하게 해주는 신경영혁신의 도구이다.

02 ERP 도입 시 고려해야 할 사항으로 가장 적절하지 않은 것은?

① 경영진의 강력한 의지   ② 임직원의 전사적인 참여

③ 자사에 맞는 패키지 선정   ④ 경영진 중심의 프로젝트 진행

03 다음 중 ERP의 기능적 특징으로 볼 수 없는 것은 무엇인가?

① 투명경영의 수단으로 활용

② 단일국적, 단일통화, 단일언어 지원

③ 경영정보제공 및 경영조기경보 체계구축

④ 중복업무의 배제 및 실시간 정보처리체계

04 BPR(Business Process Re-engineering)이 필요한 이유로 가장 적절하지 않은 것은?

① 복잡한 조직 및 경영 기능의 효율화

② 지속적인 경영환경 변화에 대한 대응

③ 정보 IT 기술을 통한 새로운 기회 창출

④ 정보보호를 위한 닫혀있는 업무환경 확보

05 [보기]는 정량적인 예측기법을 이용한 수요예측 절차들의 일부이다. 다음 중 [보기]의 절차로 수행되는 수요예측 방법은 무엇인가?

> [보 기]
> • 과거의 수요 패턴이 미래에도 지속될 것이라고 가정한다.
> • 시간의 흐름에 따라 일정한 간격마다 과거 수요를 기록한 자료를 분석하여 미래 수요를 예측하는 방법이다.

① 패널조사법　　　　　　　　② 회귀분석법
③ 시계열분석법　　　　　　　④ 델파이법

06 [보기]에 주어진 정보를 바탕으로, 생산성 지표를 활용해 목표매출액을 산출하면 얼마인가?

> [보 기]
> • 거래처 수: 10개
> • 영업사원 1인당 평균 목표매출액: 20만원
> • 거래처 1사당 평균 수주예상액: 30만원

① 100만원　　　　　　　　　② 200만원
③ 300만원　　　　　　　　　④ 600만원

07 상품별로 목표매출액을 할당하려고 할 때 고려할 수 있는 지표로 가장 적절하지 않은 것은?

① 교차비율　　　　　　　　　② 이익공헌도
③ 목표 시장점유율　　　　　④ 잠재구매력 지수

08 가격결정에 영향을 미치는 요인들 중에서 외부적 요인에 해당되지 않은 것은?

① 가격탄력성　　　　　　　　② 제품이미지
③ 대체품 가격　　　　　　　④ 손익분기점

09 다음 중 거래처나 고객을 일정한 기준에 따라 등급을 부여하고, 기준에 따라 우량 거래처나 고객을 선정하는 중점선정 방법은?

① ARIMA 분석   ② 델파이 분석
③ 시계열 분석   ④ 매트릭스 분석

10 기업의 신용한도 설정방법 중에서 순운전자본에 대한 설명으로 옳지 않은 것은?

① 순운전자본은 유동자산총액에서 유동부채를 공제한 것이다.
② 순운전자본은 단기간 상환을 고려하지 않고 운용할 수 있는 자본이다.
③ 순운전자본은 자금의 지불능력을 나타난다.
④ 순운전자본은 가격전략 측면에서 중요한 고려요인이다.

11 채찍효과의 생성 요인으로 가장 옳지 않은 것은?

① 대량의 제품을 한꺼번에 발주
② 조달 리드타임의 단축
③ 수요예측, 생산, 발주와 일정계획을 자주 변경
④ 구매자가 실제 필요량보다 확대하여 발주

12 공급망 물류거점의 기능으로 거리가 먼 것은?

① 장단기적 보관으로 공급과 수요의 완충기능
② 예측된 수요에 대응하기 위한 생산 기능
③ 주문에 적기 대응이 가능하도록 집하, 배송기지 기능
④ 고객의 다양한 요구에 대응하기 위한 유통가공 기능

13 [보기]는 재고관련 비용이다. 다음 중 재고를 유지하는데 소요되는 비용은 얼마인가?

> [보 기]
> • 창고 임대료, 보관료, 재고 관련 보험료 100,000원
> • 발주물품의 수송, 입고 등에 소요되는 비용 150,000원
> • 재고보관 중에 도난, 변질, 진부화 등으로 인한 손실 비용 120,000원
> • 재고부족으로 인해 발생되는 납기지연 비용 200,000원
> • 생산 공정의 변경이나 기계·공구의 교환 등으로 공정이 지연됨으로써 발생하는 비용 250,000원

① 100,000원   ② 150,000원
③ 220,000원   ④ 370,000원

14 재고자산 기록방법의 하나인 실지조사법에 관한 내용으로 가장 옳지 않은 것은?

① 재고자산의 입출고를 일일이 기록하지 않는다.
② 파악이 곤란한 감모손실의 수량도 매출수량에 포함시킨다.
③ 매출원가가 과대 평가되어 당기 매출이익이 작게 나타날 수 있다.
④ 기말재고량은 기초재고량에 당기매입량을 더하고 당기매출량을 삭감하여 구한다.

15 다음 중에서 화물차량 운송의 장점으로 적절하지 않은 것은?

① 문전 배송(Door to door)이 가능
② 일관 운송 가능, 자가 운송이 용이
③ 화물중량에 제한을 받지 않음
④ 근거리, 소량 운송의 경우 유리

16 창고관리 시 고려해야 할 사항으로 옳지 않은 것은?

① 장기 보관자재는 정기적으로 정비하며, 위험물은 별도 관리한다.

② 출고가 잦은 자재는 출고장 또는 사용처에 가까운 장소에 보관한다.

③ 유효일이 있는 가변성 자재는 유효일자가 가장 늦은 순서부터 우선적으로 출고
한다.

④ 자재의 안전하고 효율적인 보관을 위하여 자재를 용도별 또는 재질별로 분류하
고 정리·정돈을 한다.

17 A회사는 자체 생산 또는 외주생산에 대한 구매활동기준을 결정하려고 한다. 다음 [보기]
중, 외주생산이 바람직한 경우로만 연결된 것은?

> [보 기]
>
> 가. 기술진부화가 예측되는 경우
> 나. 자사가 고유기술을 보호해야하는 경우
> 다. 계절적 수요를 갖는 품목
> 라. 지속적으로 대량생산을 해야하는 경우

① 가, 나　　　　　　　　　　② 나, 다
③ 가, 다　　　　　　　　　　④ 나, 라

18 [보기]의 구매계약 정보를 이용할 때, 다음 중에서 현금할인 기한이 가장 늦은 조건은
무엇인가?

> [보 기]
>
> • 구매계약 개요
>   - 구매 거래계약일: 3월 27일
>   - 선일부현금할인 기산일: 4월 2일
>   - 선적화물 수취일: 4월 10일

① 3/10 ROG　　　　　　　　② 3/10 EOM
③ 3/10 Advanced　　　　　　④ 3/10 − 10 days, Extra

19 다음 [보기]는 구매방침에 대한 구매기준을 설명하고 있다. 괄호 (㉠)과 (㉡)에 적절한 용어는 무엇인가?

[보 기]
- (㉠)이/가 유리한 품목은 대량구매품목, 고가품목, 공통 또는 표준품목 등이다.
- (㉡)이/가 유리한 품목은 지역성 품목, 소량구매품목 등이다.

① ㉠ 집중구매, ㉡ 분산구매
② ㉠ 분산구매, ㉡ 집중구매
③ ㉠ 자체생산, ㉡ 외주생산
④ ㉠ 외주생산, ㉡ 자체생산

20 다음은 구매방법의 유형에 대한 설명이다. 그 내용이 옳은 것은?

① 투기구매는 계절 품목 등 일시적인 수요품목에 적합하다.
② 예측구매는 생산시기가 일정하거나 상비저장품목에 적합하다.
③ 일괄구매는 가격동향의 예측이 부정확하면 손실의 위험이 크다.
④ 수시구매는 다품종의 품목에 대해 공급처를 품종별로 선정해 한꺼번에 구매할 때 적합하다.

01 아래 [보기]의 조건으로 데이터를 조회한 후 물음에 답하시오.

> **[보 기]**
>
> 사용여부: 1. 사용

다음 중 거래처명과 거래처약칭을 다르게 사용하는 곳은 어디인가?

① ㈜대일전자　　　　　　　　② ㈜양평전기공업사
③ ㈜한라상사　　　　　　　　④ ㈜중앙전자공업사

02 아래 [보기]의 조건으로 데이터를 조회한 후 물음에 답하시오.

> **[보 기]**
>
> 관련메뉴: 기초재고/재고조정등록, 물류관리내역등록

다음 중 기초재고/재고조정등록 메뉴에 관리구분을 등록하기 위해 물류관리내역등록 메뉴에서 먼저 입력해야 하는 관리항목으로 옳은 것은?

① 재고조정구분　　　　　　　② 수입 제비용 구분
③ 구매자재구분　　　　　　　④ 영업관리구분

03 아래 [보기]의 조건으로 데이터를 조회한 후 물음에 답하시오.

> **[보 기]**
>
> 셋트모품목: 유아용자전거세트

다음 중 유아용자전거세트의 세트 구성품이 아닌 것은?

① 유아용자전거　　　　　　　② 바구니
③ 자물쇠　　　　　　　　　　④ 타이어

04 아래 [보기]의 조건으로 데이터를 조회한 후 물음에 답하시오.

> **[보 기]**
> • 사업장: 1000, ㈜한국자전거본사
> • 견적기간: 2019. 03. 01. ~ 2019. 03. 05.

다음 중 [보기]의 기간에 견적이 발급된 품목이 아닌 것은 무엇인가?

① ATECK－3000, 일반자전거

② ATECX－2000, 유아용자전거

③ NAX－A400, 일반자전거(P－GRAY WHITE)

④ NAX－A420, 산악자전거(P－20G)

05 아래 [보기]의 조건으로 데이터를 조회한 후 물음에 답하시오.

> **[보 기]**
> • 사업장: 1000, ㈜한국자전거본사
> • 주문기간: 2019. 03. 06. ~ 2019. 03. 10.

다음 중 견적을 통하지 않고 등록된 수주 건은 무엇인가?

① SO1903000001　　　　② SO1903000002

③ SO1903000003　　　　④ SO1903000004

06 아래 [보기]의 조건으로 데이터를 조회한 후 물음에 답하시오.

> **[보 기]**
> • 사업장: 1000, ㈜한국자전거본사
> • 출고기간: 2019. 03. 11. ~ 2019. 03. 15.
> • 출고창고: P100, 제품창고

다음 중 ㈜대흥정공에 예외출고로 납품한 일반자전거가 제품장소가 아닌 다른 장소에서 출고된 거래 건은 무엇인가?

① IS1903000001　　　　② IS1903000002

③ IS1903000003　　　　④ IS1903000004

07 아래 [보기]의 조건으로 데이터를 조회한 후 물음에 답하시오.

[보 기]
• 사업장: 1000, ㈜한국자전거본사
• 발행기간: 2019. 03. 16. ~ 2019. 03. 20.

다음 중 세금계산서처리 메뉴에 대한 설명으로 옳지 않은 것은 무엇인가?

① 세금계산서 양식은 세금계산서처리 메뉴에서만 출력할 수 있다.
② 세금계산서 등록은 세금계산서처리 메뉴에서만 실행할 수 있다.
③ [보기]의 기간 동안 총 4건의 세금계산서를 발급하였다.
④ ㈜제동기어에 발급한 세금계산서의 공급가 총액은 81,483,480원이다.

08 아래 [보기]의 조건으로 데이터를 조회한 후 물음에 답하시오.

[보 기]
• 사업장: 1000, ㈜한국자전거본사
• 마감기간: 2019. 03. 21. ~ 2019. 03. 25.
• 출고기간: 2019. 03. 21. ~ 2019. 03. 25.

다음 중 [보기]의 기간에 발생한 출고 품목의 매출 미마감 합계 수량으로 옳은 것은 무엇인가?

① 10EA　　　　　　② 15EA
③ 20EA　　　　　　④ 45EA

09 아래 [보기]의 조건으로 데이터를 조회한 후 물음에 답하시오.

[보 기]
출력양식명칭: 입금표

다음 중 [보기]의 출력양식을 출력할 수 있는 메뉴로 옳은 것은?

① 수금등록　　　　　② 수금현황
③ 받을어음현황　　　④ 입금표출력

10 아래 [보기]의 조건으로 데이터를 조회한 후 물음에 답하시오.

[보 기]
- 사업장: 1000, ㈜한국자전거본사
- 주문기간: 2019. 03. 01. ~ 2019. 03. 31.

다음 중 수주마감처리 메뉴에 관한 설명으로 옳은 것은 무엇인가?

① 수주마감처리는 회계처리를 위해 반드시 거쳐야 하는 메뉴이다.
② 품목별로 마감이 불가능하며 동일 주문번호의 수주 건은 통째로 마감처리해야 한다.
③ 주문번호 SO1903000013의 유아용자전거세트는 '기타사유'로 인해 수주마감되었다.
④ 2019년 3월 한 달간 총 25건의 주문이 마감처리되었다.

11 아래 [보기]의 조건으로 데이터를 조회한 후 물음에 답하시오.

[보 기]
- 사업장: 1000, ㈜한국자전거본사
- 견적기간: 2019. 03. 01. ~ 2019. 03. 31.

다음 중 견적을 발급했지만 수주까지 이어지지는 못한 견적 건은 무엇인가?

① ES1903000001, 일반자전거
② ES1903000004, 산악자전거(P – 20G)
③ ES1903000005, 유아용자전거
④ ES1903000007, 일반자전거(P – GRAY WHITE)

12 아래 [보기]의 조건으로 데이터를 조회한 후 물음에 답하시오.

[보 기]
- 사업장: 1000, ㈜한국자전거본사
- 요청일자: 2019. 03. 01. ~ 2019. 03. 05.

다음 중 [보기]의 기간 동안 구매 청구된 품목이 아닌 것은 무엇인가?

① WHEEL FRONT – MTB
② WHEEL REAR – MTB
③ FRAME – 티타늄
④ FRAME – 알미늄

13 아래 [보기]의 조건으로 데이터를 조회한 후 물음에 답하시오.

> [보 기]
> • 사업장: 1000, ㈜한국자전거본사
> • 청구기간: 2019. 03. 06. ~ 2019. 03. 10.
> • 발주기간: 2019. 03. 06. ~ 2019. 03. 10.

㈜한국자전거의 발주담당자인 홍길동 사원은 [보기]의 기간에 청구등록된 품목을 적용받아 발주등록을 진행하려고 한다. 하지만 3월 6일 청구등록된 WHEEL FRONT-MTB 품목이 청구적용창에 조회되지 않고 있다. 다음 중 그 원인을 가장 정확하게 설명한 직원은 누구인가?

① 김대리: 생산 청구 품목은 발주등록이 불가능합니다.
② 이과장: 청구품의를 거치지 않은 청구 건은 발주등록이 불가능합니다.
③ 박차장: 청구품의승인을 거치지 않은 청구 건은 발주등록이 불가능합니다.
④ 최주임: 청구품의마감등록을 거치지 않은 청구 건은 발주등록이 불가능합니다.

14 아래 [보기]의 조건으로 데이터를 조회한 후 물음에 답하시오.

> [보 기]
> • 사업장: 1000, ㈜한국자전거본사
> • 입고기간: 2019. 03. 11. ~ 2019. 03. 15.
> • 입고창고: M100, 부품창고
> • 조회창: 발주입고 탭

다음 중 입고처리 [국내발주] 메뉴에서 입력할 때 매입마감이 함께 생성된 입고 건으로 옳은 것은?

① RV1903000005
② RV1903000006
③ RV1903000007
④ RV1903000008

15 아래 [보기]의 조건으로 데이터를 조회한 후 물음에 답하시오.

> **[보 기]**
> • 사업장: 1000, ㈜한국자전거본사
> • 마감기간: 2019. 03. 16. ~ 2019. 03. 20.
> • 조건: 거래처일괄마감일자: 2019. 03. 20.
> • 과세구분: 전체 입고기간: 2019. 03. 16. ~ 2019. 03. 20.

다음 중 매입마감(국내거래) 메뉴에서 입고일괄적용 기능을 통해 매입마감 처리할 때 마감되는 PEDAL(S) 품목의 총 마감수량으로 옳은 것은?

① 110EA   ② 100EA
③ 35EA   ④ 25EA

16 아래 [보기]의 조건으로 데이터를 조회한 후 물음에 답하시오.

> **[보 기]**
> • 사업장: 1000, ㈜한국자전거본사
> • 발주기간: 2019. 03. 21. ~ 2019. 03. 21.

다음 중 [보기]의 기간에 ㈜영동바이크에 발주된 품목 중 발주가 취소되어 입고시키지 않기로 한 품목은 무엇인가?

① WHEEL FRONT – MTB   ② WHEEL REAR – MTB
③ FRAME – 알미늄   ④ FRAME – 티타늄

17 아래 [보기]의 조건으로 데이터를 조회한 후 물음에 답하시오.

> **[보 기]**
> 지시사항: 일반자전거 50EA를 ㈜한국자전거본사 사업장내 제품창고의 제품장소에서 ㈜한국자전거지사 사업장내 제품창고_인천지점의 제품장소_인천지점으로 이동시키시오.

다음 중 [보기]의 지시사항을 이행하기 위해 활용해야 하는 메뉴로 옳은 것은?

① 입고처리(국내거래)   ② 재고실사등록
③ 재고이동등록(사업장)   ④ 재고이동등록(창고)

18 아래 [보기]의 조건으로 데이터를 조회한 후 물음에 답하시오.

> [보 기]
> • 사업장: 1000, ㈜한국자전거본사
> • 조정기간: 2019. 03. 01. ~ 2019. 03. 31.

다음 중 3월 한 달간 가장 많은 수량의 입고조정이 발생된 품목은 무엇인가?

① 일반자전거   ② 유아용자전거
③ 일반자전거(P-GRAY WHITE)   ④ 산악자전거(P-20G)

19 아래 [보기]의 조건으로 데이터를 조회한 후 물음에 답하시오.

> [보 기]
> • 사업장: 1000, ㈜한국자전거본사
> • 매입기간: 2019. 04. 01. ~ 2019. 04. 30.
> • 조회기준: 1.원화금액

다음 중 매입 마감을 기준으로 4월 한 달간 가장 많은 금액의 매입이 이뤄진 품목은 무엇인가?

① 일반자전거(P-GRAY WHITE)   ② 산악자전거(P-20G)
③ 일반자전거   ④ 유아용자전거

20 아래 [보기]의 조건으로 데이터를 조회한 후 물음에 답하시오.

> [보 기]
> • 사업장: 1000, ㈜한국자전거본사
> • 수불기간: 2019. 04. 01. ~ 2019. 04. 30.
> • 품목: 31-1010004, 타이어

다음 중 재고수불현황(유형별) 메뉴에서 4월 한 달간 타이어 품목을 대상으로 발생한 모든 유형의 재고수불 내역을 조회했을 때 파악할 수 있는 재고의 순증감을 바르게 설명한 것은 무엇인가?

① 140 증가   ② 40 증가
③ 100 감소   ④ 340 감소

01 다음 중 ERP의 특징으로 가장 바르지 않은 설명은 무엇인가?

① 통합업무시스템으로 중복업무에 들어가는 불필요한 요소를 줄일 수 있다.

② 원장형 통합 데이터베이스를 통하여 자동적으로 가공된 데이터가 저장된다.

③ 각종 업무에서 발생하는 데이터를 하나의 데이터베이스로 저장하여 정보공유에 용이하다.

④ 다양한 운영체제하에서도 운영이 가능하고 시스템을 확장하거나 다른 시스템과의 연계도 가능하다.

02 ERP의 특징으로 가장 적절하지 않은 것은 무엇인가?

① 다국적, 다통화, 다언어 지원

② 실시간 정보처리 체계 구축

③ 개별 업무 단위로 체계 구축

④ 선진화된 프로세스의 내장

03 다음 중 ERP 도입의 예상 효과로 적절하지 않은 것은 무엇인가?

① 사이클 타임 감소

② 고객서비스 개선

③ 개별 업무 시스템 구축

④ 최신 정보기술 도입

04 다음 중 정보시스템의 역할이라고 볼 수 없는 것은 무엇인가?

① 기업의 다양한 업무지원

② 고객만족 및 서비스 증진 효과

③ 조직원의 관리, 감독, 통제 기능 강화

④ 효율적 의사결정을 위한 지원기능

05 다음 [보기]의 자료만을 이용하여 손익분기점에서의 매출액을 산출한 값으로 옳은 것은?

> [보 기]
> • 연간 고정비: 210만원
> • 제품단위당 변동비: 700원/개
> • 제품단위당 판매가: 1,000원/개

① 300만원　　　　　　　　② 500만원
③ 700만원　　　　　　　　④ 900만원

06 다음 중 교차비율에 대한 설명으로 적합하지 않은 것은?

① 상품회전율이 높을수록 교차비율은 높아진다.
② 평균재고액이 높을수록 교차비율은 높아진다.
③ 한계이익율이 높을수록 교차비율은 높아진다.
④ 한계이익이 높을수록 교차비율은 높아진다.

07 다음 중 '판매할당'에 대한 설명으로 가장 적합한 것은?

① 미래 일정기간 동안의 자사 상품이나 서비스의 판매가능액 예측
② 수요예측과 판매예측 결과를 이용하여 판매목표액을 구체적으로 수립
③ 판매계획에서 설정된 목표매출액을 달성하기 위해 목표매출액을 배분하여 개별 목표판매액 설정
④ 재화나 서비스에 대하여 일정기간 동안에 발생 가능성이 있는 모든 수요의 크기 추정

08 다음 중 여신한도액이 순운전자본보다 많아진 경우에 운전자본을 확보하기 위한 방법으로 가장 옳지 않은 것은?

① 상품재고의 감소
② 외상매출금이나 받을어음의 회수기간 단축
③ 장기회수기간 거래처 감소
④ 외상매입금 감소

09 PC제품을 판매하는 A기업이 [보기]의 자료를 이용하여 내년도 매출액을 예측할 때, 적절한 예측액은 무엇인가?

> [보 기]
> • 내년도 PC업계 총수요예측액: 200억원
> • 내년도 A기업 목표시장점유율: 20%

① 10억원　　　　　　　　　　② 20억원
③ 40억원　　　　　　　　　　④ 100억원

10 고객중점화 전략 중 파레토 분석에 대한 설명으로 적절하지 않은 것은?

① ABC 그룹의 비율은 업종이나 업태에 따라 다르게 설정하여 관리하기도 한다.
② 주요 고객관리 대상으로 C, B 그룹보다 먼저 A 그룹에 대해 집중관리 방안을 수립한다.
③ 서로 다른 2개의 요인을 매트릭스(이원표) 형태로 표시하여 고객을 분류하는 분석 방법이다.
④ 고객별 매출비율의 누적치가 전체 매출의 70~80%를 차지하며, 전체 거래처 수의 20~30%에 드는 거래처를 A 그룹으로 분류한다.

11 수요의 불확실 등으로 인한 재고부족 상황에 대비하기 위하여 항상 일정한 수량을 보유하는 재고의 유형은 무엇인가?

① 비축재고　　　　　　　　　② 안전재고
③ 순환재고　　　　　　　　　④ 파이프라인 재고

12 재고자산 평가방법 중 재고자산이 입고될 때마다 재고자산가액의 새로운 평균을 산정하여 매출원가에 적용하는 방법은 무엇인가?

① 총평균법　　　　　　　　　② 이동평균법
③ 개별법　　　　　　　　　　④ 선입선출법

13 다음중 공급망 관리시스템(SCM)의 도입목적으로 가장 적합하지 않은 것은?

① 재고 정보의 실시간 파악 및 재고 감소

② 협력업체와의 원활한 정보교류를 통한 철저한 납기관리

③ 신규고객 획득, 기존고객 유지를 위한 마케팅 정보의 전사적 통합관리

④ 공급사슬 내 업무처리절차의 유기적인 통합을 통한 작업지연시간 단축

14 다음 중 [보기]에서 설명하는 공급망 관리 정보시스템의 유형은 무엇인가?

> [보 기]
> • 창고나 물류센터로 입고되는 상품을 보관하지 않고, 분류 또는 재포장의 과정을 거쳐 곧바로 다시 배송하는 물류 시스템
> • 보관단계를 제거하고 체류시간을 줄여서 배송기간을 단축함으로써 물류의 효율성을 증대하기 위한 방식

① 크로스도킹(CD: Cross Docking)

② 공동재고관리(CMI: Co-Managed Inventory)

③ 공급자재고관리(VMI: Vendor Managed Inventory)

④ 지속적보충프로그램(CRP: Continuous Replenishment Program)

15 보기는 물류거점 설계의 목표에 대한 설명이다. (㉠)과 (㉡)에 들어갈 적절한 내용을 순서대로 나열한 것은 무엇인가?

> [보 기]
> • 물류거점을 설계할 때 고려되어야 할 지표로는 크게 (㉠) 지표와 (㉡) 지표가 있다.
> • 기본적으로 물류거점 설계는 전체 (㉠)을 최소화하며 (㉡)를 최대화하는 것을 목표로 한다.

① ㉠-비용, ㉡-고객서비스 ② ㉠-재고, ㉡-고객서비스

③ ㉠-운송, ㉡-이익 ④ ㉠-반품, ㉡-이익

16 판매자가 가격결정에 직접적으로 영향을 미치지 못하는 가격유형으로 올바른 것은?

① 교섭가격   ② 시장가격

③ 정가가격   ④ 협정가격

17 다음 [보기]에 주어진 정보와 같이 구매계약을 체결하였을 경우, 현금할인을 적용받을 수 있는 현금 지급일 기한으로 옳은 것은?

> [보 기]
>
> • 구매계약일: 6월 25일
> • 송장 수취일: 7월 16일
> • 현금할인 조건: "3/10 ROG Dating"

① 6월 28일   ② 7월 5일

③ 7월 19일   ④ 7월 26일

18 자체 생산 또는 외주생산을 결정하기 위한 구매방침의 기준으로 적합하지 않은 것은?

① 생산 제품의 모델이 자주 변경되는 경우에는 외주생산을 고려한다.

② 고유기술을 보호해야하는 경우에는 특허권을 취득할 때까지 자체 생산을 고려한다.

③ 자사의 생산능력을 초과하는 일시적인 수요에 대해 외주생산을 고려한다.

④ 원가절감 측면에서 기술진부화가 예측되는 경우에는 자체 생산을 고려한다.

19 A사는 공급업체 선정을 위해 전년도 매출액이 50억원 이상이고, 최근 3년간 매출액이 가장 높은 상위 3개 업체만을 대상으로 입찰에 참가하도록 요청하였다. A사가 공급업체 선정을 위해 선택한 방식은 무엇인가?

① 수의계약방식   ② 제한경쟁방식

③ 지명경쟁방식   ④ 일반경쟁방식

01 아래 [보기]의 조건으로 데이터를 조회한 후 물음에 답하시오.

> **[보 기]**
>
> 사업장: 1000, ㈜한국자전거본사

다음 중 ㈜한국자전거본사에서 활용 중인 창고와 장소(위치)의 가용재고여부를 연결한 것 중 옳지 않은 것은 무엇인가?

① 상품창고 – 상품장소 – 여
② 상품창고 – 상품적재장소 – 여
③ 긴급출하창고 – 긴급출하장소1 – 여
④ 긴급출하창고 – 긴급출하장소2 – 여

02 아래 [보기]의 조건으로 데이터를 조회한 후 물음에 답하시오.

> **[보 기]**
>
> 메뉴명: 물류관리내역등록

다음 중 [보기]의 메뉴에서 등록할 수 있는 관리구분이 아닌 것은 무엇인가?

① 영업관리구분   ② 거래처등급
③ 영업단가 유형   ④ 배송방법

03 아래 [보기]의 조건으로 데이터를 조회한 후 물음에 답하시오.

> **[보 기]**
>
> 계정구분: 0. 원재료

다음 중 품명과 품목군을 연결한 것으로 옳지 않은 것은 무엇인가?

① FRONT FORK(S) – FRONT
② WHEEL FRONT – MTB – WHEEL
③ FRAME – 티타늄 – FRAME
④ MOTOR & SW LEADFRAME RH – MOTOR

04 아래 [보기]의 조건으로 데이터를 조회한 후 물음에 답하시오.

> **[보 기]**
>
> 계획 연도: 2019년 2월

다음 중 [보기]의 기간에 계획된 품목별 판매예상금액으로 옳은 것은 무엇인가?

① 일반자전거 − 523,642,000   ② 유아용자전거 − 296,620,000

③ 싸이클 − 234,000,000   ④ 산악자전거 − 392,800,000

05 아래 [보기]의 조건으로 데이터를 입력한 후 물음에 답하시오.

> **[보 기]**
>
> • 사업장: 1000, ㈜한국자전거본사
> • 견적일자: 2019. 01. 01.
> • 고객: ㈜대흥정공
> • 과세구분: 0. 매출과세
> • 단가구분: 1. 부가세포함
> • 품목: ATECK-3000, 일반자전거

다음 중 [보기]의 정보로 견적을 등록했을 때 입력되는 단가로 옳은 것은?

① 303,160   ② 275,600

③ 158,600   ④ 145,500

06 아래 [보기]의 조건으로 데이터를 조회한 후 물음에 답하시오.

> **[보 기]**
>
> • 사업장: 1000, ㈜한국자전거본사
> • 주문기간: 2019. 01. 06. ~ 2019. 01. 10.

다음 중 [보기]의 기간에 수주가 등록되어 있지 않은 고객은 무엇인가?

① ㈜대흥정공   ② ㈜하나상사

③ ㈜빅파워   ④ ㈜제동기어

07 아래 [보기]의 조건으로 데이터를 조회한 후 물음에 답하시오.

[보 기]
• 사업장: 1000, ㈜한국자전거본사
• 출고기간: 2019. 01. 11. ~ 2019. 01. 15.

다음 중 [보기]의 기간에 등록된 출고 건의 출고번호와 주문적용에 활용된 수주 건의 주문번호를 바르게 연결한 것은 무엇인가?

① IS1901000001 – SO1901000009
② IS1901000002 – SO1901000008
③ IS1901000003 – SO1901000007
④ IS1901000004 – SO1901000006

08 아래 [보기]의 조건으로 데이터를 조회한 후 물음에 답하시오.

[보 기]
• 사업장: 1000, ㈜한국자전거본사
• 출고기간: 2019. 01. 16. ~ 2019. 01. 20.

다음 중 거래명세서발행 메뉴의 활용법을 설명한 것으로 옳지 않은 것은?

① 출고처리(국내수주) 메뉴에서 등록한 출고 건이 조회된다.
② [보기]의 기간에 총 4건의 거래처에 대한 출고내역이 등록되었다.
③ 거래명세서를 출력할 때 활용되는 메뉴이다.
④ 필요한 경우 해당 메뉴에서 출고수량이나 출고단가를 수정하여 입력한다.

09 아래 [보기]의 조건으로 데이터를 조회한 후 물음에 답하시오.

[보 기]
가. 출고등록　　　　　　　　나. 매출마감
다. 수주등록　　　　　　　　라. 세금계산서처리

다음 [보기] 중 새로운 출고 건을 등록하고 세금계산서 처리 작업을 하기 위해 반드시 활용되어야 하는 메뉴를 모은 것으로 가장 옳은 것은 무엇인가?

① 가, 나
② 나, 라
③ 라
④ 가, 다, 라

10 아래 [보기]의 조건으로 데이터를 조회한 후 물음에 답하시오.

> **[보 기]**
> • 사업장: 1000, ㈜한국자전거본사
> • 수금기간: 2019. 01. 21. ~ 2019. 01. 25.

다음 중 전표처리가 이뤄지지 않은 수금 건은 무엇인가?

① RC1901000001　　　　　　② RC1901000002
③ RC1901000003　　　　　　④ RC1901000004

11 아래 [보기]의 조건으로 데이터를 조회한 후 물음에 답하시오.

> **[보 기]**
> • 사업장: 1000, ㈜한국자전거본사
> • 기간: 2019. 01. 26. ~ 2019. 01. 31.
> • 수금번호: RC1901000005

다음 중 회계처리(수금) 메뉴의 선수정리 탭에서 [보기]의 수금번호에 의해 등록된 선수금 관리내역을 전표처리했을 때 발생하는 전표의 대체대변에 등록되는 계정과목과 적요명을 연결한 것으로 옳은 것은?

① 선수금 – 선수금 입금(제예금)　　② 선수금 – 선수금 정리
③ 외상매출금–외상매출금 선수금 대체　④ 제예금 – 제예금 입금 대체

12 아래 [보기]의 조건으로 데이터를 조회한 후 물음에 답하시오.

> **[보 기]**
> 계정구분: 제품

다음 중 품목별 판매단가가 환산표준원가 미만으로 책정됨으로 인해 판매할 때마다 영업 손실을 발생시킬 것으로 예상되는 품목은 무엇인가?

① 체인　　　　　　② 의자
③ 바구니　　　　　④ 타이어

13 아래 [보기]의 조건으로 데이터를 등록한 후 물음에 답하시오.

> **[보 기]**
> • 사업장: 1000, ㈜한국자전거본사
> • 청구일자: 2019. 01. 26. ~ 2019. 01. 31.
> • 과세구분: 0. 매입과세
> • 입고예정일: 납기일과 동일

다음 중 [보기]의 조건으로 청구일괄적용 기능을 활용하여 발주서를 생성할 경우 등록되는 거래처별 발주수량의 합으로 옳은 것은?

① ㈜대흥정공 − 140
② ㈜하나상사 − 140
③ ㈜빅파워 − 120
④ ㈜제동기어 − 200

14 아래 [보기]의 조건으로 데이터를 조회한 후 물음에 답하시오.

> **[보 기]**
> • 사업장: 1000, ㈜한국자전거본사
> • 발주기간: 2019. 01. 01. ~ 2019. 01. 05.
> • 입고기간: 2019. 01. 01. ~ 2019. 01. 05.
> • 입고창고: M100, 부품창고

다음 중 [보기]의 조건으로 발주적용 기능을 통해 입고처리를 등록할 때 발주적용 창에서 조회되는 발주잔량이 적은 순서대로 거래처를 나열한 것으로 옳은 것은?

① ㈜대흥정공 − ㈜하나상사 − ㈜빅파워 − ㈜제동기어
② ㈜하나상사 − ㈜대흥정공 − ㈜빅파워 − ㈜제동기어
③ ㈜빅파워 − ㈜제동기어 − ㈜대흥정공 − ㈜하나상사
④ ㈜제동기어 − ㈜빅파워 − ㈜하나상사 − ㈜대흥정공

15 아래 [보기]의 조건으로 데이터를 조회한 후 물음에 답하시오.

> [보 기]
> • 사업장: 1000, ㈜한국자전거본사
> • 마감기간: 2019. 01. 06. ~ 2019. 01. 10.
> • 입고기간: 2019. 01. 06. ~ 2019. 01. 10.

다음 중 매입마감(국내거래) 메뉴에 대한 설명으로 가장 옳지 않은 것은 무엇인가?

① 매입마감이 이뤄지지 않은 입고 건은 재고평가에서 제외된다.

② 회계처리를 위해서는 매입마감이 선행되어야 한다.

③ ㈜대흥정공으로부터 입고된 입고 건 중 미마감된 품목의 총 수량은 225EA이다.

④ ㈜하나상사로부터 입고된 입고 건 중 미마감된 품목의 총 수량은 32EA이다.

16 아래 [보기]의 조건으로 데이터를 조회한 후 물음에 답하시오.

> [보 기]
> • 사업장: 1000, ㈜한국자전거본사
> • 발주기간: 2019. 01. 11. ~ 2019. 01. 15.

다음 중 다른 세 건과 마감사유가 다른 발주 건은 무엇인가?

① PO1901000005 ② PO1901000006

③ PO1901000007 ④ PO1901000008

17 아래 [보기]의 조건으로 데이터를 조회한 후 물음에 답하시오.

> [보 기]
> • 사업장: 1000, ㈜한국자전거본사
> • 조정기간: 2019. 01. 16. ~ 2019. 01. 20.
> • 작업내용: 부품창고의 부품장소에서 원재료 FRONT FORK(S) 15EA의 분실이
>   확인되었다.

다음 중 [보기]와 같은 사유로 등록된 재고조정 건의 조정번호로 옳은 것은?

① IA1901000001　　　　　　　　② IA1901000002

③ IA1901000003　　　　　　　　④ IA1901000004

18 아래 [보기]의 조건으로 데이터를 조회한 후 물음에 답하시오.

> [보 기]
> - 사업장: 1000, ㈜한국자전거본사
> - 조정기간: 2019. 01. 01. ~ 2019. 01. 05.
> - 입고창고: P100, 제품창고
> - 입고장소: P101, 제품장소
> - 출고창고: P100, 제품창고
> - 출고장소: P101, 제품장소

다음 중 [보기]의 기간 동안 SET품인 '가족하이킹세트'를 100EA를 입고시키기 위해 출고된 '일반자전거'의 출고 수량으로 옳은 것은?

① 400EA　　　　　　　　② 300EA

③ 200EA　　　　　　　　④ 100EA

19 아래 [보기]의 조건으로 데이터를 조회한 후 물음에 답하시오.

> [보 기]
> 사업장: 1000, ㈜한국자전거본사

다음 중 일반자전거 품목의 2019년 2월 한 달간 구매 입고 수량으로 옳은 것은?

① 551　　　　　　　　② 600

③ 603　　　　　　　　④ 750

20 아래 [보기]의 조건으로 데이터를 조회한 후 물음에 답하시오.

> **[보 기]**
> - 사업장: 1000, ㈜한국자전거본사
> - 마감기간: 2019. 01. ~ 2019. 03.

다음 중 재고자산명세서에서 조회되는 원재료 WHEEL REAR-MTB 품목의 재고금액으로 옳은 것은?

① 4,076,800　　　　　　　② 3,646,400

③ 2,442,400　　　　　　　④ 8,098,400

물류 2급
정답 및 해설

2019년도 제6회 물류 2급 이론 정답 및 해설

01 정답 ①

해설 객체지향기술 사용 기술적 특성
- 클라이언트 서버 시스템이다.
- 4세대 언어 TOOL이다.
- 관계형 데이터베이스(RDBMS)이다.
- 객체지향기술(OOT)이다.

02 정답 ④

해설 사이클 타임(Cycle Time) 감소
- 고객서비스 개선
- 표준화, 단순화, 코드화
- 통합 업무 시스템 구축

03 정답 ②

해설
- 구축방법론에 의해 체계적으로 프로젝트를 진행해야 한다.
- 시스템 도입 TFT는 IT분야의 전문가와 현업 업무 전문가들로 구성해야 한다.
- 장기적이고 잠재적 성과를 고려하여 ERP 패키지를 도입한다.
- 업종과 유사한 매출규모를 가진 기업에서 사용하는 패키지를 참고할 수도 있다.

04 정답 ④

해설 업무효율성 향상과 수익성 개선을 함께 고려한다.

05 정답 ④

해설 일반적으로 영속성이 있는 상품·서비스가 영속성이 없는 상품·서비스에 대하여 지속적으로 정확한 예측을 하기가 어렵다. 그 이유는 외부의 환경요인(경기변동, 경제정세 등)에 영향을 받아 수요패턴이 변하기 때문이다.

06 정답 ③

해설
- 계절변동은 수요의 계절변화에 따른 중·장기적인 변동이다.
- 계절변동은 수요의 계절변화를 파악하여 주로 단기적인 변동을 예측하는 방법이다.

07 **정답** ③

해설 • 제품별 가격계획은 단기 판매계획에서 결정
• 장기 판매계획 수립에 포함될 내용
• 신시장 개척, 신제품 개발, 판매경로 강화 등

08 **정답** ②

해설 손익분기점에서의 매출액

손익분기점 공식 = 고정비 / (1 − 변동비율)
= 200 / (1 − (5만원 / 10만원))
= 400만원

09 **정답** ②

해설 • ARIMA 분석은 수요예측 분석에 주로 적용된다.
• 고객 중점화 전략의 분석 방법: 파레토분석(ABC분석), 매트릭스분석, 거래처포트폴리오 분석 등

10 **정답** ②

해설 거래처 매출액 예측에 의한 방법의 여신한도액 계산
• 여신한도액 = 거래처의 총매입액 × 자사 수주점유율 × 여신기간
• 거래처의 총매입액 = 거래처의 예상매출액 × 매입원가율

• 거래처의 총매입액 = 100만원 × 50% = 50만원
• 여신한도액 = 50만원 × 20% × 30일 = 300만원

11 **정답** ④

해설 거래 비용의 최대화: 공급망을 구성하는 주체들은 공급망의 거래 비용절감을 위한 시스템 통합(Integration)에 의한 실시간 정보 동기화와 협업 (Collaboration)이 절대적으로 중요하다.

12 **정답** ②

해설 공급망 관리 경쟁능력의 차원 4요소
• 유연성(Flexibility) : 설계변화와 수요변화에 효율적으로 대응할 수 있는 능력
• 시간(Time) : 경쟁사보다 빠른 신제품 개발능력, 신속한 제품 배달능력, 정시배달능력
• 비용(Cost) : 적은 자원으로 제품·서비스를 창출할 수 있는 능력
• 품질(Quality) : 고객 욕구를 만족시키는 척도이며 소비자에 의하여 결정

13 **정답** ④

해설 VMI(Vendor Managed Inventory) 시스템
- QR시스템 : 공급망의 상품흐름을 개선하기 위해 소매업자와 제조업자의 정보공유를 통해 효과적으로 원재료를 충원하고, 제품을 제조·유통함으로써 효율적인 생산과 공급망 재고량을 최소화하려는 전략이다.
- 크로스도킹시스템 : 물류센터에 보관하지 않고, 24시간 이내 직송하는 공급망 간의 협업 시스템이다.
- 공동재고관리시스템 : 제조업체(공급자)와 유통업체(구매자)가 공동으로 판촉활동을 하고 지역 여건, 경쟁 상황을 고려하면서 적절하게 재고수준을 관리하는 것이다.

14 **정답** ④

해설 공급망 거점 설계에서 고려되어야 할 비용 요소
- 재고비용: 물류거점수가 증가함에 따라 처음에는 크게 증가하다가 어느 수준 이상이 되면 완만히 증가하는 경향
- 고정투자비용: 물류거점수에 비례하여 증가하는 경향
- 변동운영비용: 물류거점의 규모에 영향을 받음
- 운송비용: 물류거점수가 증가함에 따라 서서히 감소하다가 어느 수준을 넘어서게 되면 오히려 증가하는 경향

15 **정답** ②

해설 재고자산의 평가방법은 크게 원가법과 저가법으로 구분되며, 개별법, 총평균법, 선입선출법 등은 원가법에 의한 재고자산 평가방법이다.

16 **정답** ③

해설 화물자동차운송은 운송거리가 비교적 단거리이며, 발송 화주의 문전에서 도착화주의 문전까지 일괄 운송이 가능한 수단이며, 철도운송은 화차를, 해상운송은 선박을 이용하여 화물을 운송하는 수단이다.

17 **정답** ④

해설 구매관리 업무영역 및 기능
- 구매전략 : 구매방침 설정, 구매계획수립, 구매방법 결정
- 구매실무 : 시장조사 및 원가분석, 구매가격 결정, 공급자 선정 및 평가, 계약 및 납기관리, 규격 및 검사관리
- 구매분석 : 구매활동의 성과평가, 구매활동의 감사

18 **정답** ①

해설 구매가격의 유형
- 협정가격 : 다수의 판매자가 서로 협의하여 일정한 기준에 따라 결정하는 가격 **예** 출근할 때 지불한 택시비
- 시중가격 : 시장에서 수요와 공급의 균형에 따라 변동되는 가격 **예** 재래시장에서 구매한 한우 값
- 교섭가격 : 거래 당사자 간의 교섭을 통하여 결정되는 가격 **예** 집 인테리어를 위해 지불한 공사비, 기업홍보를 위해 지불한 광고료

19 **정답** ②

해설 수량할인 방식
- 누적 수량할인: 일정기간동안의 구매수량이 기준수량 이상일 때 적용, A가 해당
- 판매금액별할인: 판매금액 단계별로 할인율을 다르게 적용, B가 해당
- 비누적 수량할인: 1회 구매량을 기준으로 기준수량 이상을 일시에 구입할 때 적용
- 판매수량별할인: 판매수량 단계별로 할인율을 다르게 적용
- 품목별할인: 부피, 무게, 성질, 취급방법 등의 특성 때문에 판매과정에서 많은 비용이 발생할 때 판매비 절감효과가 큰 특정품목에 대한 수량할인
- 총합적할인: 판매비 절감 차이가 품목별로 구분하기 어려운 유사한 품목으로 구성된 경우 판매 총량에 대한 수량할인

20 **정답** ②

해설 긴급수요의 경우에 유리하다. 긴급수요의 경우에 유리한 것은 사업장별 분산구매의 장점이다.

빠른 정답표

01	02	03	04	05	06	07	08	09	10	11	12	13	14	15	16
②	④	③	④	①	③	②	①	④	③	②	①	④	②	④	③

17	18	19	20
①	②	④	②

01 **정답** ② 품목등록

해설 품목별 주거래처는 ORDER/COST 탭에서 확인한다.
② 25-1010000, ROTOR – 00001: ㈜대흥정공

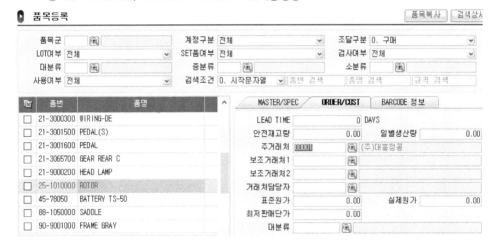

02 **정답** ④ 물류관리내역등록

해설 ④ PU60, 특판가는 조회내역에 존재하지 않는다.

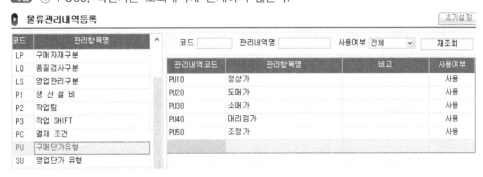

03 **정답** ③ 물류담당자코드등록

해설 사원코드 3000, 박용덕은 사원코드가 매핑되어 있지 않다. 매핑(Mapping)이란 입력 데이터를 데이터베이스(원하는 목적지)에 저장(배치)하는 것을 의미한다.

04 **정답** ④ 판매계획등록(고객별상세)

해설 고객별 매출예상금을 확인한다. ④ 00006, ㈜형광램프(14,900,000)

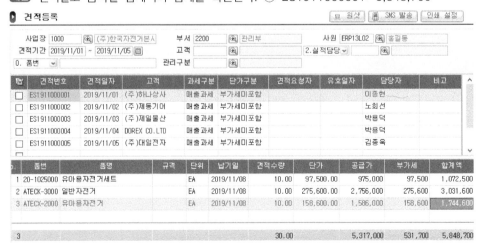

05 **정답** ① 견적등록

해설 견적별로 품목별 합계액의 합계를 확인한다. ① ES1911000001 : 5,848,700

06 **정답** ③ 수주등록

해설 주문 건별로 해당 품목을 조회해서 주문수량을 확인한다. ③ SO1911000004: 10

07 **정답** ② 출고처리(국내수주)

해설 1) 주문출고 탭에서 [보기]의 조건을 입력 후, 조회한다.

2) 조회내역 하단 빈칸에서 주문적용 버튼을 클릭하여 [보기]의 조건을 입력한 후, 조회한다

3) 주문적용 조회창에서 품목별 주문단위잔량을 확인한다.

② 31-1010001, 체인: 30

08 **정답** ① 매출마감(국내거래)

해설 1) [보기]의 조건을 입력 후, 조회한다.

2) 조회내역 빈칸에서 출고일괄적용 버튼을 클릭하여 [보기]의 조건을 입력한 후, 조회한다.

3) 조회내역 하단에서 고객별 매출 합계액의 합계를 확인한다. ① ㈜빅파워: 11,297,000

09 정답 ④ 수금등록

해설 조회내역 하단에서 고객별 수금내역을 확인한다.

④ 수금번호 RC1911000004은 수금구분이 제예금으로 정상수금되었다.

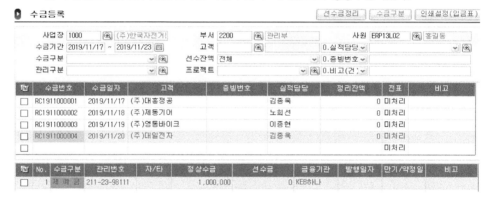

10 정답 ③ 수주마감처리

해설 조회내역 항목별로 화면 제일 하단의 마감사유를 각각 확인한다.

③ SO1910000004: 고객변심

11 **정답** ② 미수채권집계

해설 조회내역에서 고객별 미수채권 잔액을 확인 ② 00001, ㈜대흥정공(180,405,501)

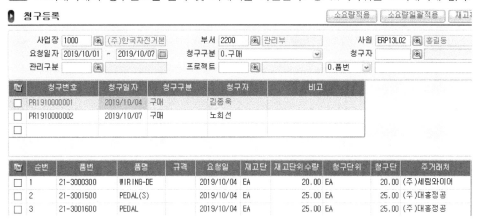

■ 미수채권집계   검색

사업장 1000 (주)한국자전거본씨	부서	사원
조회기간 2019/10/01 ~ 2019/10/31	고객	고객분류
조회기준 0. 국내(출고기준)	환종 KRW 원화	미수기준 0. 발생기준
2.실적담당	담당그룹	프로젝트

고객 담당자 프로젝트

	고객코드	고객명	전기(월)이월	당기발생	당기수금	잔액	어음잔액
☐	00031	(주)대일전자	2,807,200	0	0	2,807,200	0
☐	00001	(주)대흥정공	175,258,931	5,146,570	0	180,405,501	0
☐	00003	(주)빅파워	163,590,541	11,297,000	0	174,887,541	0
☐	00005	(주)세림와이어	4,203,480	0	0	4,203,480	4,500,000
☐	00009	(주)영동바이크	1,067,630	0	0	1,067,630	0
☐	00004	(주)제동기어	120,031,714	0	0	120,031,714	0
☐	00007	(주)제일물산	0	0	0	0	20,000,000
☐	00002	(주)하나상사	176,020,905	750,750	0	176,771,655	0
☐	00033	(주)한라상사	1,375,088	0	0	1,375,088	0
			644,355,489	17,476,316	0	661,831,805	25,950,000

12 **정답** ① 청구등록

해설 조회내역에서 청구번호별 품목 및 거래처를 확인한다. ① ㈜빅파워는 조회내역에 없다.

■ 청구등록   소요량적용 소요량일괄적용 재고

사업장 1000 (주)한국자전거본	부서 2200 관리부	사원 ERP13L02 홍길동
요청일자 2019/10/01 ~ 2019/10/07	청구구분 0.구매	청구자
관리구분	프로젝트	0.품번

	청구번호	청구일자	청구구분	청구자	비고
☐	PR1910000001	2019/10/04	구매	김종욱	
☐	PR1910000002	2019/10/07	구매	노희선	
☐					

	순번	품번	품명	규격	요청일	재고단	재고단위수량	청구단위	청구단	주거래처
☐	1	21-3000300	WIRING-DE		2019/10/04	EA	20.00	EA	20.00	(주)세림와이어
☐	2	21-3001500	PEDAL(S)		2019/10/04	EA	25.00	EA	25.00	(주)대흥정공
☐	3	21-3001600	PEDAL		2019/10/04	EA	25.00	EA	25.00	(주)대흥정공

13 **정답** ④ 발주등록

해설 조회내역에서 발주건별로 품목을 선택하여 마우스 오른쪽 버튼을 클릭하여 확인한다.
이력정보에서 '이전 Progress'가 존재하는 품목은 청구적용을 받아서 입력된 것이다.
④ PO1911000004

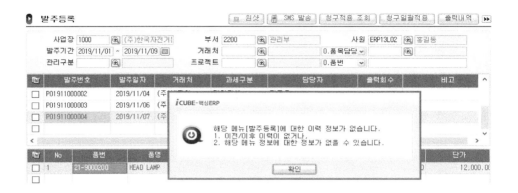

14 **정답** ② 입고처리(국내발주)

해설 조회내역에서 입고건별로 품목을 선택하여 마우스 오른쪽 버튼을 클릭하여 확인한다. 이력정보에서 '이후 Progress'에 매입마감(구내거래)가 있는 품목을 확인한다.

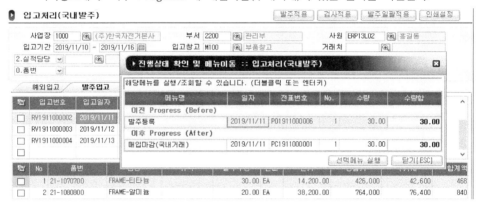

15 **정답** ④ 매입마감(국내거래)

해설 조회내역 빈칸에서 입고적용 버튼을 클릭하여 조회한다. 입고적용 창에서 거래처별 미마감수량을 각각 확인한다. ④ 21-1060850, WHEEL FRONT-MTB: 10

16 **정답** ③ SET품 수불조정등록

해설 조회내역에서 SET 적용 버튼을 클릭하여 조회 후, 확인한다. SET 적용 창에 ③ 31-1010004, 타이어 품목은 없다.

17 **정답** ① 재고실사등록

해설 조회내역에서 품목별 조정수량을 확인하면 ① 21-3001500, PEDAL(S): 15

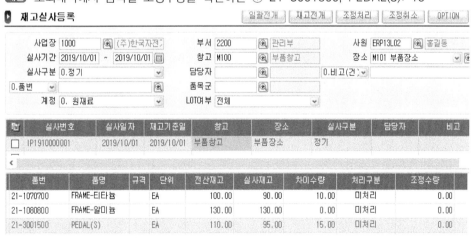

18 **정답** ② 매입순위표(마감기준)

해설 거래처 탭의 조회내역에서 확인한다. ② 00007, ㈜제일물산: 330,000+211,500

매입순위표(마감기준)

	순위	코드	거래처명	매입수량	매입금액	점유율
☐	1	00007	(주)제일물산	35.00	541,500	34.758
☐	2	00006	(주)형광램프	25.00	300,000	19.257
☐	3	00005	(주)세림와…	15.00	263,000	16.882
☐	4	00002	(주)하나상사	15.00	243,000	15.598
☐	5	00008	YK PEDAL	32.00	210,400	13.505

품명	규격	단위	매입수량	매입금액
HEAD TUBE	55*5	EA	20.00	330,000
DOWN TUBE	120+4	EA	15.00	211,500

19 정답 ④ 재고수불현황(유형별)

해설 유형별 탭의 조회내역에서 입고수량 합계를 확인한다. ④ 150

재고수불현황(유형별)

	수불일자	품번	품명	규격	수불유형	입출고유형	기초수량	입고수량	출고수량	재고수량	재고
☐	2019/10/01	10-3520000	CRANK…		구매	입고	0.00	10.00	0.00	10.00 EA	
☐	2019/10/01	21-1030600	FRONT…		구매	입고	0.00	10.00	0.00	10.00 EA	
☐	2019/10/02	21-1060850	WHEEL…		구매	입고	173.00	15.00	0.00	188.00 EA	
☐	2019/10/02	21-1060950	WHEEL…		구매	입고	213.00	10.00	0.00	223.00 EA	
☐	2019/10/05	21-3001500	PEDAL…		구매	입고	110.00	20.00	0.00	130.00 EA	
☐	2019/10/05	21-3001600	PEDAL…		구매	입고	-5.00	20.00	0.00	15.00 EA	
☐	2019/10/10	21-9000200	HEAD…		구매	입고	3.00	30.00	0.00	33.00 EA	
☐	2019/10/22	DW-001	DOWN…	12…	구매	입고	95.00	15.00	0.00	110.00 EA	
☐	2019/10/22	HT-001	HEAD…	55*5	구매	입고	97.00	20.00	0.00	117.00 EA	
	합계						686.00	150.00	0.00	836.00	

20 정답 ② 재고자산명세서

해설 조회내역에서 품목별 재고단가를 확인하면 ③ 31-1010003, 바구니: 1,500

재고자산명세서

계정구분	조달구분	품번	품명	규격	단위	재고수량	재고단가	재고금액
제품	생산	31-1010001	체인		EA	232.00	3,000.00	696,000
제품	생산	31-1010002	의자		EA	367.00	5,000.00	1,835,000
제품	생산	31-1010003	바구니		EA	153.00	1,500.00	229,500
제품	생산	31-1010004	타이어		EA	406.00	6,000.00	2,436,000
제품	생산	31-1010005	자물쇠		EA	218.00	2,000.00	436,000
제품	생산	NAX-A400	일반자전거 (P-GRAY W…)		EA	807.00	199,780.70	161,223,027
제품	생산	NAX-A420	산악자전거 (P-20G)		EA	900.00	223,233.83	200,910,448

01	02	03	04	05	06	07	08	09	10	11	12	13	14	15	16
④	③	③	④	①	③	④	①	④	④	④	③	①	④	④	②

17	18	19	20												
③	②	②	③												

01 **정답** ④

　해설 분석 → 설계 → 구축 → 구현

02 **정답** ③

　해설 ERP 도입의 예상효과
　　1. 고객서비스 개선
　　2. 표준화(데이터 일관성 유지), 단순화, 코드화
　　3. 통합 업무시스템 구축
　　4. 투명한 경영
　　5. 업무의 정확도가 증대되고 업무 프로세스가 단축되어 비효율 감소
　　6. 업무시간을 단축할 수 있고 필요인력과 필요자원을 절약
　　7. 불필요한 재고를 없애고 재고물류비용을 절감(재고관리 능력 향상)
　　8. 결산작업의 단축
　　9. 공급사슬의 단축
　　10. 리드타임의 감소
　　11. 기업의 프로세스를 재검토하여 비즈니스 프로세스를 변혁
　　12. 최신 정보기술 도입하여 클라이언트/서버 컴퓨팅 구현으로 시스템 성능 최적화
　　13. 사이클 타임 감소

03 **정답** ③

　해설 커스터마이징(Customizing)은 설계단계

04 **정답** ④

　해설 다른 기업에서 가장 많이 사용하는 패키지를 선택하는 것이 좋은 것은 아니다.

05 **정답** ①

　해설 당기예측치 = [α × 전기실적치] + [(1 − α) × 전기예측치]
　　　　　　　 = (0.1 × 90) + (0.9 × 80)
　　　　　　　 = 81(대)

06 **정답** ③

해설 마케팅목표 요인은 생존목표, 이윤극대화 목표, 시장점유율 극대화 목표이며, 경쟁환경 요인은 경쟁기업의 가격/품질, 대체품 가격 등이며, 문항에 제시된 요인들은 고객수요 요인이다.

07 **정답** ④

해설 • 납품가능한, 약속가능한재고수량 = 현재고량 + 납기일까지 생산완료 입고예정량 − 납기 일까지 출고예정량
• 7/10 약속가능재고량 = 40 + 60 = 100개
• 7/3 – 40개, 7/5 – 40개

08 **정답** ①

해설 영업관리 업무영역 및 기능: 수요예측, 판매계획, 수주관리, 매출채권관리, 고객관리, 가격관리, 이익관리 등

09 **정답** ④

해설 • 매출채권 회전율이 높아지면 매출채권이 순조롭게 회수되고 있음을 의미
• 자금의 유동성이 커진다.
• 매출채권 회수기간이 짧아진다.
• 대손 발생의 위험이 감소한다.
• 수익 증가의 원인이 된다.

10 **정답** ④

해설 • 월말 마감의 차월 회수방법에 의한 회수율 계산
• 회수율 = 당월회수액 / (전전월말외상매출금잔액 + 당월매출액) × 100
   = 2억원 / (3억원 + 1억원) × 100 = 50%

11 **정답** ④

해설 공급망 운영 참고(SCOR)모델의 프로세스
• 계획(Plan): 수요와 공급을 계획하는 단계
• 조달(Source): 원료의 공급과 관련된 단계
• 생산(Make): 조달된 자재를 이용하여 제품을 생산하고, 검사 · 포장 · 보관하는 단계
• 배송(Deliver): 주문을 입력하고, 고객 정보를 관리하며, 주문 발송과 제품의 포장, 보관, 발송, 창고관리, 배송 기반 구조 관리 등의 활동
• 반품(Return): 공급자에 대한 원재료의 회수 및 고객 활동에서 완제품의 회수, 영수 증 관리 등의 활동

12 **정답** ③

　해설 유통소요계획수립
- 당기 기말재고 = 전기 기말재고 − 당기 수요예측량 + 당기 입고예정량
- 4주 차 기말재고 = 450 − 110 − 110 − 110 − 110 = 10
- 산출된 재고에 안전재고(100)를 감안할 경우, 4주 차에 재고부족 발생
- 재고부족을 해결하기 위해, 2주 차에 최소 구매량인 200을 주문

주차	이전기간	1	2	3	4
수요예측		110	110	110	110
수송중재고					
기말재고수준	450	350	230	120	210
예정입고량					200
주문량			200		

13 **정답** ①

　해설 매입단가 상승시기의 재고자산 평가방법 비교

14 **정답** ④

　해설 화물차량운송: 화물의 크기나 중량 제한이 많아서 운송 단위가 작은 편이다.

15 **정답** ④

　해설 효율적인 운송경로 선정을 위한 고려사항
- 수 · 배송의 비율
- 운송수단의 선택
- 운송화물의 특성
- 운송료 산정기준
- 고객서비스 수준
- 운송차량의 적재율
- 수 · 배송 범위와 운송경로
- 운송 물동량 파악을 통한 차량 수단과 필요 대수
- 리드타임(수주부터 납품까지의 기간, 당해 수주부터 다음 수주까지의 소요기간)

16 **정답** ②

　해설 구매관리 업무영역 및 기능
- 구매전략: 구매방침 설정, 구매계획수립, 구매방법 결정
- 구매실무: 시장조사 및 원가분석, 구매가격 결정, 공급자 선정 및 평가, 계약 및 납기관리, 규격 및 검사관리
- 구매분석: 구매활동의 성과평가, 구매활동의 감사
- ※ 수주관리는 영업관리 업무영역 및 기능에 해당된다.

17 **정답** ③

해설 선일부 현금할인은 현금할인의 기산일을 거래일보다 늦추어 잡는 방식이며, ③의 설명은 선불기일 현금할인방식에 대한 설명이다.

18 **정답** ②

해설 판매원가는 판매가격에서 이익을 차감한 금액이다.

19 **정답** ②

해설
- 수의계약방식: 경쟁입찰방법에 의하지 않고 특정 기업을 공급자로 선정하여 구매계약을 체결하는 방식
- 일반경쟁방식: 불특정 다수를 입찰에 참여시켜 가장 유리한 조건을 제시한 공급자를 선정하는 방식
- 제한경쟁방식: 입찰참가자의 자격을 제한하지만 자격을 갖춘 모든 대상자를 입찰참가자에 포함시키는 방식
- 지명경쟁방식: 공급자로서 적합한 자격을 갖춘 다수의 특정한 경쟁참가자를 지명하여 경쟁입찰에 참가하도록 하는 방식

20 **정답** ③

해설 구매방법
- 투기구매: 계속적인 가격상승이 명백한 경우에 유리하다.
- 일괄구매: 구매절차를 간소화 하는 데 적합하다.
- 시장구매: 생산시기가 일정한 품목 등에 적합하다.
- 수시구매: 계절품목 등 일시적인 수요품목 등에 적합하다.
※ 소량 다품종의 품목은 일괄구매가 적합하다.

빠른 정답표

01	02	03	04	05	06	07	08	09	10	11	12	13	14	15	16
②	③	①	②	③	④	④	①	②	④	②	③	④	①	①	④

17	18	19	20
②	①	③	②

---

01 **정답** ② 금융거래처등록

해설 통장, 신용카드 등에 대한 정보는 금융거래처등록 메뉴에서 등록한다.

▶ 금융거래처등록

코드	금융거래처명	구분
93003	신한당좌/234-87-1…	금융기관
98001	신한보통/231-09-9…	금융기관
98002	국민보통/0231-12-…	금융기관
98004	하나보통/211-23-9…	금융기관
98005	국민정기예금/0231…	금융기관
98101	BC카드	카드사
98202	현대카드(법인)	신용카드

기본등록사항 / 고정자금등록

계좌번호 234-87-18873
계좌개설점
사업자등록번호 ___-__-_____
우편번호
주소
전화번호

---

02 **정답** ③ 물류관리내역등록

해설 Z1 품목 대분류에서 30, EP는 사용여부가 미사용이므로 더 이상 사용하지 않는다.

▶ 물류관리내역등록

관리내역코드	관리항목명	비고	사용여부
10	BA		사용
20	FG		사용
30	EP		미사용
40	NU		사용
50	VQ		사용

---

03 **정답** ① 창고/공정(생산)/외주공정등록

해설 M100. 부품창고의 입고기본위치는 부재료장소, 출고기본위치는 부품장소이다.

▶ 창고/공정(생산)/외주공정등록

창고코드	창고명	입고기본위치	출고기본위치	창고설명	사용여부
M100	부품창고	부재료장소	부품장소		사용
M400	상품창고	상품장소	상품장소		사용
P100	제품창고	제품장소	제품장소		사용
X100	반제품창고	반제품장소	반제품장소		사용
Z100	긴급출하창고	긴급출하장소1	긴급출하장소1		사용

04 **정답** ② 견적등록

해설 ES1909000002의 견적금액 5,825,600원으로 가장 많다.

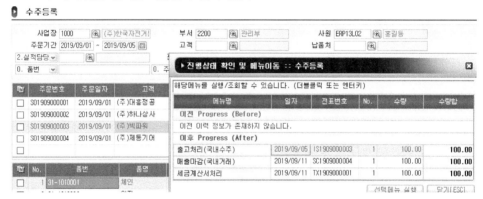

05 **정답** ③ 수주등록

해설 조회내역에서 주문건별 품목을 선택하여 마우스 우측을 클릭한다. 이력정보에서 '이전 Progress' 메뉴를 확인한다. ③ SO1909000003은 직접 입력한 주문 건이고, 나머지 세 주문은 견적을 적용받아 입력하였다.

06 **정답** ④ 출고처리(국내수주)

해설 주문출고 탭에서 조회 후 주문적용 버튼을 클릭한다. 주문일을 입력 후 조회하면, ④ 31-1010004, 타이어: 15EA

07 **정답** ④ 거래명세서발행

　　해설 [인쇄/E-MAIL 설정]으로 같은 품목인 경우 합산하여 거래명세서를 출력하게 설정할 수 있다.

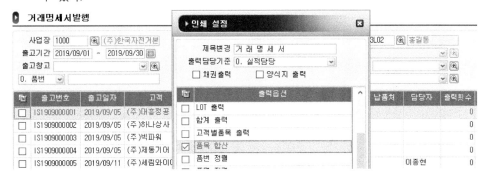

08 **정답** ① 매출마감(국내거래)

　　해설 마감번호 SC1909000001는 마감구분이 건별이므로 출고등록할 때 자동으로 생성되었으며, 출고적용조회 창에서도 조회가 되지 않는다.

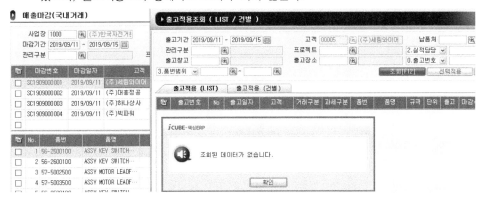

09 **정답** ② 수금등록

　　해설 RC1909000002 ㈜하나상사는 선수금 500,000원이 있으므로 미리 계약금을 지급받은 거래 건이다.

수금등록

사업장	1000	㈜한국자전거본	부서	2200	관리부	사원	ERP13L02	홍길동
수금기간	2019/09/01 ~ 2019/09/05		고객			0.실적담당		
수금구분			선수잔액	전체		0.증빙번호		
관리구분			프로젝트			0.비고(건)		

	수금번호	수금일자	고객	증빙번호	실적담당	정리잔액	전표	비고
☐	RC1909000001	2019/09/01	(주)대흥정공		김종욱	0	미처리	
☐	RC1909000002	2019/09/01	(주)하나상사		이종현	0	미처리	
☐	RC1909000003	2019/09/01	(주)빅파워		박용덕	0	미처리	
☐	RC1909000004	2019/09/01	(주)제동기어		노희선	0	미처리	
☐							미처리	

	No.	수금구분	관리번호	자/타	정상수금	선수금	금융기관	발행일자	만기/약정일	비고
☐	1	현금			1,000,000	500,000				

10 **정답** ④ 출고검사등록

해설 품목 [40-2525000, LEAD FRAME]은 합격수량이 98이므로 출고처리적용 가능수량
은 98이다.

11 **정답** ② 미수채권집계

해설 [00002, ㈜하나상사] 미수채권 521,178,489

12 **정답** ③ 청구등록-부가기능(품목상세정보)

해설 21-1060850, WHEEL FRONT-MTB 품목에서 마우스 우측을 클릭하여 부가기능인
'품목상세정보'의 주거래처 ㈜하나상사를 확인할 수 있다.

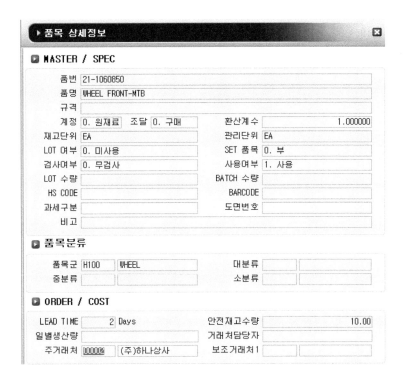

13 **정답** ④ 입고의뢰등록

해설 1) [보기]의 조건을 입력하여 조회한다.

2) 조회내역 빈칸에서 발주적용조회 버튼을 클릭하여 발주기간 입력 후, 조회한다.

3) 발주적용조회창에서 고객 및 품목별 발주잔량을 확인하면 ④ NAX-A420, 산악자전거: 20

14 **정답** ① 입고처리

해설 조회내역에서 의뢰적용 버튼을 클릭하여 조회한다. 의뢰창고가 [M400, 상품창고]이므로 [M400, 상품창고]로 설정한 후 조회해야 한다. 입고처리(국내발주)의 예외입고 탭은 직접 입력하거나 입고반품을 입력할 수 있다. RV1907000003의 이력정보에 이전 이력이 없으므로 직접 입력한 것이다.

15　정답　① 매입미마감현황

> **해설**　00001, ㈜대흥정공이 589,000원이다. 아래의 결과는 '정렬 및 소계' 기능을 활용하여 출력된 것이며, 연습해 보기 바란다.

16　정답　④ 기초재고/재고조정등록

> **해설**　입고조정 탭에서 조회를 하면 57-5003500, ASSY MOTOR LEADFRAME (RH) 품목이 12개로 가장 많다.

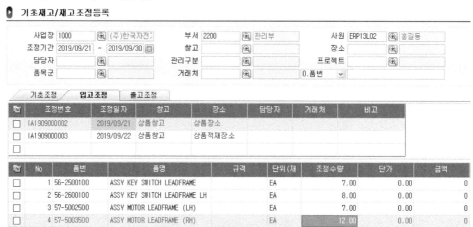

17 **정답** ② 매출마감(국내거래)

해설 매출마감(국내거래) 단계는 재고수불이 발생하지 않는다. [재고이동등록(창고)]은 한 회사 안에서 이동되는 수불이므로 전사 기준으로는 재고수불에 영향이 없다.

18 **정답** ① 회계처리(매입마감)

해설 1) [보기]의 조건을 입력 후 조회한다.

2) 조회내역에서 전표처리할 항목을 선택(체크) 후 전표처리 버튼을 클릭하여 확인 클릭

3) 회계전표 탭에서 조회하여 분개된 내역을 확인할 수 있다. ① 10100, 현금은 없다.

19 **정답** ③ 발주등록

해설 발주번호별 품목에서 마우스 우측키로 해당 품목의 이력정보를 확인할 수 있다. PC1909000007번은 직접 입력한 발주이며, 나머지는 청구적용을 받았다.

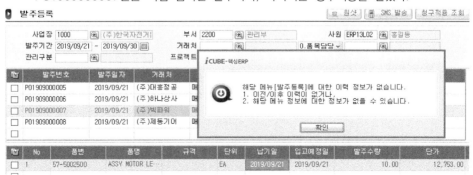

20 **정답** ② 재고이동현황(창고)

해설 조회내역에서 입고장소가 [M101, 부품장소]로 이동한 품목 중 21-3001600, PEDAL: 5가 가장 많음. 사업장 내의 물품 이동으로 인한 수불은 재고이동등록(창고) 단계에서 발생

▶ **재고이동현황(창고)**　　　　　　　　　　　　　　　　　　　　　　　[검색상세]

사업장		부서		사원	
이동기간	2019/09/26 ~ 2019/09/30	출고창고		출고장소	
담당자		입고창고		입고장소	
3.품번범위	~	관리구분		프로젝트	

입고창고	입고장소	담당자	품번	품명	규격	단위(재	이동수량
부품창고	부품장소		21-3000300	WIRING-DE		EA	3.00
제품창고	제품부적합장소		21-3000300	WIRING-DE		EA	5.00
부품창고	부품장소		21-3001600	PEDAL		EA	5.00
제품창고	제품부적합장소		21-3001600	PEDAL		EA	3.00
부품창고	부품장소		21-3065700	GEAR REAR C		EA	4.00
제품창고	제품부적합장소		21-3065700	GEAR REAR C		EA	4.00
부품창고	부품장소		21-9000200	HEAD LAMP		EA	1.00

01 정답 ①

해설 ERP 시스템 구축절차 중 설계(Design)단계에서 TO-BE 프로세스 도출(미래의 업무), 패키지 기능과 TO-BE 프로세스와의 차이 분석(GAP 분석), 패키지 설치, 패키지 파라미터 설정, 추가개발 및 수정 보완문제 논의, 인터페이스 문제 논의, 사용자요구 대상 선정, 커스터마이징, 교육 등을 실시한다.

02 정답 ④

해설 ERP 시스템을 도입함으로써 모든 기업의 업무 프로세스를 개별 부서원들이 분산 처리하면서도 동시에 중앙에서 개별 기능들을 통합적으로 관리할 수 있으므로 전반적인 업무 프로세스를 각각 개별 체계로 구분하여 관리하기 위해 ERP를 도입하는 것은 잘못된 설명이다.

03 정답 ④

해설 ERP 시스템 구축 시 프로젝트 진행은 현업 중심으로 진행해야 하며, IT 중심의 프로젝트로 추진하면 안 된다.

04 정답 ④

해설 클라우드 ERP는 인터넷 기술을 활용하여 가상화된 IT 자원을 서비스로 제공하는 컴퓨팅 기술인 클라우드 컴퓨팅 기술에 기반하며, 따라서 폐쇄적이기 보다는 개방적인 성격을 가진다고 볼 수 있다.

05 정답 ④

해설 여러 전문가들의 의견을 수집한 다음 해당 의견들을 정리하여 다시 전문가들에게 배부한 후 의견의 합의가 이루어질 때까지 반복적으로 서로 논평하게 하여 수요를 예측하는 방법은 델파이 분석법으로, 주로 신제품 개발, 시장전략등을 위한 장기예측이나 기술예측에 적합하다.

06 정답 ④

해설 판매계획수립 과정: 시장조사 → 수요예측 → 판매예측 → 목표매출액 설정 → 판매할당

07 **정답** ②

해설 교차비율이 높아질수록 이익이 높아진다.

08 **정답** ①

해설 제품특성은 가격결정에 영향을 미치는 내부적 요인에 해당한다.

09 **정답** ④

해설 거래처 포트폴리오 분석은 ABC 분석과 매트릭스 분석의 단점을 보완한 것으로 대상 거래처나 고객의 가치를 종합적으로 검토하여 핵심 거래처나 고객을 분류하는 것이다. ABC 분석이나 매트릭스 분석 등과 같이 1~2개의 요인만을 분석하지 않고, 3개 이상 의 요인으로 가중치를 이용하여 다면적으로 분석한다.

10 **정답** ①

해설 외상매출채권의 회수율이 낮아지면 외상매출채권의 회수기간이 길어지며, 그에 따른 대손발생의 위험이 증가하고 수익감소의 원인이 된다.

11 **정답** ③

해설 SCM 정보시스템의 유형

- 창고관리시스템(WMS): 주문피킹, 입·출고, 재고관리 등의 자동화를 통해 신속·정 확한 고객대응력과 재고삭감, 미출고·오출고 예방을 목적으로 하는 정보시스템
- 신속대응(QR): 미국의 패션의류 산업에서 소매업자와 제조업체가 정보공유를 통하여 효율적인 생산과 공급망 재고량을 최소화하는 전략
- 크로스도킹(CD): 물류센터에 보관하지 않고 당일 입고, 당일 출고하는 통과형 운송시 스템
- 효율적 소비자 대응 시스템(ECR): 유통업체와 제조업체가 효율적인 상품 보충, 점포진 열, 판매촉진, 상품개발을 목적으로 POS 시스템 도입을 통하여 자동적으로 제품을 보 충하는 전략

12 **정답** ④

해설 크로스도킹 운영 방식은 물류거점에 재고를 보유하지 않고 물류거점이 화물에 대한 "환승" 기능만을 제공한다는 특징이 있다.

13 **정답** ①

해설 안전재고는 수요량이 불확실한 경우 외에도 조달기간이나 생산의 불확실 등 예상외의 소비나 재고부족 상황에 대비하여 보유하는 재고이다. 따라서 수요율이 일정하더라도 안전재고는 필요하다.

14 **정답** ④

해설 매입단가가 지속적으로 하락하는 환경인 디플레이션하에서는 후입선출법이 기말재고액이 가장 오래 전에 구입한 구 단가의 높은 가액으로 남는 결과를 가져와 매출 이익이 상대적으로 크게 나타난다.

15 **정답** ③

해설 물류거점 및 지역별 창고 운영으로 다수의 물류거점 확보가 필요한 형태는 다단계거점방식이다.

16 **정답** ①

해설 선입선출의 원칙: 재고 회전율이 낮은 품목, 모델 변경이 잦은 품목, 라이프사이클이 짧은 품목, 파손·감모가 쉬운 품목 등이 주요 대상

17 **정답** ②

해설 일반적으로 공공요금 성격을 갖는 교통비, 이발료, 목욕료 등 공정거래를 위해 설정된 각종 업계의 협정가격을 말한다.

18 **정답** ③

해설 ③ 직접조사를 설명하고 있다.

19 **정답** ③

해설 소비자가 느끼는 가치를 토대로 가격을 결정하는 방식

20 **정답** ③

해설 ③은 입찰참가자의 자격을 제한하지만 자격을 갖춘 모든 대상자를 입찰참가자에 포함시키는 방법이다.

빠른 정답표

01	02	03	04	05	06	07	08	09	10	11	12	13	14	15	16
②	③	③	①	①	②	④	④	③	④	②	④	④	①	③	②

17	18	19	20
①	①	③	③

---

01 **정답** ② 품목등록

해설 품목에 대한 품목군, 안전재고량, LEAD TIME 등은 품목등록의 MASTER/SPEC과 ORDER/COST 탭에서 확인할 수 있다. ② 최저판매단가

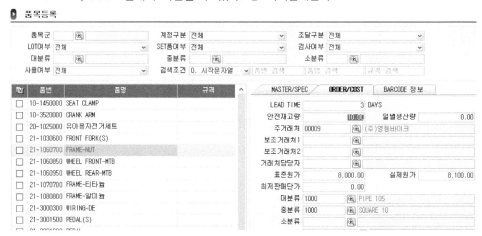

02 **정답** ③ 일반거래처등록

해설 일반거래처등록에서 거래처 관련 정보를 등록한다. ③ ㈜하진해운: 거래처약칭은 ㈜하진운송

03　**정답** ③ 영업마감/통제등록

　해설 품목별 판매(매출)단가는 ③ 영업마감/통제등록에서 설정한다.

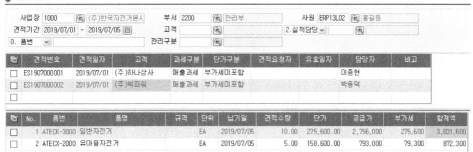

04　**정답** ① 견적등록

　해설 조회내역의 하단 창에서 견적 품목에 대한 합계액을 확인한다. ① ATECK-3000, 일반자전거: 3,031,000

05　**정답** ① 수주등록

　해설 조회내역 하단 창에서 주문번호별 해당 품목을 선택 후, 오른쪽 마우스를 눌러 이력정보의 '이전 Progress'에 있는 전표번호를 확인한다. ① SO1907000006

06 **정답** ② 판매계획등록(고객별상세)

해설 조회내역에서 고객별 매출예상금을 확인하면 ② 00002, ㈜하나상사: 7,470,450

07 **정답** ④ 출고반품현황

해설 조회내역에서 일자별 반품수량을 확인하면, ④ 2019년 7월 10일은 반품이 없다.

08 **정답** ④ 거래명세서발행

해설 조회내역에서 출고건별로 재고단위가 음수(-)인 품목이 반품을 의미한다. 출고처리(국내수주) 메뉴의 예외출고 탭에서도 반품 품목을 확인할 수 있으므로 연습해 보기 바란다.

09 **정답** ③ 매출마감(국내거래)

> **해설** 출고처리할 때 마감구분이 건별이면 자동으로 매출마감이 등록되고 일괄이면 직접 매출마감을 등록해야 한다.

10 **정답** ④ 수금등록

> **해설** 조회내역에서 수금번호별 정리잔액을 확인한다. ④ 00004, ㈜제동기어: 200,000

11 **정답** ② 미수채권집계

> **해설** 조회내역에서 고객별 미수채권 잔액을 확인한다. ② ㈜하나상사: 176,020,905

12 **정답** ④ 발주등록

해설 조회내역 하단 빈칸에서 청구적용 버튼을 클릭하여 조회한다. ④ ATECX-2000, 유아
용자전거: 18EA

13 **정답** ④ 입고검사등록

해설 검사여부가 '1. 검사'인 품목도 필요에 따라 입고검사등록을 스킵 할 수 있다. 발주등
록 또는 입고의뢰 같은 검사 전 메뉴에서 검사대상을 설정할 수 있다.

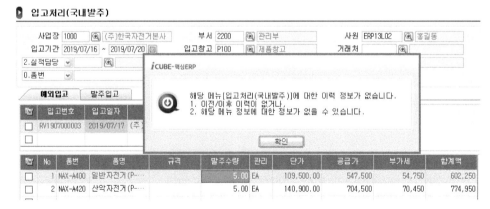

14 **정답** ① 입고처리

해설 입고처리(국내발주)의 예외입고 탭은 직접 입력하거나 입고반품을 입력할 수 있다.
RV1907000003의 이력정보에 이전 이력이 없으므로 직접 입력한 건임을 알 수 있다.

15 **정답** ③ 기초재고/재고조정등록

해설 불량손실처리된 수불은 재고가 감소해야 하므로 출고조정 탭에서 품목을 검색한다. 비고(내역)에 '불량 손실 처리'라고도 기재되어 있다. ③ 21-1070700, FRAME-티타늄: 5EA

16 **정답** ② 발주미납현황

해설 조회내역에서 거래처 품목별 미납수량을 합산한다. ② 20

입고예정일	거래처	No.	품번	품명	규격	단위(관리)	미납수량	단가	공급가	부가세	합계액
2019/07/10	(주)하나상사	1	25-1010000	ROTOR		EA	10.00	7,400.00	74,000	7,400	81,400
2019/07/10	(주)하나상사	3	90-9001000	FRAME GRAY		KG	2.00	43,200.00	86,400	8,640	95,040
2019/07/10	(주)하나상사	4	DW-001	DOWN TUBE	120+4	EA	5.00	14,100.00	70,500	7,050	77,550
2019/07/10	(주)하나상사	5	HT-001	HEAD TUBE	55+5	EA	3.00	16,500.00	49,500	4,950	54,450
	합 계						20.00		280,400	28,040	308,440

17 **정답** ① 매입마감(국내거래)

해설 조회내역 하단 창에서 해당 품목을 선택 후 입고적용 버튼을 클릭하여 25-1010000, ROTOR 품목의 매입미마감 수량을 확인한다. ① 40

18 **정답** ① SET품 수불조정등록-부가기능(품목상세정보)

해설 조회내역 하단 창의 ATECX-2000, 유아용자전거 품목에 마우스를 두고 오른쪽 버튼을 클릭하여 부가기능(품목상세정보)를 확인하면, ATECX-2000, 유아용자전거 품목은 SET품목 여부가 '0. 부'이다. 다른 메뉴에서도 동일한 방법으로 품목상세정보를 확인할 수 있다.

19 **정답** ③ 회계처리(매입마감)

해설 1) 매입마감 탭의 조회내역에서 마감번호: PC1907000002 항목을 선택(체크)하여 전
표처리 버튼을 클릭한다.

2) 회계전표 탭에서 전표 처리한 내역을 확인한다. ATECK-3000, 일반자전거와
ATECX-2000, 유아용자전거는 상품이므로 전표처리 시 상품으로 분개되었다.

20 **정답** ③ 현재고현황(전사/사업장)

해설 • 사업장 탭의 조회내역에서 품목별 가용재고량을 확인하면, ③ 31-1010003, 바구
니: -7
• 아래의 그림은 '정렬 및 소계' 기능을 활용하여 출력한 결과이므로 연습해 보기 바
란다.

01	02	03	04	05	06	07	08	09	10	11	12	13	14	15	16
③	②	①	③	③	②	②	②	③	①	③	③	③	④	②	③

17	18	19	20
②	②	③	②

01 정답 ③

해설 기업 업무 프로세스의 개선을 위해 추진해야 한다.

02 정답 ②

해설 다국적, 다통화, 다언어 지원은 기능적 특징

03 정답 ①

해설 BSC(Balanced Score Cards)는 경영성과 평가지표이다.

04 정답 ③

해설 비즈니스 애널리틱스, 애널리틱스의 사전적 의미는 분석론, 해석학이며, IT 측면에서는 빅데이터를 분석하는 기술 전반을 가리킨다. 디지털 마케팅에서는 이를 통해 다양한 고객들의 행동을 분석하고 또 예측할 수 있다.

05 정답 ③

해설 시장조사법
- 시장 상황에 대한 자료를 수집하고 이를 이용해 소비자 실태조사, 판매점 조사 등의 방법으로 수요를 예측하는 기법이 시장조사법이다.
- 질문은 시장조사법 중 '소비자 실태조사에 의한 방법'에 대한 설명이다.

06 정답 ②

해설 신제품 개발 계획과 판매경로 강화 계획은 장기 판매계획 활동이며, 판매촉진 실행방안 계획은 단기 판매계획 활동에 속한다.

07 정답 ②

해설 한계이익과 교차비율은 비례한다.

08 정답 ②

해설 원가가산에 의한 소매가격
- 소매가격 = 소매매입 원가 + 소매업자 이익 + 소매업자 영업비용
- 계산: 5만원 + 5만원 + 5만원 = 15만원

09 정답 ③

해설 극히 소수의 요인에 의해 중요한 고객이나 거래처를 집중적으로 관리하는 방법이다.

10 정답 ①

해설
- 매출채권회수기간 $= \dfrac{\text{매출채권잔액}}{\text{매출액}} \times 365$

- 재고회전기간 $= \dfrac{\text{상품재고잔액}}{\text{매출액}} \times 365$

11 정답 ③

해설 공급망 프로세스의 경쟁능력을 결정하는 4요소
- 비용(Cost): 적은 자원으로 제품·서비스를 창출할 수 있는 능력
- 시간(Time): 경쟁사보다 빠른 신제품 개발능력, 신속한 제품 배달능력, 정시배달 능력
- 품질(Quality): 고객욕구를 만족시키는 척도로, 소비자에 의하여 결정되는 능력
- 유연성(Flexibility): 설계변화와 수요변화에 효율적으로 대응할 수 있는 능력

12 정답 ③

해설 안전재고는 조달기간의 불확실, 생산의 불확실, 또는 그 기간 동안의 수요량이 불확실한 경우 등 예상 외의 소비나 재고부족 상황에 대비하여 보유하는 재고이다.

13 정답 ③

해설 공급망 재고보충 기법
- 유통소요계획(DRP): 다단계 유통체계를 갖는 공급망에서 고객·거래처의 수요에 따라 필요수량을 필요한 시기에 공급하는 방법
- 공급자관리재고(VMI): 공급자가 고객의 재고수준을 파악하고 재고보충량을 결정하여 공급하는 공급자 주도 재고보충 관리방법
- 공동재고관리(CMI): 공급업체와 거래처가 수요 및 재고정보를 공유하며, 고객의 재고관리업무를 고객과 공급업체가 공동으로 관리하는 방법
- 지속적보충프로그램(CRP): 공급자가 고객의 수요 및 재고정보를 공유하여 소매업체나 유통센터의 상품 재고량, 생산공장의 자재 재고량을 지속적으로 보충 관리하는 방법

14 정답 ④

해설 매입가격 상승기에는 매출총이익이 상대적으로 작게 산정되어 매출원가가 과대계상되며 기말재고자산가액은 최소가액으로 평가된다.

15 **정답** ②

해설 철도운송의 특성
- 계획 운송이 가능, 중·장거리 대량운송에 적합, 중량에 제한을 거의 받지 않음
- 기상·기후의 영향을 적게 받음, 철도망을 이용한 전국적인 네트워크 구축
- 사고 발생률이 낮아 안정적인 운송수단임, 고객별 자유로운 운송 요구에 적용이 곤란
- 차량운행시간의 사전계획으로 적기배차가 어려움, 화주의 문전수송을 위하여 부가적인 운송수단이 필요함

16 **정답** ③

해설 ③ 보관할 물품들의 장소를 회전 정도에 따라 정하는 원칙이다.

17 **정답** ②

해설 최근에는 전략적 구매를 중시하고 있으며, 현대적 시각에 해당하는 구매기능으로는 총원가에 집중, 사전계획적인 업무, 장시간에의 전략적 구매 중시 등이 있다.

18 **정답** ②

해설 구매가격의 유형
- A. 시중가격: 시장에서 수요와 공급의 균형에 따라 변동되는 가격 **예** 야채, 어류, 꽃, 철광, 견사
- B. 정가가격: 전국적으로 시장성을 가진 상품에 주로 적용되며, 판매자가 스스로의 판단으로 결정하는 가격 **예** 서적, 화장품, 맥주
- C. D. 협정가격: 다수의 판매자가 서로 협의하여 일정한 기준에 따라 결정하는 가격 **예** 교통비, 이발료, 목욕료

19 **정답** ③

해설 공급업체 선정방법
- 지명경쟁방식: 공급자로서 적합한 자격을 갖추었다고 인정하는 다수의 특정한 경쟁참가자를 지명하여 경쟁입찰에 참가하도록하는 방법
- 평점방식: 평가항목과 평가기준이 포함된 평가표에 의하여 평가대상 기업들을 평가한 후, 최고의 평가점수를 받은 기업을 공급자로 선정하는 방식
- 수의계약방식: 경쟁입찰방법에 의하지 않고 특정 기업을 공급자로 선정하여 구매계약을 체결하는 방식
- 제한경쟁방식: 지명경쟁방식과 일반경쟁방식의 중간적 성격으로, 입찰참가자의 자격을 제한하지만 자격을 갖춘 모든 대상자를 입찰참가자에 포함시키는 방식

20 정답 ②

해설 원가의 분류

- 실제원가: 표준원가와 비교·분석되어 원가개선활동의 평가요소로 활용되는 원가
- 예정원가: 공급자가 입찰 또는 견적에서 제시하는 가격에서 적용되는 원가, 과거 제조경험을 고려하고, 향후 제조환경을 반영하여 미래 산출될 것으로 기대하는 원가
- 표준원가: 최적의 제조환경에서 설계도에 따라 가장 이상적으로 제조과정이 진행되는 경우에 구성되는 이론적 원가

빠른 정답표

01	02	03	04	05	06	07	08	09	10	11	12	13	14	15	16
②	④	①	②	①	②	②	②	④	④	②	①	②	①	④	③

17	18	19	20												
③	①	④	③												

---

01 **정답** ②, 금융거래처등록

해설 금융기관, 카드사 등은 금융거래처등록 메뉴에서 등록한다.

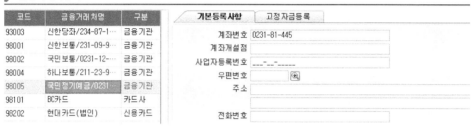

02 **정답** ④, 창고/공정(생산)/외주공정등록

해설 반제품창고의 입고기본위치는 반제품 비가용재고 장소이며 출고기본위치는 반제품장소로 등록되어 있다. 나머지는 입고기본위치와 출고기본위치가 동일하다. ④ 반제품 창고

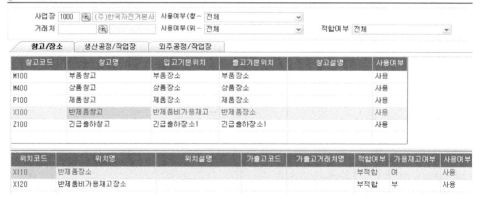

03 **정답** ①, 물류담당자코드등록

해설 조회내역에서 ① 김종욱은 조회 내역에 존재하지 않는다. 김종욱의 경우 2019.4.30일이 종료일로 설정되어 있어 해당 조건을 넣고 조회 시에는 조회내역에 없다.

04 **정답** ②, 품목단가등록

해설 판매단가 탭의 조회내역에서 ② ASSY KEY SWITCH LEADFRAME LH: 13,455

05 **정답** ①, 납품처등록

해설 조회내역에서 납품처별 운반비를 확인하면, ① 분당지점: 8,000원

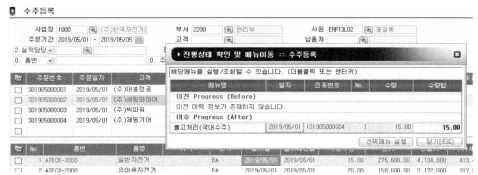

06 **정답** ②, 수주등록

해설 주문번호별 품목에서 마우스를 우클릭하여 이력정보를 확인할 수 있다. 견적등록 내용과 비교해서 확인할 수도 있다. ② ㈜세림와이어

07 정답 ②, 출고처리(국내수주)

해설 반품 건은 예외출고 탭에서 조회하여 출고적용 버튼을 클릭 후, 조회한다. 반품 등록 시 출고수량은 (−)수량으로 등록된다. 하단 품목창의 우클릭 이력정보를 통해 출고적용 건인지를 확인 할 수 있다. ② IS1905000006

08 정답 ②, 회계처리(매출마감)

해설 1) 매출마감 탭의 조회내역에서 조회항목 전체를 선택(체크)하여 전표처리 버튼을 클릭한다.

2) 전표처리 후, 회계전표 탭에서 조회하여 마감 건별로 부가세예수금 금액을 각각 확인한다.
SC1905000001=1,399,000, SC1905000002=1,828,960,
C1905000003=1,354,660, SC1905000004=2,054,040

09 정답 ④, 출고반품현황

해설 반품이기 때문에 (−) 수량으로 표시되지만 반품 수량을 물었으므로 수량의 절대값으로 판단한다. ① 1EA, ② 2EA, ③ 3EA, ④ 4EA

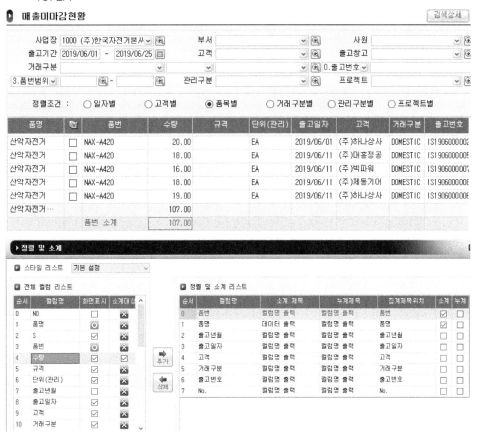

출고반품현황

	반품일자	반품번호	고객	납품처	거래구분	담	No	품번	품명	규격	단위	반품수량	단가
☐	2019/06/26	IS1906000013	(주)대흥정공		DOMESTIC		1	ATECK-…	일반자전거		EA	-1.00	275,600.00
☐	2019/06/26	IS1906000013	(주)대흥정공		DOMESTIC		2	ATECX-…	유아용자전거		EA	-2.00	158,600.00
☐	2019/06/26	IS1906000013	(주)대흥정공		DOMESTIC		3	NAX-A400	싸이클		EA	-3.00	195,000.00
☐	2019/06/26	IS1906000013	(주)대흥정공		DOMESTIC		4	NAX-A420	산악자전거		EA	-4.00	245,500.00

10 **정답** ④, 매출미마감현황

해설 조회내역에서 정렬조건을 품목별로 조회해서 더한다. 마우스를 우클릭하여 '정렬 및 소계 설정' 기능을 활용하면 편리하다. ① 130EA, ② 142EA, ③ 126EA, ④ 107EA

매출미마감현황　　　　　　　　　　　　　　　　　　　　　　　　　　　　[검색상세]

품명	☐	품번	수량	규격	단위(관리)	출고일자	고객	거래구분	출고번호
산악자전거	☐	NAX-A420	20.00		EA	2019/06/01	(주)하나상사	DOMESTIC	IS1906000002
산악자전거	☐	NAX-A420	18.00		EA	2019/06/11	(주)대흥정공	DOMESTIC	IS1906000005
산악자전거	☐	NAX-A420	16.00		EA	2019/06/11	(주)빅파워	DOMESTIC	IS1906000007
산악자전거	☐	NAX-A420	18.00		EA	2019/06/11	(주)제동기어	DOMESTIC	IS1906000008
산악자전거	☐	NAX-A420	19.00		EA	2019/06/11	(주)하나상사	DOMESTIC	IS1906000008
산악자전거…			107.00						
	품번 소계		107.00						

▶ 정렬 및 소계

스타일 리스트 [기본 설정]

전체 컬럼 리스트

순서	컬럼명	화면표시	소계대상
0	NO	☐	✖
1	품명	◉	✖
2	S	☑	✖
3	품번	◉	✖
4	수량	☑	☑
5	규격	☑	✖
6	단위(관리)	☑	✖
7	출고년월	☐	✖
8	출고일자	☑	✖
9	고객	☑	✖
10	거래구분	☑	✖

정렬 및 소계 리스트

순서	컬럼명	소계 제목	누계제목	집계제목위치	소계	누계
0	품번	컬럼명 출력	컬럼명 출력	품번	☑	☐
1	품명	데이터 출력	컬럼명 출력	품명	☑	☐
2	출고년월	컬럼명 출력	컬럼명 출력	출고년월	☐	☐
3	출고일자	컬럼명 출력	컬럼명 출력	출고일자	☐	☐
4	고객	컬럼명 출력	컬럼명 출력	고객	☐	☐
5	거래구분	컬럼명 출력	컬럼명 출력	거래구분	☐	☐
6	출고번호	컬럼명 출력	컬럼명 출력	출고번호	☐	☐
7	No.	컬럼명 출력	컬럼명 출력	No.	☐	☐

추가 / 삭제

11 **정답** ②, 미수채권집계

해설 고객 탭의 조회내역을 확인하면, ㈜제동기어=71,503,740, ㈜하나상사=66,103,730, ㈜빅파워=56,811,920, ㈜대흥정공=46,828,980

12 정답 ①, 주계획작성(MPS)

해설 조회내역의 계획수량을 확인하면, ① 500, ② 420, ③ 480, ④ 460

13 정답 ②, 발주등록

해설 조회내역을 확인하면 YK PEDAL 거래처의 FRAME-알미늄 100EA를 발주등록

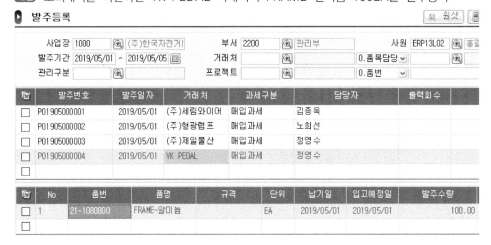

14 정답 ①, 입고의뢰등록

해설 의뢰창고는 필수 입력 값이다. 실제 등록되어 있는 데이터의 컬럼 값을 삭제하거나 입력해 보면서 [보기]와 비교하여 문제를 풀 수 있으므로 연습해 보기 바란다.

15

정답 ④, 입고처리(국내발주)

해설 발주-입고의뢰 프로세스를 거친 입고 건은 발주입고 탭에 입력하고 입고처리(국내발주)에서 직접 입력하는 입고 건은 예외입고 탭에서 입력한다. ④ RV1905000008

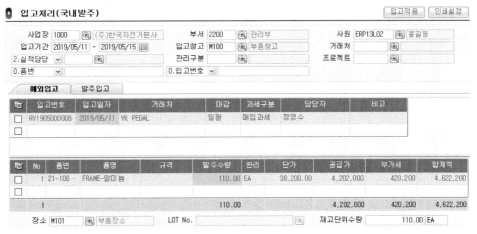

16

정답 ③, 회계처리(매입마감)

해설 매입마감 내역을 근거로 회계전표를 생성하는 메뉴는 회계처리(매입마감)

회계처리(매입마감)

사업장	1000	(주)한국자전거!	부서	2200	관리부	사원	ERP13L02	홍길동
기간	2019/05/01 ~ 2019/05/31		거래처			구분	전체	
관리구분			프로젝트			0.마감번호		

매입마감 / 회계전표

	마감번호	마감일자	거래처	과세구분	세무구분	사유구분	부서	사원	전표번호	순번	실
□	PC1905000001	2019/05/20	(주)세림와이어	매입과세	과세매입		관리부	홍길동			

No.	품번	품명	규격	단위	마감수량	단가	공급가	부가세	합계액
1	21-1060850	WHEEL FRONT-MTB		EA	90.00	18,200.00	1,638,000	163,800	1,801,800
2	21-1060950	WHEEL REAR-MTB		EA	80.00	17,200.00	1,376,000	137,600	1,513,600
3	21-1070700	FRAME-티타늄		EA	70.00	14,200.00	994,000	99,400	1,093,400
4	21-1080800	FRAME-알미늄		EA	60.00	38,200.00	2,292,000	229,200	2,521,200

17 **정답** ③ 재고이동등록(창고)

해설 두 가지의 그림에서 이동수량을 확인하면, 입고 120 - 출고 100 = 20 증가

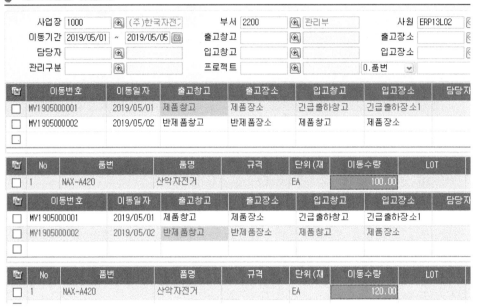

18 **정답** ①, SET품 수불조정등록

해설 모품목의 입고조정수량과 바구니의 출고조정수량을 확인하면, ① 240

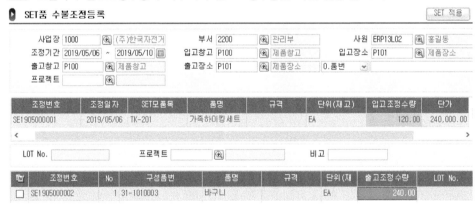

19 **정답** ④, 매입미마감현황

해설 정렬조건 품목별에서 조회하면, ① 10, ② 20, ③ 30, ④ 40

매입미마감현황

	사업장			부서			사원		
	입고기간	2019/05/16 ~ 2019/05/20	거래처			입고창고		
	거래구분		2.실적담당			0.입고번호		
	3.품번범위	~	관리구분			프로젝트		

정렬조건 : ○ 일자별   ○ 거래처별   ● 품목별   ○ 거래구분별   ○ 관리구분별   ○ 프로젝트별

	품번	품명	규격	단위(관리)	입고일자	거래처	거래구분	입고번호	No.	수량
☐	21-1060850	WHEEL FRONT-…		EA	2019/05/16	(주)세림와…	DOMESTIC	RV1905000009	1	10.00
☐	21-1060950	WHEEL REAR-MTB		EA	2019/05/16	(주)세림와…	DOMESTIC	RV1905000009	2	20.00
☐	21-1070700	FRAME-티타늄		EA	2019/05/16	(주)세림와…	DOMESTIC	RV1905000009	3	30.00
☐	21-1080800	FRAME-알미늄		EA	2019/05/16	(주)세림와…	DOMESTIC	RV1905000009	4	40.00

20 **정답** ③, 현재고현황(전사/사업장)

해설 사업장 탭에서 조회하면 PEDAL(S)의 현재고 수량: ③ 2,131

현재고현황(전사/사업장)   검색상세

	사업장	1000 (주)한국자전거본사	해당년도	<<	2019	>>		
	3.품번범위	~	품목군			가용재고범위		이하
	대분류		중분류			소분류		
	재고수량유무	전체	계정			조달		

전사 / **사업장**

품명	품번	재고수량	가용재고량	☐	코드	사업장명	규격	단위	기초수	
WIRING-DE 소계		4,151.00	4,141.00						4,15…	
PEDAL(S)	21-3001500	2,131.00	2,121.00	☐	1000	(주)한국자전거본사		EA	1,53…	1.
PEDAL(S) 소계		2,131.00	2,121.00						1,53…	1.

빠른 정답표

01	02	03	04	05	06	07	08	09	10	11	12	13	14	15	16
③	④	②	④	③	③	④	④	④	④	②	②	③	④	③	③
17	18	19	20												
③	①	①	②												

01 정답 ③

해설 기업 내 각 영역의 업무프로세스를 통합하여 업무처리의 강화를 추구하는 시스템이다.

02 정답 ④

해설 ERP 구축시 현업 실무자 중심의 TFT 구성

03 정답 ②

해설 다국적, 다통화, 다언어 지원, 선진프로세스의 내장, 중복업무의 배제 및 실시간 정보 처리 등이다.

04 정답 ④

해설 정보공유를 통한 개방적 업무환경 확보

05 정답 ③

해설 시간의 흐름에 따라 일정한 간격마다 기록한 통계자료인 시계열데이터를 분석하여 예측하는 방법

06 정답 ③

해설 생산성 지표를 활용한 목표매출액 산출 방법
- 거래처별 수주액, 판매생산성 등을 활용해 목표매출액을 산출하는 방법임
- 거래처별 수주액을 활용한 목표매출액 = 거래처 수 × 거래처 1사당 평균 수주예상액
- 판매생산성을 활용한 목표매출액 = 영업사원 수 × 영업사원 1인당 평균 목표매출액
- 계산: 10개 × 30만원 = 300만원

07 정답 ④

해설 잠재구매력 지수는 세분화된 지역과 시장에 대하여 목표매출액을 적절하게 배분하기 위하여 사용하는 지수이다.

08 **정답** ④
해설 손익분기점, 내부적 요인은 제품특성, 비용(원가), 마케팅 활동 등이 있으며, 외부적 요인은 고객의 수요, 유통판매경로, 경쟁 환경, 관련 법 및 규제, 세금 등이 있다.

09 **정답** ④
해설 고객 중점 선정방법
거래처나 고객을 일정한 기준에 따라 등급을 부여하고 기준에 따라 중점관리대상이 되는 우량거래처나 고객을 선정하는 방법, 매트릭스 분석, ABC 분석, 거래처 포트폴리오 분석 등이 해당된다. ARIMA 분석, 델파이 분석, 시계열분석은 수요예측 분석에 주로 활용된다.

10 **정답** ④
해설 순운전자본은 유동자산총액에서 유동부채의 총액을 공제한 것을 말한다.

11 **정답** ②
해설 채찍효과의 생성 요인으로는 잦은 수요예측 변경, 배치 주문방식, 가격 변동, 리드타임 증가, 과도한 발주 등이 있다. 즉, 조달 리드타임이 길어지면 수요·공급의 변동성·불확실성이 확대되어 채찍효과가 발생한다.

12 **정답** ②
해설 답항 외에 공급망 물류거점의 기능으로는 운송비 절감을 위한 중개기지 기능, 품질과 수량을 확인하는 검품이나 선별기능, 전시(Show Room)역할로 판매 전진기지 기능 등이 있다.

13 **정답** ③
해설 창고임대료와 재고보관 중에 도난, 진부화 등으로 인한 손실이 재고 유지비용에 해당된다.

14 **정답** ④
해설 기말재고량은 실지 재고조사로 파악된 수량이다.

15 **정답** ③
해설 ③ 철도운송의 장점이다

16 **정답** ③
해설 유효일이 있는 가변성 자재는 유효일자가 가장 빠른 순서부터 우선적으로 출고한다.

17 **정답** ③

해설 기술진부화가 예측되는 경우, 계절적 수요를 갖는 품목

18 **정답** ①

해설 현금할인방식 결제조건
- A. "3/10 ROG": 선적화물 수취일인 4월 10일을 기산일로 하여 10일 이내 할인
- B. "3/10 EOM": 25일 이후 구매이므로 4월 1일을 기산일로 하여 10일 이내 할인
- C. "3/10 Advanced": 4월 1일을 선일부 현금할인 기산일로 하여 10일 이내 할인
- D. "3/10 – 10 days, Extra": 계약일인 3월 27일을 기산일로 하여 10일 이내 할인하며, 특별할인기간 10일을 추가해 총 12일 이내 할인
- 현금할인 기간이 가장 긴 결제조건은 A이며, A의 할인율은 3%이다.

19 **정답** ①

해설 (200 × 2) + (100 × 2) = 600개

20 **정답** ②

해설 구매방법
① 수시구매: 계절품목 등 일시적인 수요품목에 적합
② 시장구매: 생산시기가 일정한 품목 또는 상비저장품목에 적합
③ 투기구매: 가격동향의 예측이 부정확하면 손실의 위험이 큼
④ 일괄구매: 다품종의 품목을 공급 가능한 공급처를 품종별로 선정하여 한꺼번에 구매하는 방법

빠른 정답표

01	02	03	04	05	06	07	08	09	10	11	12	13	14	15	16
④	①	④	③	①	④	②	④	①	③	②	③	①	②	①	③

17	18	19	20
③	④	②	②

01 **정답** ④, 일반거래처등록

해설 ㈜중앙전자공업사는 거래처약칭으로 '중앙전자'를 사용하고 있다.

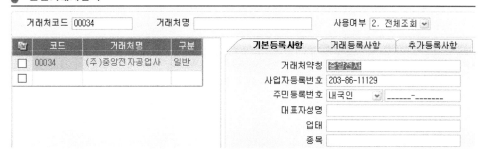

02 **정답** ①, 물류관리내역등록

해설 기초재고/재고조정등록 메뉴의 관리내역은 물류관리내역등록 메뉴의 재고조정구분에 등록된 관리내역을 코드도움으로 불러온다.

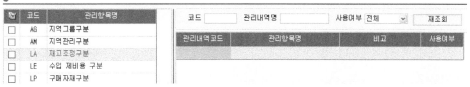

03 **정답** ④, SET구성품등록

해설 조회내역 메뉴에서 구성품을 확인한다. 타이어는 구성품으로 등록되어 있지 않다.

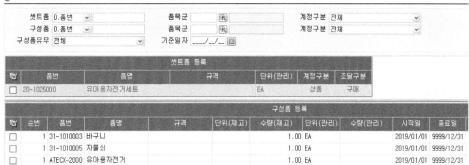

04 **정답** ③, 견적등록

해설 조회내역에서 ③ NAX-A400, 일반자전거(P-GRAY WHITE) 품목은 견적이 등록되지 않았다. 견적번호 ES1903000003에 등록된 품목은 일반자전거이다.

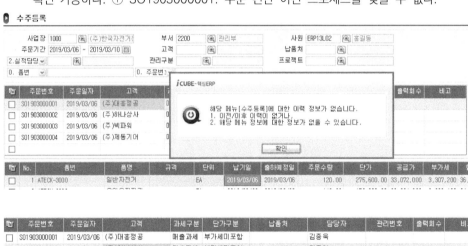

05 **정답** ①, 수주등록

해설 전단계 이력정보는 하단 품목 선택 후 우클릭하여 [수주등록] 이력정보 기능을 통해 확인 가능하다. ① SO1903000001. 주문 건만 이전 프로세스를 찾을 수 없다.

06 **정답** ④, 출고처리(국내수주)

해설 ④ IS1903000004 출고 건의 일반자전거는 '폐기장소'에서 출고되었다. 장소는 하단
창의 품목을 선택하여 조회하며, 출고현황에서도 조회가 가능하다.

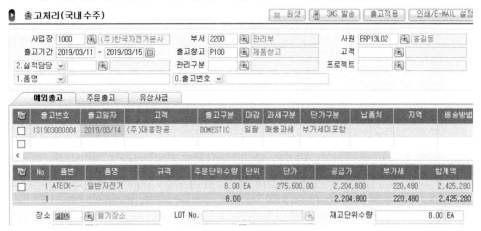

07 **정답** ②, 세금계산서처리

해설 세금계산서는 매출마감(국내거래) 메뉴에서도 계산서처리가 가능하다.

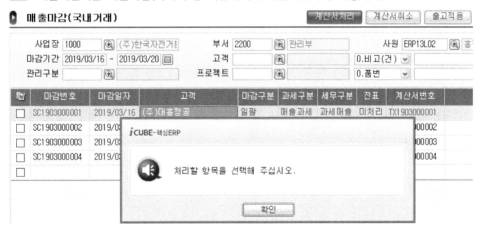

08 **정답** ④, 매출마감(국내거래)

해설 1) 조회내역 하단 빈칸에서 출고적용 버튼을 클릭하여 조회한다.
2) 출고적용조회창에서 미마감수량을 합산한다. ④ 45EA

✔ CHECK

기등록된 마감 건을 선택한 후 출고적용 버튼을 클릭하면 해당 거래처의 미마감수량만 조회되므로
반드시 빈칸에서 출고적용 버튼을 눌러 확인한다.

09 **정답** ①, 수금등록

해설 입금표는 수금등록 메뉴에서 출력이 가능하다. ④ 메뉴는 존재하지 않는 메뉴이다.

10 **정답** ③, 수주마감처리

해설 ① 매출마감 메뉴에 관한 설명이다. ② 품목별로 마감할 수 있다. ③ 마감사유 컬럼을 통해 원인을 알 수 있다. ④ 총 2건 135EA가 마감처리되었다.

11 **정답** ②, 견적대비수주현황

해설 조회내역에서 우측 창에 주문번호가 조회되지 않으면 주문등록이 이뤄지지 못한 견적 건이다. ② ES1903000004, 산악자전거(P-20G)

12 **정답** ③, 청구등록

해설 ③ FRAME-티타늄 품목은 생산 청구된 품목이다.

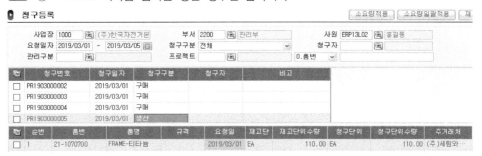

13 **정답** ①, 발주등록

해설 청구구분을 생산으로 등록한 청구 건은 생산지시에서 적용받아 등록한다. 발주등록에서는 구매 청구 품목만 적용받아 등록할 수 있다.

14 **정답** ②, 입고처리(국내발주)

해설 마감구분이 '건별'인 입고 건은 별도의 마감처리를 하지 않아도 자동으로 매입마감 처리된다. ② RV1903000006 입고 건은 마감구분이 건별로 등록되어 있다.

15 **정답** ①, 매입마감(국내거래)

해설 1) 조회내역에서 마감 건 항목을 선택 후 입고일괄적용 버튼을 클릭하여 [보기]의 조건을 입력 후, 조회한다.

2) 매입마감 처리 후의 조회내역에서 총 4건의 입고 건 마감수량을 합산한다. ① 110EA

16 **정답** ③, 발주마감처리

해설 발주마감된 발주 건을 찾는 문제이다. 발주기간이 3월 21일이므로 24일 발주 건은 대상에서 제외된다. 하단 창의 제일 아래에 마감사유를 확인한다. ③ FRAME-알미늄

17 **정답** ③, 재고이동등록(사업장)

해설 사업장 간 재고의 이동은 재고이동등록(사업장) 메뉴를 통해 등록한다.

18 **정답** ④, 기초재고/재고조정현황

  해설 조회내역에서 품목별 조정수량을 합산한다. ① 25EA, ② 26EA, ③ 24EA, ④ 29EA , 기초재고/재고조정등록 메뉴에서 조회할 수도 있다.

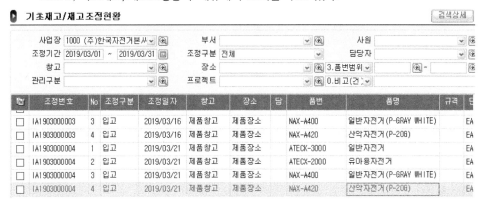

19 **정답** ②, 입순위표(마감기준)

  해설 조회내역에서 ① 51,290,000원, ② 53,200,000원, ③ 48,336,000원, ④ 40,650,000원

20 **정답** ②, 재고수불상세현황(유형별)

  해설 입고수량이 140EA이고, 출고수량이 100EA이므로 총 40EA의 재고가 증가하였다.

01	02	03	04	05	06	07	08	09	10	11	12	13	14	15	16
②	③	③	③	③	②	③	④	③	③	②	②	③	①	①	②

17	18	19													
④	④	③													

01 **정답** ②

해설 원장형 통합 데이터베이스를 활용하지만 데이터가 자동적으로 가공되지는 않음

02 **정답** ③

해설 개별 업무 단위를 통합한 체계 구축

03 **정답** ③

해설 통합 시스템 구축

04 **정답** ③

해설 조직원의 관리, 감독, 통제기능 강화는 정보시스템의 역할이 아니다.

05 **정답** ③

해설 • 연간 고정비: F, 제품단위당 변동비: V, 제품단위당 판매가: P
  • 손익분기점에서의 매출액 = F / (P − V) × P
                        = 210 / (1,000 − 700) × 1,000
                        = 700만원

06 **정답** ②

해설 교차비율 = 상품회전율 × 한계이익률
        = (매출액 / 평균재고액) × (한계이익 / 매출액)
        = 한계이익 / 평균재고액

07 **정답** ③

해설 • 판매할당: 판매계획에 의해 설정된 목표매출액을 달성하기 위해 목표매출액을 배분하여 개별 목표판매액을 설정하는 활동
  • 수요예측: 재화나 서비스에 대하여 일정기간 동안에 발생 가능성이 있는 모든 수요의 크기를 추정하는 활동
  • 판매예측: 미래 일정기간 동안의 자사 상품이나 서비스의 판매가능액을 예측하는 활동
  • 판매계획: 수요예측과 판매예측 결과를 이용하여 판매목표액을 구체적으로 수립하는 활동

08 **정답** ④

해설 외상매입금의 증가

09 **정답** ③

해설 매출예측액 = 당해 업계 총수요예측액 × 자사 목표시장점유율
= 200억 × 0.2 = 40억

10 **정답** ③

해설 고객 중점화 전략
- 파레토분석(ABC분석): 통계적 방법에 의해 관리대상을 A, B, C 그룹으로 나누고, 먼저 A 그룹을 최중점 관리대상으로 선정하는 분석 방법
- 매트릭스 분석: 우량 고객선정을 위해 고려해야 할 서로 다른 2개의 요인을 매트릭스(이원표) 형태로 표시하여 고객을 분류하는 분석 방법

11 **정답** ②

해설 안전재고
- 비축(예상)재고: 계절적 수요 급등, 가격 급등, 생산중단 등이 예상될 때 미리 생산 또는 구매하는 재고
- 순환(주기)재고: 비용절감을 위해 EOQ 또는 로트 크기에 따라 구매 및 생산하여 필요수량을 초과하는 잔량에 의해 발생하는 재고
- 파이프라인(수송) 재고: 수송 또는 이동 중인 재고

12 **정답** ②

해설 이동평균법, 재고자산 평가방법에는 개별법, 선입선출법, 후입선출법, 총평균법, 이동평균법 등이 있다.

13 **정답** ③

해설 신규고객 획득, 기존고객 유지를 위한 다양한 정보를 전사적으로 통합 관리하기 위한 시스템은 고객관계관리시스템(CRM)이다.

14 **정답** ①

해설
- 공동재고관리(CMI): 공급업자와 유통업자가 공동으로 재고관리를 주도하는 방식
- 공급자재고관리(VMI): 유통업체가 판매·재고정보를 EDI로 제공하면 제조업체는 이를 토대로 과거 데이터를 분석하고 수요를 예측하여 적정 납품량을 결정하는 시스템
- 지속적보충프로그램(CRP): 유통업체와 제조업체가 전자상거래를 통하여 재고가 부족할 때 자동으로 보충하고 재고를 관리하는 시스템

15 **정답** ①

해설 • [보기]는 탐색적 기법에 대한 설명이다.
  • 물류거점 최적화 분석기법은 직관적인 기법, 최적화기법, 탐색적기법, 무게중심기법, 시뮬레이션 기법 등이 있다.

16 **정답** ②

해설 ① 교섭가격은 거래 당사자 간의 교섭을 통해 결정되는 가격이다.
  ② 시장가격은 판매자와 구매자의 판단에 좌우되지 않고 시장에서 수요와 공급의 균형에 따라 가격이 결정된다.
  ③ 정가가격은 판매자가 자기의 판단으로 결정하는 가격이다.
  ④ 협정가격은 판매자 다수가 서로 협의하여 일정한 기준에 따라 가격을 결정한다.

17 **정답** ④

해설 • "3/10 ROG": 송장(Invoice)의 인수일로부터 10일 이내에 현금지급일 경우 3%의 현금할인이 적용되는 방식
  • [보기]에서 송장수취일이 7월 16일이므로 10일을 더한 7월 26일까지가 현금할인 적용 최종 결제일임
  • 수취일기준 현금할인(ROG: Receipt-Of-Goods Dating): 할인기간의 시작일을 거래일로 하지 않고 송장(Invoice)의 하수일을 기준으로 할인하는 방식으로 무역거래 등의 원거리 수송이 필요할 때 구매거래처의 대금지급일을 연기해 주는 효과가 있음

18 **정답** ④

해설 자체 생산 또는 외주생산 결정을 위한 구매방침
  • 생산제품의 모델변경이 잦은 경우, 기술 진부화가 예상되는 경우에는 외주생산이 바람직하다.
  • 기술적 권리측면에서 특허권을 취득할 때까지는 자체 생산을 필요로 한다.
  • 자체 생산능력을 초과하는 일시적인 수요에 대해서는 외주생산을 필요로 한다.

19 **정답** ③

해설 • 지명경쟁방식: 공급자로서 적합한 자격을 갖추었다고 인정하는 다수의 특정한 경쟁참가자를 지명하여 경쟁입찰에 참가하도록하는 방법
  • 수의계약방식: 경쟁입찰방법에 의하지 않고 특정 기업을 공급자로 선정하여 구매계약을 체결
  • 제한경쟁방식: 입찰참가자의 자격을 제한하지만 자격을 갖춘 모든 대상자를 입찰참가자에 포함시키는 방법
  • 일반경쟁방식: 불특정 다수를 입찰에 참여시켜 가장 유리한 조건을 제시한 공급자를 선정하는 방식

빠른 정답표

01	02	03	04	05	06	07	08	09	10	11	12	13	14	15	16
①	②	④	④	①	②	③	④	①	④	③	②	①	①	③	③

17	18	19	20
④	③	②	②

01 **정답** ①, 창고/공정(생산)/외주공정등록

해설 ①은 가용재고여부가 '부'로 설정되어 있다.

02 **정답** ②, 물류관리내역등록

해설 ②는 관리내역등록 메뉴에서 등록할 수 있다.

03 **정답** ④, 품목분류(대/중/소)등록

해설 ④ MOTOR & SW LEADFRAME RH-MOTOR 품목의 품목군은 FRONT이다.

04 **정답** ④, 판매계획등록

해설 조회내역에서 ④ 산악자전거 - 392,800,000

05 **정답** ①, 견적등록

해설 단가구분이 부가세 포함임을 유의하자. ① 303,160

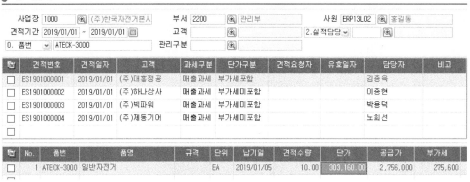

06 **정답** ②, 수주등록

해설 ㈜하나상사는 조회내역에 없다. (1월 1일에 수주가 등록되어 있다.)

07 **정답** ③, 출고처리(국내수주)

해설 주문출고 탭의 조회내역 하단의 주문번호 확인 또는 출고현황에서 원 주문번호를 조회할 수 있다. ③ IS1901000003-SO1901000007

08 **정답** ④, 거래명세서발행

해설 거래명세서 발행 메뉴는 거래명세서 양식 출력을 위해 활용되는 메뉴로서 출고 건에 대한 수량 및 단가의 수정등록은 불가능하다.

09 **정답** ①, 세금계산서처리

해설 • 매출마감 메뉴에서도 세금계산서 처리가 가능하다.

1. 출고등록이 없이는 매출마감을 할 수 없다.
2. 출고나 매출마감 없이는 세금계산서 처리를 할 수 없다.
3. 매출마감 없이는 세금계산서 처리를 할 수 없다.

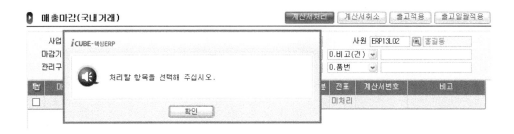

10 **정답** ④, 수금등록

해설 조회내역의 전표 필드에서 상태를 확인하면, ④ RC1901000004-미처리

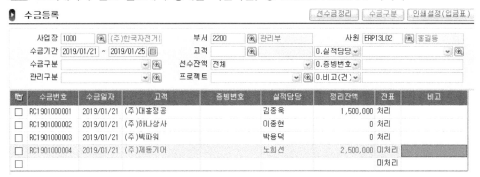

11 **정답** ③, 회계처리(수금)

해설 1) 선수정리 탭의 조회내역에서 항목을 선택(체크)하여 전표처리 버튼을 클릭한다.
2) 회계전표 탭에서 조회하면 ③ 외상매출금-외상매출금 선수금 대체

12 **정답** ②, 품목단가등록

해설 판매단가 탭의 조회내역에서 의자의 표준원가는 6,000, 판매단가는 5,800, 나머지 품목은 판매단가가 환산표준원가 보다 높게 책정되어 있다.

품목단가등록

13 **정답** ①, 발주등록

해설 1) 조회내역에서 빈칸에서 청구일괄적용 버튼을 클릭하여 청구기간 입력 후 조회한다.
　　　2) 일괄적용창에서 [보기]의 조건을 입력 후 확인을 클릭한다.
　　　3) 조회내역에서 거래처별 발주수량의 합계를 확인한다. ① ㈜대흥정공 – 140

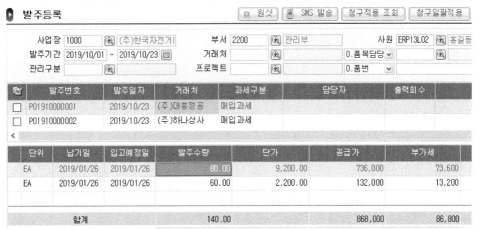

14 **정답** ①, 입고처리(국내발주)

해설 조회내역 하단 빈칸에서 발주적용 버튼을 클릭하여 발주기간을 입력 후, 조회한다.
　　　㈜대흥정공 10EA, ㈜하나상사 20EA, ㈜빅파워 30EA, ㈜제동기어 40EA

15 **정답** ③, 매입마감(국내거래)

해설 1) 조회내역 빈칸에서 입고적용 버튼을 클릭하여 입고기간을 입력 후 조회한다.
  2) 입고적용(건별) 탭의 조회내역에서 거래처별 미마감수량 합계를 확인한다.
    ㈜대흥정공: 56EA, ㈜하나상사: 32EA

16 **정답** ③, 발주마감처리

해설 조회내역 하단에서 조회한다. ①, ②, ④의 마감사유는 '초과 재고가 확인됨'이며, ③의 마감사유는 '거래처변경 후 재주문'이다.

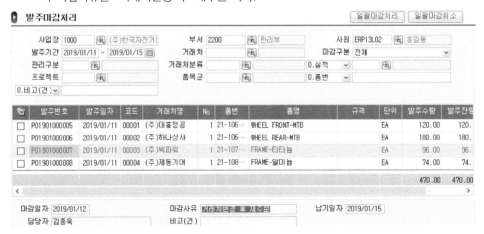

17 정답 ④, 기초재고/재고조정등록

해설 품목의 분실은 출고조정 탭에서 등록한다. 부품장소로 등록된 출고조정 건은 ④이다.

기초재고/재고조정등록

사업장 1000	(주)한국자전거	부서 2200	관리부	사원 ERP13L02	홍길동
조정기간 2019/01/16 ~ 2019/01/20		창고		장소	
담당자		관리구분		프로젝트	
품목군		거래처		0.품번	

| 기초조정 | 입고조정 | **출고조정** |

	조정번호	조정일자	창고	장소	담당자	거래처	비고
☐	IA1901000003	2019/01/16	반제품창고	반제품장소			
☐	IA1901000004	2019/01/16	부품창고	부품장소			
☐							

	No	품번	품명	규격	단위(재	조정수량	단가	금액
☐	1	21-1030600	FRONT FORK(S)		EA	15.00	3,000.00	45,000

18 정답 ③, SET품 수불조정등록

해설 조회내역에서 일반자전거 품목의 출고조정수량: 200

SET품수불조정현황

사업장		부서		사원	
조정기간 2019/01/01 ~ 2019/01/05		입고창고 P100 제품창고		입고장소 P101 제품장소	
SET품 3.품번범	~	출고창고 P100 제품창고		출고장소 P101 제품장소	
구성품 3.품번범	~	프로젝트(SET품)		0.비고(건)	

No.	출고창고	출고장소	구성품번	품명	규격	단위	출고조정수량	비고(내역)
	제품창고	제품장소	31-1010003	바구니		EA	200.00	
	제품창고	제품장소	31-1010005	자물쇠		EA	400.00	
	제품창고	제품장소	ATECK-3000	일반자전거		EA	200.00	
	제품창고	제품장소	ATECX-2000	유아용자전거		EA	200.00	

19 정답 ②, 재고수불현황(유형별)

해설 조회할 때, 수불유형에 '2. 구매', 입출고유형에 '1. 입고', 품목에 '일반자전거'를 입력 후, 입고수량 합계를 조회한다. ② 600

※ 수불기간만 입력하여 조회하면 다른 결과가 출력되므로 유의하기 바란다.

재고수불현황(유형별)

사업장 1000	(주)한국자전거본사	창고		장소	
수불기간 2019/02/01 ~ 2019/02/28		수불유형 "2. 구매"		입출고유형 1. 입고	
1.품명 일반자전거		품목군		거래처	
대분류		중분류		소분류	
계정		조달			

| 유형별 | 유형별상세 |

수불일자	품번	품명	규격	수불유형	입출고유형	기초수량	입고수량	출고수량
2019/02/01	ATECK-3000	일반자전거		구매	입고	2,838.00	300.00	0.00
2019/02/11	ATECK-3000	일반자전거		구매	입고	3,138.00	300.00	0.00
		일반자전거 소계				5,976.00	600.00	0.00
		품명 누계				5,976.00	600.00	0.00
	ATECK-3000…					5,976.00	600.00	0.00
	품번 누계					5,976.00	600.00	0.00
				구매 소계		5,976.00	600.00	0.00

20 **정답** ②, 재고자산명세서

해설 조회내역을 확인하면, WHEEL REAR-MTB 품목의 재고금액: ② 3,646,400

▶ **재고자산명세서**

사업장	1000 🔍 (주)한국자전거본		마감기간	2019/01 ~ 2019/03 🔍		조달구분		▾	
3.품번범위 ▾	🔍 ~ 🔍		품목군	▾ 🔍		계정구분		▾	
대분류	▾ 🔍		중분류	▾ 🔍		소분류		▾ 🔍	
평가방법	2. 선입선출법		재고유무	▾					

계정구분	조달구분	품번	품명	규격	단위	재고수량	재고단가	재고금액
원재료	구매	21-1030600	FRONT FORK(S)		EA	0.00	0.00	0
원재료	구매	21-1060850	WHEEL FRONT-MTB		EA	224.00	18,200.00	4,076,800
원재료	구매	21-1060950	WHEEL REAR-MTB		EA	212.00	17,200.00	3,646,400
원재료	구매	21-1070700	FRAME-티타늄		EA	172.00	14,200.00	2,442,400

참고자료

한국생산성본부(www.kpc.or.kr)/웹하드(www.webhard.co.kr)

- SCM 가이드북
- 경영혁신과 ERP 최신이론 및 신규문항
- ERP정보관리사(생산/물류) 2018년/2019년 정기시험 기출문제 및 정답
- ERP정보관리사(생산/물류) 2018년/2019년 정기시험 데이터 베이스(DB)
- ERP정보관리사(생산/물류) 시험안내, 시험출제기준, 2020년 시험일정

㈜더존비즈온(www.douzone.com)

- iCUBE 프로그램
- iCUBE 프로그램 매뉴얼

한국직업능력개발원(www.ncs.go.kr)

- 02. 경영·회계·사무 NCS 학습모듈

저자 소개

조호성(趙浩成)

학력
• 동아대학교 공과대학 산업공학과 졸업 공학사
• 동아대학교 대학원 산업공학과 졸업 공학석사
• 동아대학교 대학원 산업공학과 졸업 공학박사

경력
• 現 동서울대학교 경영학부 재직
    본교 연구지원센터 센터장
    본교 경영학부 학부장

대외활동
• 중소기업청   기술지도위원
• 조달청   기술평가위원
• 고용노동부   기관평가위원
• 한국산업인력공단   출제, 선정, 채점위원(품질경영기사, 경영·기술지도사)
• 한국산업인력공단   일학습병행제 기관평가위원
• 한국산업인력공단   NCS 능력단위 및 학습모듈 개발위원(경영·회계·사무)
• 경기도 성남시   기관평가위원

ERP 정보관리사 물류2급

초판발행   2020년 2월 28일

지은이   조호성
펴낸이   안종만 · 안상준

편 집   김보라 · 김민경
기획/마케팅   김한유
표지디자인   이미연
제 작   우인도 · 고철민

펴낸곳   (주) 박영사
            서울특별시 종로구 새문안로3길 36, 1601
            등록 1959. 3. 11. 제300-1959-1호(倫)
전 화   02)733-6771
f a x   02)736-4818
e-mail   pys@pybook.co.kr
homepage   www.pybook.co.kr
ISBN   979-11-303-0903-3 13320

정 가   32,000원